"四间"赋能 "产教"攻坚

——乡村振兴 "田间学院" 教学探索与实践

陈 章 李炯光 赵福奎 编著

吉林大学出版社

·长春·

图书在版编目（CIP）数据

"四间"赋能"产教"攻坚：乡村振兴"田间学院"教学探索与实践 / 陈章，李炯光，赵福奎编著. —
长春：吉林大学出版社，2021.9
ISBN 978-7-5692-8960-2

Ⅰ.①四… Ⅱ.①陈… ②李… ③赵… Ⅲ.①高等学校－产学合作－人才培养－研究－中国②农业技术－人才培养－研究－高等学校 Ⅳ.① G640 ② S-4

中国版本图书馆CIP数据核字（2021）第 201238 号

书　　名："四间"赋能"产教"攻坚：乡村振兴"田间学院"教学探索与实践
　　　　　"SI JIAN" FUNENG，"CHAN-JIAO" GONGJIAN：XIANGCUN ZHENXING
　　　　　"TIANJIAN XUEYUAN" JIAOXUE TANSUO YU SHIJIAN

作　　者：陈　章　李炯光　赵福奎　编著
策划编辑：邵宇彤
责任编辑：李潇潇
责任校对：闫竞文
装帧设计：优盛文化
出版发行：吉林大学出版社
社　　址：长春市人民大街4059号
邮政编码：130021
发行电话：0431-89580028/29/21
网　　址：http://www.jlup.com.cn
电子邮箱：jdcbs@jlu.edu.cn
印　　刷：定州启航印刷有限公司
成品尺寸：170mm×240mm　16开
印　　张：14.75
字　　数：276千字
版　　次：2021年9月第1版
印　　次：2021年9月第1次
书　　号：ISBN 978-7-5692-8960-2
定　　价：79.00元

版权所有　　翻印必究

学院帮扶的天元乡获全国脱贫攻坚先进集体 　　学院选派第一书记获 2019 年重庆市乡村振兴先进个人

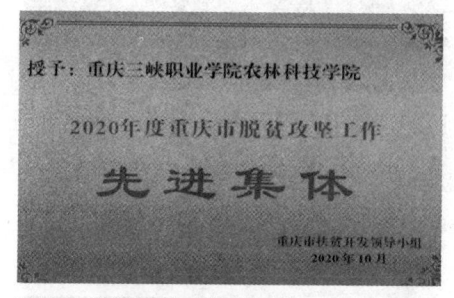

学院农林科技学院获市脱贫攻坚先进集体 　　学院动物科技学院获市教委脱贫攻坚集体嘉奖

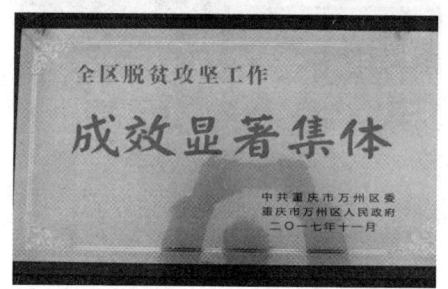

学院获万州区脱贫攻坚成效显著集体 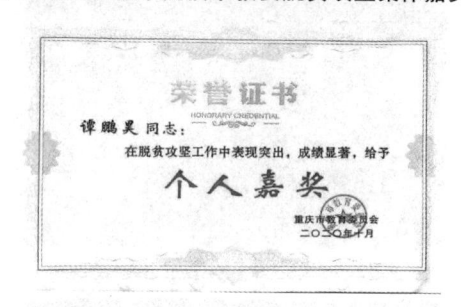　　学院选派第一书记获 2020 年市教委脱贫攻坚个人嘉奖

学院教师获 2019 年全国绿化奖 　　学院教师获 2020 年全国优秀共青团干部

2018年对口帮扶白土大林村稻渔基地　　学院申报的稻渔产业商标

水稻种植跟踪技术指导 　　田鱼养殖跟踪技术指导

2019年新春丰收节暨摸鱼节 　　2018年新春摸鱼节颁奖仪式

重庆三峡职业学院稻田鱼产品 　　三峡稻鱼米产品

学院食品加工专家跟踪技术指导 　　学院生猪养殖专家跟踪技术指导

学院陈章书记调研腊肉加工厂 　　腊肉加工厂成品包装车间

万春村腊肉产品 　　万春腊肉加工厂产品陈列室

万春腊肉加工厂分红仪式 　　贫困户参与分红

2019年天元乡实训基地建成 　　　　　2019年学院扩招"天元班"开班

乡村振兴"田间学院"生猪养殖技术培训 　　乡村振兴"田间学院"农产品加工技术培训

乡村振兴恒合分院成立 　　　　　　乡村振兴云阳双土分院成立

乡村振兴南川分院成立 　　　　　　乡村振兴忠县新立分院成立

前　言

2021年2月25日，全国脱贫攻坚总结表彰大会上习近平总书记向全世界庄严宣告我国脱贫攻坚战取得了全面胜利。在这场备受世界关注的伟大战役中，重庆三峡职业学院创建"乡村振兴学院"，组建"帮扶特工队"和"教授战队"，尽锐出战，冲锋陷阵，为重庆三峡库区乡村振兴做出了不可磨灭的贡献。为总结职业教育服务乡村振兴的"重庆样态"，弘扬脱贫攻坚精神，以更有力的举措、汇聚更强大的力量全面推进乡村振兴，帮扶团队组织编撰了《"四间"赋能"产教"攻坚》一书。

全书共收集55篇文稿，分五个部分。第一部分"'四间'赋能促攻坚"是总述，由重庆三峡职业学院陈章、赵福奎、陈亚强、黄礼岗、熊辉俊、扶永辉、谭鹏昊、周亚撰稿；第二部分"稻田'行间'一条鱼"，由重庆三峡职业学院陈章、赵福奎、周亚、周永平、康学良撰稿；第三部分"扶贫'车间'一头猪"，由重庆三峡职业学院赵福奎、谭鹏昊、吴清、彭瑜（重庆日报）撰稿；第四部分"游在'乡间'一课堂"，由重庆三峡职业学院李炯光、赵福奎、黄礼岗、谢欣妍、卢文凤、张恩广撰稿；第五部分"产学'研间'一次改"，由重庆三峡职业学院赵福奎、丁翠娟、黄礼刚、曾刚、奉莉、林克松、卢文凤、邹建华、周永平、赵杰撰稿（姓名排序不分先后）。全书由赵福奎、周亚和赵杰统稿，从不同角度分述了重庆三峡职业学院服务乡村振兴的影像。

本书是2019年度重庆市高等教育教学改革研究项目"三峡库区职业教育'SCHG'联动模式助推乡村振兴教学改革行动研究"（编号191043）、2019年重庆市教委科研项目"巫溪县天元乡特色生态腊肉传统工艺产业化升级改造关键技术研究"（编号KJZD-K201903501）、2021年度重庆市教委人文社会科学类研究项目"新乡村青年农民思想政治教育创新策略研究"（编号：21SKGH360）、2021年重庆市高等职业教育教学改革研究项目"'乡村学院'

助振兴：'全科农民'游教模式改革实践"（项目编号 Z211015）和重庆三峡职业学院"立德兴农"团队的阶段性成果。

在本书的编撰过程中，得到了重庆市教育委员会、西南大学教育学部、重庆市教育科学研究院、重庆市职业教育学会、重庆市中华职教社等部门和 20 余个区县、30 余个乡镇（村）的鼎力支持，得到了重庆三峡职业学院师生们的大力帮助，在此一并致谢！

由于编者水平有限，书中还存在疏漏或不足之处，恳请同行和广大读者批评指正。

编委会
2021 年 3 月

目　录

第一篇　"四间"赋能促攻坚

感谢信 ··· 002
以脱贫攻坚为己任　创乡村振兴新模式 ····················· 003
疫情下的职教担当与应对 ······································ 009
志智通健"+5D"行动　打赢脱贫攻坚第一战 ··············· 012
乡村振兴人才培养工作构想 ··································· 014
精准扶贫的"学思践悟" ··· 020
精准帮扶到村户　科技助推脱贫困 ··························· 024
职教"唤醒"贫困村"出列"研究 ································ 026
以办学特色精准施策　助巫溪天元脱贫攻坚 ··············· 028
践行精准扶贫新思想　助力脱贫致富奔小康 ··············· 030
产教扶贫："321模式"促攻坚 ·································· 034
"第一书记"在乡村振兴中闪光 ································ 037
一块腊肉、一顶学士帽，既富口袋又富脑袋 ··············· 039
生态种养显大爱　稻渔共生促攻坚 ··························· 043

第二篇　稻田"行间"一条鱼

三峡库区产业生态化与精准扶贫融合实践 ·················· 048
产教扶贫："稻渔共生"促攻坚 ································· 053
稻渔综合种养　助力乡村振兴 ································· 057

"第一书记"带头干　"鱼稻双增"助脱贫 ………………………… 059

凸显农机专业，助力产业脱贫 ……………………………………… 061

"'稻渔共生'促攻坚"成果简介 ……………………………………… 064

勇挑扶贫"重担"　帮摘村镇"穷帽" ……………………………… 070

三峡库区稻渔综合种养操作规范 …………………………………… 072

第三篇　扶贫"车间"一头猪

脱贫影像：产教融合打造"腊肉新乡村" …………………………… 078

创办万春腊肉加工厂可行性分析报告 ……………………………… 082

科技下乡才能引导土特产进城 ……………………………………… 085

党建扶贫出亮点 ……………………………………………………… 086

一块腊肉带富一方百姓 ……………………………………………… 088

创新集体经济助推精准脱贫 ………………………………………… 092

播下"志智"种子 …………………………………………………… 094

扶贫影像：访"第一书记"攻坚 …………………………………… 095

高校智汇"6D"帮扶：天元乡脱贫振兴产教实践 ………………… 097

高校智力引领腊肉产业 ……………………………………………… 104

一块腊肉的变迁 ……………………………………………………… 106

十余位大学教师与一块腊肉的"革命" …………………………… 109

第四篇　游在"乡间"一堂课

"农民＋学院"精准育人模式探索 ………………………………… 116

抢抓机遇　重构体系　破解培训求变的"关切题" ……………… 119

让贫困群众走上脱贫致富路 ………………………………………… 125

百万扩招与乡村振兴 ………………………………………………… 128

重庆市现代青年农场主"五维涵养"模式研究 …………………… 136

重庆市现代青年农场主社会涵养行动研究 ………………………… 139

精准扶贫　强农兴农　造福于民 …………………………………… 148

技能培训的"乡村探索"……………………………………151
把"大学"办到田间地头……………………………………154
51岁农民家门口上大学………………………………………158
脱贫夫妻上大学为乡村振兴贡献力量……………………160

第五篇 产学"研间"一次改

职业教育在三峡库区乡村振兴战略中的价值及其实现路径……162
产教融合与精准扶贫的互嵌治理……………………………167
产教扶贫有他们………………………………………………176
职教扶贫问题透视及策略探索………………………………180
共生赋能:乡村振兴服务逻辑与实践路径…………………185
村校攻坚:"产教突围"奔小康………………………………193
帮扶村"职教扶智+产业帮扶"研究………………………199
绿色教育:涉农高职乡村赋能路向…………………………203
乡村振兴战略下"职教扶智+产教脱贫"路径探索………212
强化青年农民思想政治教育 助推新乡村建设……………218

第一篇 "四间"赋能促攻坚

[编者按] 重庆三峡职业学院创建乡村振兴"田间学院",组建"帮扶特工队",创建了"321模式"促攻坚,搭建了一座"农民与大学生"之间转换的桥梁,书写了"四间"赋能故事——"稻田'行间'一条鱼""扶贫'车间'一头猪""游在'乡间'一堂课""产学'研间'一次改"。

感谢信

重庆三峡职业学院：

春华秋实，岁物丰成。在全国脱贫攻坚战取得全面胜利之时，重庆市教育委员会扶贫集团向贵单位在对口帮扶巫溪县天元乡脱贫攻坚工作中的大力支持表示诚挚的感谢！

脱贫攻坚以来，贵单位积极响应中央和市委、市政府的号召，把参与助力脱贫攻坚作为履行责任、回馈社会的善行义举，积极加入市教委扶贫集团对口帮扶巫溪县天元乡脱贫攻坚的战斗行列，全力汇聚人力、物力、财力、智力以及资源优势，多措并举、攻坚克难、善作善成，天元乡交通建设全面提升，人居环境焕然一新，住房安全全面保障，产业发展不断壮大，农民生活大幅改善，脱贫攻坚成效显著，全乡733户贫困户全面实现脱贫，贫困发生率降为0，群众的安全感、获得感、幸福感极大提升，顺利实现稳定脱贫。

成绩来之不易，奋斗蕴含艰辛。4年来，你们竭尽全力，创新方法手段，与广大贫困群众同心同行，携手走在脱贫路上，是天元乡脱贫攻坚战场上最牢固的精神骨架。你们走村入户，访贫问苦，扶贫扶志，振奋了贫困群众的精神，让贫困群众的心热起来了，内生动力被激发出来了。你们发挥独特优势，把自身的资金、信息、技术、人才等各种要素凝聚到天元乡助推脱贫攻坚上来，有针对性地开展扶危济困、敬老助残、捐资助学、惠民增富、产业带动、就业帮扶、技能培训、基础设施建设等看得见、摸得着的工作，体现了"一人难挑千斤担，众人能移万座山"的集体主义精神，用实际行动诠释了中华民族扶贫济困、大爱无疆的优良传统美德，为天元乡决战脱贫攻坚、决胜同步小康作出了积极贡献。

万里征程风正劲，千钧重任再奋蹄。2021年，是巩固拓展脱贫攻坚成果与乡村振兴有效衔接的开局之年，希望贵单位一如既往地支持市教委乡村振兴帮扶集团工作，凝心聚力向乡村振兴的伟大征程迈进。

再次对贵单位的大力支持表示衷心的感谢！

重庆市教育委员会扶贫集团

（市教委代章）

2021年3月19日

以脱贫攻坚为己任　创乡村振兴新模式
——学习习近平总书记关于扶贫工作重要论述的实践

陈　章

《习近平谈治国理政》第三卷生动记录了党的十九大以来习近平总书记在领导推进新时代治国理政实践中发表的一系列重要讲话精神，书中第五部分"决胜全面建成小康社会，决战脱贫攻坚"，明确指出了决战脱贫攻坚对于决胜全面建成小康社会的重大意义，全面阐述了我国脱贫攻坚战的主要做法和重大成就，系统总结了在脱贫攻坚伟大实践中积累的宝贵经验。习近平总书记关于扶贫工作的重要论述，是我们打赢打好脱贫攻坚战的根本保障和思想武器。

一、工作背景

消除贫困、改善民生、逐步实现共同富裕，是社会主义的本质要求。2012—2019年，在以习近平同志为核心的党中央坚强领导下，我国贫困人口数量从9899万人减少到551万人，贫困发生率由10.2%降至0.6%，贫困地区农村居民人均可支配收入从6079元增加到11567元。中国创造了在较短时间内实现超大规模人口脱贫的奇迹，为世界减贫作出了突出贡献，提供了重要经验。

2013年11月，习近平总书记在湖南湘西考察时首次提出"精准扶贫"概念。2016年、2019年习近平总书记先后两次视察重庆，尤其是2019年在重庆组织召开"两不愁三保障"突出问题座谈会时，对重庆市扶贫攻坚战提出了新的要求。作为市属唯一以现代农业为办学特色的高职院校，学院以习近平新时代中国特色社会主义思想和党的十九大精神为指导，深入学习贯彻习近平总书记关于扶贫工作的重要论述，积极响应重庆"三大攻坚战""八项行动计划"，按照陈敏尔书记在市管主要领导干部专题研讨班上的具体要求，以立德树人为根本，以强农兴农为己任，强化服务地方产业发展能力，充分发挥自身专业特色和科技优势，以服务乡村振兴为己任，建设职业教育新农科，大力度高质量打赢打好脱贫攻坚战。

自 2015 年起，学院先后承担万州区白土镇大林村、巫溪县天元乡新华村和万春村、土城镇土城社区和红池坝镇的精准扶贫任务。在帮扶工作中，学院党委不断深化对习近平总书记视察重庆时对脱贫工作作出重要指示和要求的认识；不断深化对"突出短板"的认识，切实增强责任感、紧迫感，真正把脱贫攻坚作为重大政治任务、重大发展任务和重大民生任务，把精准脱贫工作与学院事业发展同部署、同落实；不断深化对"任务不轻"的认识，把握目标标准和进度，提高脱贫质量和效果；不断深化对"真抓实干"的认识，坚决克服畏难情绪，坚决防止脱离群众，坚决反对形式主义；不断深化对"成败系于精准"的认识，在精准施策上出实招、精准推进上下实功、精准落地上见实效。2015 年以来，学院先后在 34 次党委会上传达和专题研究扶贫工作。同时召开扶贫工作专题报告会，在全校营造精准扶贫工作氛围，并主动发挥专业优势，创新帮扶思路，彰显责任担当，将扶贫工作融入自身"内涵发展，提档升级"发展战略，以乡村振兴为己任，通过项目带动、平台联动、协同推动，助力帮扶地区精准脱贫，为重庆市实施乡村振兴战略提供有力保障。

二、主要做法

（一）项目带动，创发展之路

产业兴才能乡村兴。学院认真贯彻习近平总书记提出的"绿水青山就是金山银山"的发展理念，走"生态产业化，产业生态化"绿色帮扶之路。先后精心选派 5 名驻村"第一书记"、4 名工作队员、18 名帮扶责任人，在帮扶乡村不断加强基层党组织建设，提升基层党组织的战斗力和业务能力。并投入 800 余万元资金，分 118 批次派出 169 名畜牧兽医、水产养殖、食品加工、市场营销等相关专业教师到帮扶乡镇调研指导，寻找有基础、有潜力的发展项目。学院领导多次到对口帮扶村实地调研，因地制宜，精准施策，先后在万州区白土镇大林村、巫溪县天元乡启动实施了"稻渔共生"和"腊肉加工"两个特色扶贫项目，通过产业结构调整和转型升级推动村民致富脱贫。

1. 田间扶贫：大林村"稻渔共生"项目

万州区白土镇大林村地处万州、云阳、恩施三地交界，属偏远山区，交通不便，村里产业单一，以传统高山水稻种植为主。学院扶贫工作队经过多次实地调研，现场研究后决定发展"稻渔共生"精准扶贫项目。项目以"零农药、化肥，当年稻渔双收"为特点，发展面积 350 亩，创建集体经济组织 1 个，推动生态白土大米品牌建设，打造"生态经济"，带动全村 137 户建卡贫困户增收脱贫。

2.车间扶贫:天元乡"腊肉加工"项目

巫溪县天元乡位于大宁河上游,山多地贫,当地人有"九山一水"的俗称。主要种植玉米、土豆、红苕等"三大坨",村民收入以外出务工为主。学院驻村时任第一书记谭鹏昊通过走访调查发现,万春村村民自养的粮食生态猪品质较好,而年底家家户户都有制作腊肉的习俗,如果在过年前将腊肉集中起来实行工厂化制作,不论从质量还是从销量上都能得到较好的保证,将优质农产品转变为商品进行销售,能帮助村民增收。最终,在谭鹏昊"亏了是我的,赚了是大家的"的承诺感动下,在村民的支持下,项目以高于市场价收购村民生态猪,安排村民进厂上班并发放工资。2018年入股分红34万元,2019年实现净利润100.9万元;带动养殖户500余户,带动务工60余人,万春腊肉加工扶贫车间被巫溪县认定为"扶贫龙头企业"。

(二)平台联动,让人才扎根

精准脱贫,人才是关键。学院充分利用自身优势,率先在全市成立第一个"田间学院",并整合学院重庆市现代农业技术应用推广中心等三个平台,成立了乡村振兴"田间学院",先后在万州区白土镇、大周镇、龙驹镇,同鑫农业公司,巫溪县天元乡,云阳县双土镇建立了6个乡村振兴"田间学院"分院,进一步搭建"政校行企"合作平台,为贫困地区培养本土化技术技能人才。

1.搭建研究平台

学院依托自身办学特色,牵头成立"万达开川渝统筹发展示范区职业教育联盟""重庆市现代农业职教集团",助力脱贫攻坚。近年来,学院通过重庆市现代农业技术应用推广中心,先后派出科技特派员、农业专业技术人员和学生1000余人次进入帮扶地区,开展技术帮扶和"三下乡"活动以及种养殖技术应用研究。争取近10个扶贫专项,重点针对"稻渔共生""腊肉加工"项目开展研究试验,为项目实施和推广提供了技术保障。

2.搭建育人平台

学院深入贯彻落实"职教20条",结合"百万扩招"新形势,构建"培养+培训"人才供应链,培育乡土化"战贫"人才。2019年在天元乡招收43名扩招生就读畜牧兽医、食品加工专业,并就地设置教学点,时任重庆市委教育工委书记舒立春,曾参加"天元班"开班仪式。学院结合实际,采取"半农半读、农学交替、旺工淡学"的教学模式,引领扩招学生"在网络空间线上学、在地头山间集中学、在创业基地实践学",全力改写天元乡"人才短板、本领恐慌"的历史。村民"家中上大学"的方式在其他贫困地区得到推广。近

5年为现代农业培养扶贫攻坚一线学历人才近10000人。

学院通过新型职业农民培训中心开展技术培训与帮扶。近年来，学院开展新型职业农民、农业经理人、农村实用技术等各类培训，每年培训5000人次以上，发放实用技术资料8000余册，开设田间微课42门，推进了校园、庭园、田园"三园基地"建设，实现线上线下学习的有机结合，促进了村民综合素质的提升。在巫溪县万春村腊肉加工项目中，定期安排养殖专家到农户家中开展养猪实用技术培训。

3. 搭建信息平台

学院利用智慧农民信息化工程中心、三峡绿色电商平台，积极推进农业"接二连三"，即与二、三产业的融合发展。中心帮助贫困乡村建立电商营销平台，坚持"产供销"全程帮扶。同时，通过培育致富带头人，组建集体经济，以资源入股，推进"三变改革"，即变"资源"为"资产"、变"资金"为"股金"、变"村民"为"股民"，带动更多村民加入"抱团发展"的行列中来。

（三）协同推动，促持续发展

自2015年学院在万州、巫溪等地开展精准扶贫工作以来，累计为帮扶地区投入资金800余万元。一方面为建卡贫困户购买合作医疗保险、为深度贫困户发放救助资金、为贫困学生提供助学金、为报考就读我校的贫困地区学生减免学费，另一方面为致富带头人、为从"被动伸手"转向"主动动手"的村民们提供3000至5000元的项目扶持基金。作为理事长单位，学院积极向重庆现代农业职教集团内的各成员单位发出倡议，号召大家一起加入扶贫工作中来，得到了三峡农业科学院、万州区水产研究所等7家科研院所，四川天兆猪业股份有限公司、大北农科技有限公司等18家企业，重庆市高教学会、中国现代农业职教集团、中国都市农业职教集团等9个社会团体的大力支持。2019年11月7日，重庆市高教学会会长欧可平、学会原执行会长张宗荫、学会常务副会长严欣平等一行赴白土大林村开展扶贫工作调研，与大林村签订了战略合作协议，为大林村捐赠了扶贫资金和书籍，实地察看了大林村350亩稻鱼米基地。重庆现代农业职教集团一家合作企业在2019年春季就提前下了30余吨总价100万元的稻鱼米订单。重庆市教委教育扶贫集团更是努力将贫困地区的特色农产品送进了全市各大高校的食堂。大家心往一处想，劲往一处使，为打赢脱贫攻坚战提供了强大支撑。

三、主要成绩

(一) 产业发展形势好

经过5年结对帮扶,学院于2020年顺利完成了万州区白土镇大林村、巫溪县天元乡新华村和万春村、土城镇土城社区和红池坝镇的帮扶任务,帮扶395户贫困户,1422人脱贫,帮扶地区产业稳定发展,帮扶贫困户收入逐步提升,实现稳定脱贫。大林村现已形成350余亩的"稻渔综合种养"核心示范区,带动全村137户建卡贫困户增收脱贫,注册"三峡职院稻田鱼""三峡稻鱼米"2个商标,在梁平建立了重庆市首个标准化稻渔试验基地,分别在万州、云阳、忠县、梁平建立了三峡稻渔综合种养产业示范基地,辐射带动所在区域发展三峡稻渔综合种养产业1万亩,年实现产值5250万元。万春腊肉加工项目也已建成1700平方米的标准化食品加工厂房,2018年入股分红34万元,2019年实现净利润100.9万元;带动养殖户500余户,带动务工60余人,万春腊肉加工扶贫车间被巫溪县认定为"扶贫龙头企业"。另外,学院还在帮扶地区发展核桃8000亩、青脆李2000亩、冬桃2000亩,形成"林+菜""林+药"等特色,让更多的村民享受到产业转型升级和发展带来的红利。

(二) 校地双赢动力足

学院教师团队结合扶贫工作开展科学研究,发表了《产业兴旺:职教助推"CCEFG"共治模式》《组织振兴:职业教育的"应为"与"何为"》等10余篇职业教育服务精准扶贫和乡村振兴论文,申报12项专利,学院主持重庆市教委重大教改项目"三峡库区职业教育'SCHG'联动模式助推乡村振兴行动研究""三峡库区职业教育人才培养'产赛教'融合模式的改革与实践"以及各级教科研项目60项。教师团队荣获全国职业院校教师教学能力比赛二等奖,市教委高校创新研究群体培育团队2个,获省部级科技进步奖4项。学生参加创新创业大赛获重庆市级奖励3项,全国职业技能大赛累计荣获一等奖14项,二等奖39项,名列全国前茅,2019年位列全国奖牌榜第8名。学院先后获全国就业50强、全国五四红旗团委、全国大中专学生志愿者暑期"三下乡"社会实践活动优秀单位等表彰。学院综合办学水平和核心竞争力明显增强,入选教育部中国特色高水平专业群建设单位。

(三) 社会影响持续强

近年来,学院的扶贫工作多次被国务院新闻网、《中国教育报》、《重庆日报》、华龙网等社会媒体关注报道(国务院新闻网2020年4月24日报道"重庆巫溪:学知识,助脱贫",《重庆日报》2019年5月20日头版报道"我市首个乡村振兴'田间学院'在万州白土镇大林村挂牌成立"），并受到市委常委、统战部部长李静，市委常委、万州区委书记莫恭明，市委教育工委原书记、市教委原主任舒立春等领导的高度肯定。先后在广西南宁和陕西西安、安康等地召开的全国各类精准扶贫会议上进行经验交流。2019年11月，受邀在重庆召开的全国高职高专校长联席会议上就精准扶贫与职业教育进行专项交流。2017年，学院被评为万州区脱贫攻坚成效显著集体；2019年，"'稻渔共生'促攻坚"被教育部评为"第二届省属高校精准扶贫精准脱贫典型项目"；2019年，帮扶责任人谢必武教授荣获"全国绿化奖章"；"第一书记"扶永辉同志荣获"2019年重庆市乡村振兴贡献奖先进个人"；2020年，"脱贫影像：产教融合打造'腊肉新乡村'"被教育部评为"第三届省属高校精准扶贫30个典型项目之一"；学院被评为2020年重庆市脱贫攻坚工作先进集体。2019年，学院推送的论文《高校智汇"6D"帮扶：天元乡脱贫振兴产教实践》被国务院扶贫宣传教育中心评为优秀论文。2020年，"产教扶贫：稻渔共生促攻坚"项目获国务院扶贫办中国扶贫发展中心、全国扶贫宣传教育中心的习近平总书记关于扶贫工作的重要论述学习研究成果"优秀奖"（系全国高职高专院校中唯一获奖单位）。

四、下一步工作思路

全面建成小康社会是我党向人民作出的庄严承诺。学院以习近平新时代中国特色社会主义思想和习近平总书记关于扶贫工作的重要论述为指引，深入贯彻落实习近平总书记在决战决胜脱贫攻坚座谈会上的讲话，以及习近平总书记给全国涉农高校的书记校长和专家代表的回信精神，以立德树人为根本，以服务乡村振兴为己任，以中国特色高水平职业学校和专业群建设为契机，以畜牧兽医专业群建设为龙头，不断加强内涵建设，打造技术技能创新服务平台和技术技能人才培养高地，搭建中国生猪产业职业教育产学研联盟，充分发挥现代农业办学特色，创建全国100所"乡村振兴人才培养优质校"，竭力为重庆市和西南地区实施乡村振兴战略提供人才和智力支撑；为高质量、高水平完成双高建设任务提供重要保障；为"十四五"时期创建农业类职业教育本科不懈奋斗。

疫情下的职教担当与应对

陈 章

2020年伊始,一场突如其来的新冠肺炎疫情席卷了华夏大地,这场疫情对各个领域的生产生活都产生了较大影响。疫情阻挡了人们出行的脚步,打乱了各企业正常的生产和经营秩序,给学校的正常教育活动也带来了巨大冲击,学校纷纷停课,聚集性教育活动无法开展,在线教育成为学生"停课不停学"的主要方式。

职业教育作为国民教育的重要组成部分,与产业发展、技术创新和市场需求关系密切。疫情期间,学校除了在宏观层面思考疫情可能对职业教育的近期影响外,更多的是在细微处下功夫,认真学习习近平总书记在统筹推进新冠肺炎疫情防控和经济社会发展工作部署会议上的重要讲话精神,贯彻落实教育部及重庆市委要求,增强"四个意识"、坚定"四个自信"、做到"两个维护",把守护师生身体健康和生命安全放在第一位,坚决打赢校园疫情防控阻击战。为此,学校一方面稳定大局,筑牢全体师生安全防线;另一方面抓住时机,结合学校立德树人根本任务,从培养担当精神、提升职业素养、增强技术服务、保证就业顺畅四个方面积极应对,稳定人才培养质量,更好地为地方产业发展、经济复苏贡献力量。

一、在疫情防控中培养担当精神

培养有担当精神的大学生是新时代发展的要求。职业教育服务建设现代化经济体系和实现更高质量、更充分就业,需要将担当精神与学生职业成长、自我价值紧密结合起来,与实现中华民族伟大复兴的中国梦紧密结合起来。学校党委充分利用这一特殊时期、特殊事件、特殊情境,安排多部门主动开展师生思想政治教育,这既是做好疫情防控工作的客观需要,也是提升师生思想政治教育针对性和实效性的有利契机。大家通过疫情期间国家治理能力和应急反应能力的直观体验、对挺身而出的凡人和勇敢逆行的英雄的切身感受,甚至亲自参加身边的抗疫志愿服务工作,进一步提振了战胜疫情的信心和勇气,增强了听党话、跟党走的情感认同,坚定了新时代中国特色社会主义的道路认同、理论认同、制度认同、文化认同。在疫情防控阻击战中,有约300余名师生积极参与家庭所在地的各种志愿服务工作，他们帮助社区开展疫情摸排，帮助小区困难家庭运送生活物资，帮助乡镇进行环境消杀，驻扎村口日夜守护一方平安，用实际行动助力战"疫"，诠释了职教人的责任担当。正式开学时，学校对在疫情期间涌现出的这批优秀师生予以了表彰，弘扬正能量，也鼓舞和激励大家在今后面对困难挫折时有逆势而上的勇气和担当。

二、在疫情防控中提升职业素养

在疫情面前，大家每天都面对着各种各样的消息：一方有难，八方支援，全国调派超过 4 万名医务人员驰援湖北，作为奋战在抗击疫情前线的"白衣战士"，他们舍小家为大家、临危受命、逆行而上，充分体现了救死扶伤、大爱无疆的医者仁心，展现了广大医务人员的职业素养。当然也不乏一些负能量的消息，如社会上有些人隐瞒疫情、造谣说谎、不守纪律、不作为、隐瞒行程，等等。凡此种种都在时刻提醒着我们，职业教育的人才培养要做到知识能力和道德素养并重，特别是作为高等职业学校，要着力提升学生的综合职业素养。为此，学校在 2020 年 2 月中旬开展线上教学活动时有针对性地提出要求，一是深刻认识"课程思政"的时代价值，做到"停课不停育"，如动物病理专业教师在网课中通过对新型冠状病毒特点和致病机理的分析，引导学生科学防控；畜禽生产专业教师通过家养动物和野生动物的动物蛋白实验数据比照，告诉学生不要食用野生动物，并使学生对野生动物保护法有了更深刻的认识；物流专业教师则结合传染病防治法扩展运输物流法律法规的学习，增强学生知法守法的意识。二是充分运用抗疫精神的案例，上好战疫思政课，马克思主义学院将抗疫战场上展现出来的一幕幕动人画面、一个个感人故事搬上微课堂，展现出中国速度，体现了中国效率，凝聚了无坚不摧的中国力量，诠释了逆行而上的中国精神。教师们还从有关案例中发掘生态文明和环境保护实例，关注人生的意义和生命的真谛。

三、在疫情防控中增强技术帮扶

社会服务能力建设是职业教育发展的重要方面，它既是高职教育服务于经济社会发展的责任，也是高职院校自身发展的迫切需要。近年来，学校不断加强服务三峡库区地方产业发展能力建设，组建成立了重庆现代农业职教集团，重点对库区现代农业产业进行帮扶。在疫情防控关键时期和春耕生产重要时节，科学处理好疫情防控和春季农业生产是当务之急。为此，学校借助在白土、天元等 5 个乡镇挂牌成立的乡村振兴分院配合村镇统一指挥，开展春耕生产帮扶工作。在做好疫情防控的基础上，学校主动联系学校扶贫驻村第一书记、联系科技示范基地、联系产业帮扶项目点、联系重点帮扶对象，了解当地的疫情防控情况、种养殖项目开展情况、帮扶对象的生活及生产情况，分类施策。在低中风险地区，上门服务察看，解决实际种养殖难题；在高风险地区，通过前期开发的 42 门田间微课进行技术培训，通过视频电话等方式开展在线指导和答疑，把服务送下乡、把技术落到地。学校驻大林村、天元乡和红池坝镇的第一书记均在第一时间发挥了模范带头作用，提前结束春节假期，积极响应号召、火速返岗到位，迅速投入疫情防控和校村帮扶工作中。学校针对这些帮扶地区进行了"稻渔共生"种养、青脆李春季果树管理、蔬菜病虫害防治、鱼病防治、生猪养殖等现场技术培训及诊治，帮助村民合作社联系城市电商平台疫情期间在线销售大米、蔬菜、玫瑰香橙等农产品，较好地解决了困难，提振了抗疫信心。

四、在疫情防控中保证就业顺畅

2020 年 5 月至 7 月，正值毕业生求职择业的关键时期，受经济下行压力和新冠肺炎疫情双重影响，就业形势更加复杂严峻。为此，学校党委认真落实国家及地方政府关于鼓励吸纳高校毕业生就业的工作部署，全力为毕业生提供方便快捷、精准高效的就业服务。一是采用逐一排查方式，认真完成 2550 名应届毕业生的就业状态及就业需求的情况调查与统计工作，摸清就业意愿和实际情况，做好信息分档与需求归类。二是做好就业工作宣传引导，组织引导学生参加线上招聘，推进毕业生就业。及时发布岗位信息 1200 余个，组织毕业生积极参加教育部和重庆市组织的毕业生大型网络双选活动，实现宣传引导及信息发布全覆盖。建立学校自选人力资源服务平台，分专业有针对性地开展校级网络双选工作。三是优化线上就业创业指导，组织经验丰富的职业指导师和心理咨询师组建线上指导团队，针对简历制作、面试技巧、交流礼仪、心态调整和职业规划、求职安全、权益保障等毕业生关注的热点提供个性化指导。四是精准帮扶特殊群体，密切关注就业困难、湖北地区就业群体和受灾、残疾、家庭贫困、有心理问题的学生，实施"多对一"帮扶。五是做好就业分流引导，配合有关部门组织实施好大学生村官、三支一扶、西部计划等基层就业项目和入伍参军、专升本等项目。经过努力，毕业生就业率达 76.3%，其中，动物医学、畜牧兽医、植物保护等专业已实现 100% 就业。紧接着，学校还努力解决好了受疫情影响的实习毕业生就业签约问题。

新冠肺炎疫情对职业教育的新一轮产教融合、数字智能化场景应用产生了较大影响，也对我们的办学模式、培养形式和教学方式带来了深刻变革。作为新时代的职教人，我们定会顺应时代发展趋势，助推职业教育在新时代实现高质量的发展。

志智通健"+5D"行动　打赢脱贫攻坚第一战
——记重庆三峡职业学院扶贫工作

陈　章

重庆三峡职业学院地处三峡库区腹地重庆市万州区，是重庆市优质高职立项建设院校、重庆市示范性高等职业院校、全国毕业生就业典型经验50强高校、全国"五四"红旗团委。校园占地面积553余亩，现有教职工470余人，全日制在校学生近8000人，其中留学生25人。学院坚持立德树人，以现代农业为办学特色，2018年参加全国职业院校学生技能大赛获一等奖4项，二等奖4项，三等奖5项，奖牌总数34块。学院累计向社会培养6万余名高素质技术技能型人才。

今天我汇报的题目是"智志通健"+5D"行动 打赢脱贫攻坚第一战——记重庆三峡职业学院扶贫工作"，阐述我们以往在脱贫攻坚时期的做法。

一、志智通健，创新帮扶思路

习近平总书记指出："扶贫先要扶志，要从思想上淡化'贫困意识'。"学院在重庆市教育委员会领导下和重庆市职教学会的指导下，主动积极发挥自身优势参与脱贫攻坚战，分别在周边区县深度贫困村巫溪县天元乡新华村、普通贫困村万州区白土镇大林村和巫溪红池坝镇开展帮扶研究和实践。重点"在'志'上做文章，在'智'上下功夫，帮助其打破贫困思维和摆脱贫困局面，健康脱贫，健康生活"，主要思路是"两主、两辅、两扶、三结合"。以大林村和新华村为主，红池坝镇为辅，践行普通贫困村与深度贫困村结合。以技术帮扶为主、财物帮扶为辅，践行"造血"与"输血"相结合。核心是"志智通健"，将优质高职建设与脱贫攻坚结合。强化"村民积极立'志'，学院出力扶'智'"系列举措。对"穷不怕"的"懒汉"，予以"唤醒"和信心扶助；

对"怕不穷"的"伪君",予以"曝光"和翻底晾晒;对"本领慌"的"村民",予以"培育"和智力扶助。

二、5D行动,助力脱贫攻坚

学院对照"一达标、两不愁、三保障"标准,实施"党建带动、村民主动、村校联动、文化促动、项目推动"的"5D行动",推动村庄脱贫振兴。

(一)党建带动,送"保姆"进村,促进村民"生活富裕"

一是党建扶贫,扶基层"根基"。村子富不富,关键看支部。开设党建专题讲座,建立"党建+精准扶贫"工作台账,"对标对表"干,派2名干部入村任第一书记,解决贫困村党组织软弱问题。率先在贫困村创办"乡村振兴'田间学院'教学点"。

二是结对帮扶,帮村民"结果"。送师生下乡,送技术入户,送专家下地,组织"田保姆""禽保姆""果保姆"与贫困户结对帮扶,解决"本领恐慌"问题。创新"贫困村+云课堂"培训模式,开发"田间微课"在线微课学习平台,用智慧点亮贫困村。

(二)村民主动,激"要素"活跃,促进农业"产业兴旺"

一是扶"单户独斗"为"抱团发展"。鼓励村民自愿加入合作社,变"资源"为"资产",变"资金"为"股金",变"村民"为"股民",集中500亩稻田开展"鱼+稻"产业项目试点。

二是扶"传统生产"为"产教融合"。引导村民改变传统生产模式,开创"产学研"一体化研究和实践。

三是扶"单项生产"为"种养结合"。实施"鱼+稻""生猪+李子+黄花"生态种养,创建了"稻鱼米""三峡职院稻田鱼"品牌和2个新型实用专利。重点发展"两芋""四花"特色产业。"两芋",即新华村的洋芋、魔芋;"四花",即大林村的水稻(稻花)、黄花、核桃(桃花)、青脆李(李花)。

(三)村校联动,引"智慧"扎根,促进农村"治理有效"

一是村校联办土特产电商平台。为新华村的蜂蜜、洋芋,大林村的"稻鱼米""青脆李"创建电商物流服务平台。

二是村校联搭农场主培育平台。采取"送生入校""送教下乡""流动教室"和"田间课堂"等形式进行量身定培。

三是村校联建常态化治理平台。瞄准农村法治"太硬"、德治"太软"、自治"太任性"等问题,学院策划帮助两个村建立完善村级治理制度和服务体系。

（四）文化促动，推"移风"易俗，促进农村"乡风文明"

"看看电视""打打牌"是村民们的主要文化生活。学院在大林村和新华村推行"文化强村"战略。推动贫困村以"文"化人，以"文"育人，以"文"感人。开展"送教材、建书屋""编节目、送歌舞"活动，开展"摸鱼节"和"赏花节"活动，积极主动地遏制村民打牌、赌博、迷信等陋习，组建"山歌队""快板手"，彰显村民求变的精气神和幸福感，增强文化感染力。

（五）项目推动，建"别墅"庭院，促进农村"生态宜居"

学院帮助两个村争取优惠政策和项目，打上生态补丁；倡导绿色行动，参与规划建设，推动生态林院建设。在大林村建设"别墅"庭院，创"稻渔文化长廊"景观。在新华村创"林下蛋""百香果""康养园"特色，立足新华村美丽乡村建设与乡村旅游协同发展，推动新华村原生态"林院"建设。

下一步，学院将以习近平新时代中国特色社会主义思想和习近平总书记关于乡村振兴工作的重要论述为指引，坚持"志智共扶"的原则，建设"乡村振兴'田间学院'"，扎实做好巩固脱贫攻坚成果工作，为全面实施乡村振兴写下浓墨重彩的一笔。

乡村振兴人才培养工作构想

赵福奎　陈亚强

一、指导思想

全面贯彻党的十九大和党的十九届二中、三中、四中、五中全会精神，贯彻落实习近平总书记给全国涉农高校书记校长和专家代表重要回信精神，以习近平新时代中国特色社会主义思想为指引，着眼于乡村人才振兴，全面贯彻落实党的教育方针，积极投身乡村建设行动。紧紧围绕实施乡村振兴战略这一主线，坚持立德树人根本任务，坚持走中国特色乡村振兴之路，坚持"服务三峡、服务三农、服务现代农业"的办学定位，贯彻"三全育人"教育理念，深化教育教学改革。立足三峡库区、服务重庆、面向大西部，以"五个一"工作为抓手，因地制宜、因材施教。打破"围墙"办学、破除"壁垒"建制。探索"一懂两爱"农业人才培育新方向，培养高素质乡村振兴带头人，发挥好服务"三农"、振兴"三农"的桥头堡作用，形成贴近农业农村的人才培养新局面，为乡村振兴战略实施提供有力的人才支撑和智力支持。

二、工作目标

（一）总目标

围绕"新农业、新乡村、新农民、新业态、新生态"，破解高素质农民供给侧"错位失衡"；根据"农文化、农秀才、农特产、农教材、农办法"，写"库区文章"；创设"党建学院、产业学院、生态学院、智慧学院、高素质农民学院"，造"新农科""金专""金课"；实现"校园与田园、专业与产业、教师与乡贤、学生与农民、教具与农具"融合，著"村校共生"版本；坚持"智库汇合、三产融合、种养结合、师农契合、农学组合"，塑"智慧、绿色村校共同体"。努力探索"五新、五农、五院、五融、五合"的乡村振兴人才培养模式，实现精准脱贫与乡村振兴有效衔接，构建终身发展的培养培训服务体系，创乡村人才的"重庆育法"。

（二）具体目标

1. 立足三峡库区，为乡村振兴挑人才"大梁"

为三峡库区每年培养全日制高素质农民学历生2500人以上，每年培训高素质农民等2万人以上。

2. 彰显产教特色，为人才培养鼓改革"实劲"

建立农民"学分银行"分行，加大乡村振兴"田间学院"建设，建立"高素质农民"人才培养方案，畜牧兽医专业群总体达到国内一流水平，学院成为推动三峡库区乃至西部农业经济发展人才保障的重要引擎。

3. 强化提质培优，为职业教育树三峡"范式"

建成区域性农业产业人才数据库，探索多元协同的农业"中高职"贯通、"专本"贯通培养模式，开发农业农村人才培育标准及田间教材，构建包括公共基础、专业技能、科技运用、外向素养、"三农"精神等在内的五大模块化课程体系，形成适宜三峡库区的高效生态农业生产教学体系，学院实现治理体系和治理能力现代化，将学院建成西部地区乡村振兴示范职教基地。

4. 优化职教师资，为农业农村用技术"赋能"

建成乡村振兴教师发展中心，建成一批教师田间流动站，引进一批熟悉农业农村产业、有丰富生产实践经验的兼职教师，培养乡村振兴骨干教师100人以上，"双师型"教师占专业教师比例80%以上，建成一批乡村振兴大师工作室，打造一支具有过硬技术、知农爱农的高素质"双师"队伍。

5. 传承耕读文化，为办学育人接乡村"地气"

建成一批具有辐射引领作用的高水平专业化产教融合实训基地（百万头生猪高水平专业群实践基地、百万亩经果高素质农民培育基地、百万亩渔稻高山种养孵化基地），开展乡村振兴服务5000人次，开发乡村振兴农技竞赛，建成乡村振兴研究院，提出生态发展建议，建成乡村振兴文化馆，用社会主义核心价值观引领乡村文化建设，大讲"三农"思政，形成融合中华优秀传统文化及耕读教育的校园文化。

6. 提档人才培养，创建农业职业教育"本科"

厘清下一步办学思路，实行"与普通本科错位办学、满足'三农'技术技能人才培养需求、服务农民继续学习需要"的办学思路，坚持职业教育类型不变，对接农业产业链，遵循技术技能人才成长规律，在学院办学条件、专业建设、课程建设、师资队伍、学生管理等方面提档升级，科学制定本科层次职业教育专业人才培养目标与规格，按照职业岗位群的能力要求，开发课程标准和教学模块等资源，力争创建农业职业技术大学。

三、工作内容

（一）创一个"三链"模式

1. 构建"培养+培训"的人才"双培"链

围绕实施乡村人才振兴战略的要求，全面落实立德树人根本任务，将工匠精神、农匠精神、劳模精神、耕读教育融入人才培养全过程，培养德智体美劳全面发展的高素质"三农"人才。

一方面，创设"农业经理人"专业。按照"农业经理人"的职业特点和行业需求，向上争取将"农业经理人"专业纳入办学目录，向下大力开展"农业经理人"业务培训，增强开办专业条件，争取开办"农业经理人"专业，精准对接现代农业发展需求，促进乡村振兴人才培养与职业需求精准合拢。

另一方面，设置"高素质农民"方向。加大乡村振兴"田间学院"建设，在现有专业基础上，创设具有特色的"高素质农民"方向，结合百万扩招计划启动乡村振兴带头人的招生，开发"培养标准"、建设"培养模块"、形成"培养菜单"，将高素质农民培训与职业教育培养有机结合。

2. 构建"生态+生产"的教学"双生"链

绿水青山就是金山银山，三峡库区承担着守护长江生态的重要责任，加强"生态"教育，从"生产"教学构建教学"双生链"。一方面，建立乡村振兴研究院，结合本地区实际，开展农业综合研究，提供生态发展建议，强化生态环保教育理念；另一方面，以专业对接产业，以产业下沉生产，构建包括公共基础、专业技能、科技运用、外向素养、"三农"精神等在内的五大模块化课程体系，遵循"实际、实用、实效"的原则，按照农民需求、生产实际，开发农业农村人才培育标准及田间教材，通过扶志、扶智、培技，让教师下沉生产一线教学，建立教师田间流动站，"手把手""汗把汗"，实现教师走出教室到产业链上育人。

3.构建"半农+半读"的产教"双半"链

以高素质乡村振兴带头人为培养目标，以"半农"身份入学、以"半读"模式培养，打造"半农+半读"形式的"双半"链。注重集中与分散教学相结合、农忙与农闲教学相结合、线上与线下教学相结合、共性考核和个性考核相结合，制定乡村振兴"田间学院"人才培养方案，面向农业农村建设参与者推进高等职业学历教育，通过农学交替方式实现工学结合，"砸"培养模式固化之墙，"破"农民学生身份之壁。

(二) 筑一群"百万"基地

1.对接"百万头生猪"，建高水平专业群实践基地

以万州区"百万头生猪"生态养殖项目为契机，结合畜牧兽医高水平专业群建设，打造一批集实践教学、技术展示、技能训练于一体的生猪产业产教融合实习实训基地。依托学院牵头建立的中国生猪产业职业教育产学研联盟、与重庆市畜牧科学院合作建立的生猪产业协同创新研究院，大力开展生猪产业的科研创新、人才培养、乡村生猪产业技术支持，为畜牧兽医高水平专业群的建设及养殖业乡村振兴带头人培养提供"锻技"平台。

2.对接"百万亩经果林"，建高素质农民培育基地

深度对接万州区"百万亩经稻渔"项目，通过广泛筛选、深入交流，开展定向校企合作，合作一批具有生产实践条件的高素质农民培育基地。建立培育基地相关制度，深度开展技术技能服务，开展高素质农民的种植技术实习实训，为培养种植业乡村振兴带头人提供"强技"场所。

3.对接"百万亩稻渔"，建高山种养孵化基地

积极对接重庆"百万亩"稻鱼项目，建立"百万亩稻渔"实训基地，开展农民渔业实训。依托区域性优质水体资源，参与改善养殖设施，增殖渔业资源，开展"稻渔共生"生态农业系统技术服务，帮助稻渔产业实现"粮渔多赢"的最佳效果。加快推进水产健康养殖，在三峡库区合作一批高山种养的稻渔孵化基地，为渔业乡村振兴带头人提供"练技"岸塘。

（三）架一座"贯通"桥梁

1. 完善"学分银行"，促进"农民"与"大学生"转换

开展"学制革命"，推进"学分银行"，促进"农民"与"大学生"双向转换。建立农民"学分银行"分行，推行弹性学分制，构建"技术"换学分、"劳动"换学分、"创新"换学分的学分认证平台，实现正式学习与非正式学习之间的"学分互认"；大力开展入学教育、思政教育，帮助入学农民进行思想转变和身份转换；建立政府、职业院校、学生个体、涉农企业（行业）和社会等多个主体参与的多元主体评价机制，建立区域性农业产业人才数据库，依托人才培养质量监测平台，对农民学生进行量化评估。

2. 践行"上下畅通"，开辟"中高职"衔接和"专本贯通"

进一步践行"中高职""专本"贯通培养，以联盟优势打通乡村振兴人才贯通培养渠道。建立三峡库区乡村振兴职教联盟，进一步完善"中高职"贯通培养，做到"中高职"人才培养目标的有机统一、培养方案和课程体系的有效衔接，职业素质、专业知识、耕读教育互为有机整体并贯穿始终，采取"弹性学制、农学交替"方式，探索农民的"中高职"贯通弹性培养；积极与西南大学、重庆三峡学院等高校联系，结合高职和本科的专业特色和学科优势，进一步强化理论与实践、课程与就业的双向结合，探索乡村振兴人才"专本"贯通机制。

3. 传承"东西协作"，借"他山之力"助推库区职教振兴

进一步深化职业教育"东西协作"行动计划，借"同行""同业"学校之力助推学院发展。深入学习"同行"学校——山东商业职业技术学院的学校治理、创新创业、校企合作、国际化办学等优势，开展乡村振兴中职业教育的相关研究活动，继续派遣教师跟岗学习；深入学习"同业"学校——江苏农林职业技术学院、山东畜牧兽医职业学院的专业建设、课程改革、农技培养、三农服务等优势，深入学习提升学院软实力建设，延续校校"友谊"、创设校校"合作"，走出一条借"他山之力"的职教发展道路。

（四）造一个"抱团"品牌

1. 区域协同育人："万达开"职教联盟服务乡村

形成区域职教合力，打"万达开"职教抱团"互联"牌。对标双城经济圈建设战略，围绕"万达开"区域和三峡库区实际，坚持问题导向和目标导向，进一步发挥"万达开"职教联盟作用，整合优质资源，促进产学研深度融合，推进"1+X"证书试点、"中高职"贯通培养、"学分银行"等建设。

2. 校企合作育人："现代农业职教集团"助振兴

整合校企资源，打重庆农业职教抱团"资源"牌。依托重庆市现代农业职

教集团，加强政、校、行、企的全方位合作，促进乡村振兴资源的集成与共享，拓展校际联合与校企合作，搭建重庆农业职业教育的立交桥，提高职业教育办学水平和服务能力。开发乡村振兴农技竞赛，以赛促教、以赛强技、以赛滋农，打造出具有广泛影响的西南农技竞技平台。

3.园校联合育人："三园"融合赋能乡村促振兴

边育人边合作，打"三园"抱团"办学"牌。实施"校园+田园+家园"育人模式，建设乡村振兴文化馆，培养学生爱农爱校情怀，增强学生行业认同感和责任感。建设乡村振兴创业孵化园，为乡村创业提供指导帮扶，加大乡村振兴"田间学院"同鑫分院建设，围绕"科技园""产业园""创业园"打造校企、校村共同体，与万州现代农业园区、梁平农业园区、梁平数谷农场开展合作，探索"政校"混合所有制办学模式。

（五）建一支"硬核"团队

1.建一支素质过硬的"爱农"智慧团队

建设农业与信息技术、农业与物联网、农业与人工智能、农业与现代金融等融合的智慧农业团队，探索运用信息化、工程化等技术，实现对农业从生产到消费全过程高质量、高效率的监控和管理，为加速农业农村的现代化进程及智慧乡村建设培养乡村振兴人才。

2.建一支现代农业的"三师"教研团队

坚持"教师"为育人根本，开展教师教学能力培训，落实教师全员轮训与校企双向合作交流，重点在养殖、种植、山地农机、乡村管理等方向大力引进熟悉农业农村产业、有实践经验的兼职教师；聘请"能工巧匠"进校园，建立由"准教师""农专家""田秀才""农场主"等组成的教学科研共同体，建立乡村振兴大师工作室，建立乡村振兴教师发展中心，探索"校企""校乡"联合培养"三师型"模式，塑造专业"教师"、农业"技师"、发展"导师"。培养乡村振兴骨干教师100人以上，"双师型"教师占专业教师比例80%以上，培养"三师"型人才200人以上。

3.建一支服务乡村的"绿色"育人团队

面对新农业、新乡村、新农民、新生态，围绕智慧农业、乡风文明、美丽乡村建设，整合政、村、校三方资源，挖掘乡土农耕文化，建设一支"兴产业""美乡村""促文明""能治理"的服务乡村的"生态"研创团队，开展乡村生态研究、技术创新、技术服务等工作，提升乡村产业发展新动能，助推生态宜居型乡村建设，发扬农村优秀传统文化，推进乡村治理。每年开展乡村振兴服务不低于1000人次。

精准扶贫的"学思践悟"

赵福奎

根据学校党委的安排,我想以"精准扶贫的'学思践悟'"为题,从"学——解精准扶贫内涵之义,思——走中国特色减贫之路,践——亮职教扶贫使命之印,悟——创脱贫攻坚精准之特"四个方面来汇报。

一、学——解精准扶贫内涵之义

"精准扶贫"是 2013 年 11 月 3 日,习近平总书记在湖南湘西十八洞村考察时首次提出的。之后"精准扶贫"就成为各界热议的关键词。2013 年 12 月,中办、国办印发《关于创新机制扎实推进农村扶贫开发工作的意见》(中办发〔2013〕25 号),推动了"精准扶贫"思想落地。各部委、省市纷纷出台政策,掀起了贯彻落实精准扶贫的新高潮。多年来,习近平总书记心中最牵挂的就是困难群众的精准扶贫。2014 年 3 月,习近平总书记参加两会代表团审议时,进一步阐释了精准扶贫的重大意义。2015 年,习近平总书记在云南、贵州考察时,进一步就扶贫开发工作提出了具体要求。2019 年 4 月 15 日,习近平总书记在重庆石柱土家族自治县华溪村考察调研,强调要确保贫困人口到 2020 年如期脱贫,提出扶贫开发贵在"精准",重在"精准",成败之举在于"精准"。

精准扶贫的内涵十分丰富,可以用"12345678"来作形象表述。"1"就是"一个目标",补好全面建成小康社会的短板,具体目标是"两不愁三保障"。"2"就是"两个确保",确保现行标准下(≥4000 元/人年)农村贫困人口全部脱贫,确保贫困县全部摘帽。"3"就是 2013 年 1 月习近平总书记在河北省考察扶贫开发工作时提出的"三个格外",对各类困难群众要格外关注、格外关爱、格外关心。"4"就是 2015 年 6 月 18 日习近平总书记在贵州召开部分省区市党委主要负责同志座谈会上提出的四个切实,切实落实领导责任、切实做到精准扶贫、切实强化社会合力、切实加强基层组织。"5"就是 2015 年 10 月 16 日,国家主席习近平在减贫与发展高层论坛上首次提出"五个一批"的脱贫措施,发展生产脱贫一批、易地扶贫搬迁脱贫一批、生态补偿脱贫一批、发展教育脱贫一批，社会保障兜底一批。"6"就是六个精准，扶贫对象精准、措施到户精准、项目安排精准、资金使用精准、因村派人（第一书记）精准、脱贫成效精准，是习近平总书记2015年6月在贵州考察时提出的。"7"就是七个强化，是习近平总书记2017年2月21日在主持中共中央政治局第三十九次集体学习时提出的。"8"就是八条要求，是习近平总书记2018年2月在四川成都主持召开打好精准脱贫攻坚战座谈会上提出的。

"精准扶贫"战略思想是习近平新时代中国特色社会主义思想的重要组成部分，是马克思主义反贫困理论中国化的最新成果，是中国特色社会主义道路的又一重大创新，是全世界帮扶的巨大贡献（对世界减贫贡献率70%以上）。我们要对"精准扶贫"深钻细研，在吃透精神、领会精髓上下功夫，见实效。

二、思——走中国特色减贫之路

在过去一段时期，我国脱贫攻坚任务艰巨，2012年底全国农村贫困人口9899万人，2013年底8249万人，之后每年减贫1000多万人。贫困地区的情况是自然条件差、经济基础弱、贫困程度深，贫困人口无业可扶、无力脱贫，教育文化水平低、缺乏技能等。为解决吃、穿"两不愁"，义务教育、基本医疗、住房安全"三保障"等问题，我们啃的是硬骨头。

习近平总书记要求我们"敢于啃硬骨头，敢于涉险滩"。面对过去扶贫开发经验，我们实现了四个转变：路径是要从"大水漫灌"到"精准滴灌"转变；扶贫模式要从偏重"输血"向偏重"造血"转变；解决问题要从多头分散统筹集中到"两不愁三保障"转变；考核办法从侧重地方经济发展指标向主要考核"扶持谁""谁来扶""怎么扶""如何退"方面转变。

新时代脱贫攻坚成果，到底怎么巩固？党中央要求我们：一是要把提高发展质量放首位，二是要坚持"志智双扶"，三是向相对贫困地区集中发力，四是强化主体责任和监督，五是开展帮扶领域的专项治理。

学院党委要求我们：一定要严格学习贯彻习近平总书记关于精准扶贫的论述和党的政策，落实"产教扶贫＋村校同创"帮扶攻略，练就扶贫"精准"的绣花功夫，为重庆的减贫填写"奋进之笔"；对"穷不怕"的"懒汉"，予以"唤醒"和信心扶助；对"怕不穷"的"伪君"，予以"曝光"和"翻底晾晒"；对"本领慌"的"村民"，予以"培育"和智力扶助。

三、践——亮职教扶贫使命之印

学院党委充分利用自身农业职业教育的专业优势，力求画好学院与地方发展的"同心圆",组建"扶贫特工队",把扶贫论文写在"农家小院"。在万州白土镇大林村、巫溪县天元乡、土城社区、红池坝镇等地开展精准帮扶实践,搭建了"123"框架,研创了"321"模式,即党委组建了一个由169名教师直接参与的帮扶战队,加入了市级(教委、组织部)和万州区政协两级帮扶团,选派了3地的驻村"第一书记",带领工作队员深挖"穷根",寻找脱贫"密码",开创了3扶(扶志、扶智、扶业)、2培(培养、培训)、1带(专业带产业)的"321"扶贫模式。

学院派出"教授战队",个个争当"田保姆""禽保姆",在帮扶点上书写了"3间"故事:一是"稻田'行间'一条鱼"的故事,成立重庆首个"田间学院",实现稻渔综合种养产值翻番,"第一书记"带上儿子扶贫就读乡村幼儿班。二是"扶贫'车间'一头猪"的故事,创建"生猪产业研究院",第一书记的"赚了是你的,亏了是我的"行动,受到了市委李静常委的高度赞扬。三是"游在'乡间'一堂课"的故事,创办了乡村振兴"田间学院",教授们连打5个昼夜的"游击战",解决了"牛死了我也不活了"问题,挽回60万元的经济损失,获得了开州麻柳乡的一面锦旗。

学院的"西南大学博士工作站"助力脱贫攻坚,"扶贫创客"们发明了8项扶贫专利,研发了3个脱贫产品,发表了10篇论文,编撰了10余部扶贫教材,他们的事迹被国务院新闻网、教育部、重庆日报等多家媒体报道。

乡村振兴"田间学院""天元班"的教学情况被国务院新闻网报道,国务院扶贫办编印的《习近平总书记关于扶贫工作的重要论述学习文集》中载有"重庆三峡职业学院"的大名。

学院于2019年获得国务院扶贫办全国扶贫宣传教育中心举办的主题征文活动的优秀征文奖(市教委一等奖)。2020年在"习近平总书记关于扶贫工作重要论述学习研究成果"征集中,成为全国高职高专中唯一获奖单位,荣获国务院扶贫办中国扶贫发展中心、全国扶贫宣传教育中心优秀奖。

2018年获教育部"推普脱贫攻坚"全国大学生暑期社会实践专项活动入围团队。2019年的"产教扶贫:'稻渔共生'促攻坚"、2020年的"脱贫影像:产教融合打造'腊肉新乡村'",获教育部"精准扶贫精准脱贫典型项目"。教育部自2018年起,连续3届共评选81个省属高校精准扶贫精准脱贫典型项目,其中重庆占3个;在全国高职(高专)院校3年共获批的8个项目中,我院占2个。

2019年度,驻万州白土镇大林村、巫溪县土城社区的"第一书记"扶永辉,荣获重庆市委、市政府"乡村振兴贡献奖先进个人"表彰。2020年10月,学院农林科技学院荣获重庆市委、市政府表彰的"脱贫攻坚先进集体"奖。

四、悟——创脱贫攻坚精准之特

(一) 第一书记重振村级党组织行装,党建扶贫"特亮"

学院党委高点谋划、高位推进扶贫工作,多次组织报告会、推进会,第一书记坚守在"战贫""战疫""战灾"最前线,做产业的"点灯人",带头搞"三变改革",在扶志扶智中"精准补缺",创"智汇腊肉""三峡稻鱼米""三峡职院稻田鱼"项目品牌,创变了村级党组织的形象,充分彰显了"党建+扶贫"特色。

(二) 精准扶贫为产教融合提供舞台,教育教学"特值"

产教融合是"国家职教20条"的要求,是职业教育的发展必然。学院在帮扶过程中,结合万州百万头生猪、百万亩经果林建设,结合贫困村的产业扶贫,开展高水平专业群建设,"田间学院""产教基地""乡村大学班"体现了职业教育的"精准对接",得到了重庆市委常委李静、时任市教委书记舒立春和现任市教委书记黄政等的表扬。

(三) 乡村扩招使贫困代际传递中断,育人硬核"特棒"

教育扶贫的核心举措是阻断贫困代际传递。学院在贫困村定向扩招,采取"农学交替"模式教学,年培养培训7000人次以上,改写了贫困村"人才短板、本领恐慌"的历史。村民"家中上大学"成为学院"精准育人"的亮点。陈章书记在教育部组织的座谈会上介绍帮扶经验,学院培养的学员带领村民脱贫,有获"大国工匠职教之星"的以及入选"重庆十大乡村领军人才"的优秀毕业生。

(四) 精准扶贫与乡村振兴无缝对接,职教赋能"特准"

学院成立乡村振兴"田间学院",在周边区县设7个分院,并以市级"乡村振兴重大课题"为载体,开展"村校同创"研究和实践,力求为"新农科"建设和乡村振兴"精准赋能"。农业农村部科教司副司长张晔视察了学院的"同鑫园分院",重庆市委常委莫恭明视察了"大林分院"创建的脱贫产品后,均给予了高度的赞扬。

下一步,我们将在党委的领导下,助力乡村振兴的政治责任,落实"收官大决战"具体措施;学习习近平总书记"防反贫"思想,落实脱贫攻坚"四不摘";抓好精准扶贫与乡村振兴的衔接,打造农业职业教育的"加速度",在服务国家战略中建"双高特色",创"高职样板",唱一出助力乡村振兴的"好戏"。

精准帮扶到村户　科技助推脱贫困

赵福奎　黄礼岗

　　按照万州区扶贫攻坚领导小组的统一安排和部署,重庆三峡职业学院经过近两年的扶贫帮扶工作,完成了入户摸底、结对帮扶、精准核实、制定方案、科技扶贫、文化扶贫、广泛宣传、精准帮扶、配合验收等帮扶工作。现将当时的工作总结如下。

一、强化策略到位,实施对症帮扶

　　2015年7月13日,学院参加白土镇大林村扶贫攻坚动员会,开展入户调查,扎实有序地推进扶贫攻坚工作。

　　一是领导带队,组团进村。接受扶贫任务后,学院迅速抽调人手,组建团队,成立了以党委书记陈章同志为组长、赵福奎副院长为副组长、黄礼岗等6名包含种养殖专家在内的教师为组员的扶贫攻坚帮扶工作领导小组,并第一时间进村入户,开展摸底调查。学院详细了解贫困户们的致贫原因、目前的家庭状况、今年的收入和开支等具体情况,并做了详细记录,为第二阶段制定脱贫措施奠定了基础。

　　二是结合村情,形成共识。根据"解八难"的需要和实地调查情况基本形成共识,认为该村可依托现有水稻农机专业合作社,大力发展李子、核桃、水稻、玉米等产业。以提高农民的农业生产收入,并吸引外出务工人员留在本地,提高收入的同时照顾空巢老人和留守儿童。

　　三是遵循标准,拟定计划。按照"建八有"的标准要求,经过商讨提出了包含农村公共基础设施建设、农业产业项目等14项整村脱贫计划。

　　四是民主脱贫,深度对接。由大林村扶贫帮扶工作队组织村民召开民主脱贫确定会。根据村民投票结果确定深度贫困户,将各深度贫困户与帮扶队员、驻村干部的具体对接表粘贴在贫困户家的墙上,并根据各深度贫困户家庭情况与致贫原因制定"一对一"的精确脱贫措施,让贫困户明确自己应该如何脱掉贫困的帽子。

二、瞄准短板补齐,实施对准帮扶

　　一是帮扶资金捐赠,助推脱贫。2015年12月3日,学院党委副书记、院长杨和平、副院长赵福奎带领学院帮扶队员，在白土镇大林村村民广场，向大林村捐赠帮扶资金20万元。

二是建立农业产品助销帮扶产业。学院帮助大林村水稻农机专业合作社推销大米、蔬菜，并帮助他们建立了两个稳定的销售渠道，同时与大林村协商"互联网+"的相关事宜，为农产品销售和产业发展提供帮助。

三是发放医疗保险，惠民帮扶。学院向建卡贫困人口每人赠送一份2016年的合作医疗保险，共发放资金4万多元。用帮扶资金新建的村级卫生室工程（总工程款79240元）和便民服务中心的改造与维修工程（总费用46000元）都已经完成，并开始在村民的生活中发挥作用。

三、践行专业援助，实施对口帮扶

大林村的农业产业已经有了一定的规模，主要缺乏的是专业技术。学院针对大林村这一村情，进行了多种形式的专业援助。

一是开展科技讲座，服务产业。分批次开展了"养猪技术""青脆李栽培技术""核桃栽培技术"的现场培训，先后培训种养殖户200余人次。三次发放农业生产技术的宣传资料，合计近6000份，接受群众咨询500余人次。

二是图书捐赠，充实阵地。学院向大林村的"农家书屋"捐赠图书2000余册，图书类别包含种植、养殖、计算机、物流、互联网技术和文学类等六个方面，让大林村的村民有了坚实的学习阵地。

三是文化下乡、宣传扶贫。以"扶贫攻坚，你我同行"为主题的宣传扶贫文艺演出在白土镇人民广场举行，白土镇2000余名村民观看了文艺演出。

在这场扶贫攻坚"战斗"中，我院与万州区白土镇大林村结下了深厚的友谊，取得了良好的效果，万州电视台、广播、报纸等新闻媒体先后进行了5次报道。经过半年时间的扶贫帮扶工作，2015年，白土镇贫困户脱贫区级验收组对我院对口帮扶的白土镇大林村进行了严格验收，验收结论为："大林村贫困村'销号'，贫困户'脱贫'"。

职教"唤醒"贫困村"出列"研究
——重庆三峡职业学院帮扶纪实

赵福奎

地处三峡库区腹地万州区的重庆三峡职业学院，充分发挥农业职业教育优势，承接了万州区白土镇大林村的脱贫攻坚帮扶任务。白土镇山高路远，大林村建卡贫困户132户、贫困人口425人，脱贫任务繁重。学院勇挑重担，在"帮"上做文章，在"推"上集合力，"唤醒"了大林村贫困"出列"，整村于2017年11月经国家验收"摘帽"脱贫。

一、帮挖"穷根"，巧施药方，对症"扶伤"

自2015年7月起，学院党委成立了13人组成的脱贫攻坚帮扶领导班子，曾先后21次专题研究大林村的帮扶工作，践行"积极主动、师生联动、科技推动"帮扶策略，帮找"穷根"，精准发力。

（一）送科技下地对症施策

全院师生联动，主动深入大林村132家贫困户精准调研、精准识别、精准评判。与白土镇代表们一起，透视剖析"穷根"，找准致贫的"基础设施落后、观念陈旧、技术缺乏"的"死穴"，确定了学院"职教'洗脑'，智力'脱贫'"的主攻方向。学院重点在"科技下地"上做文章，分兵突围。曾先后12期派教师去大林村培训讲座，送技术进村入户去田间。分别开展了"外面的世界多精彩""养猪技术""脆红李栽培技术""核桃栽培技术"等现场培训和指导，培训300余人次。四次开展"赶场面对面"科技宣传活动和义务家电维修活动，发放农业生产技术科普资料2万余份，接受咨询1000余人次。

（二）送教师入户"打亲家"

对照脱贫验收标准，学院针对132户"结穷亲"，盯紧贫困户的"硬伤"和"弱项"，拟定"一户一策""一帮一""一帮几"或"几帮一"的对策，对症对准结对帮扶。100多名教师进村入户"一对一"地帮教。特别是对"穷不怕"的懒汉，予以"唤醒"信心扶助；坚持不"摘帽"不松劲、不脱贫不脱钩，坚持"扶上马"和"送一程"。对"怕不穷"的"伪君""翻底晾晒"，予以"告戒""打亲家"，彻底纠正错评。

（三）送文化进村宣讲政策

学院派出"讲师团"到大林村宣讲扶贫政策；派党支部与大林村党支部开展了以"践行'两学一做'，助推脱贫致富"为主题的"手拉手"党日活动；组织近100名师生到白土镇人民广场举办了以"扶贫攻坚，你我同行"为主题的两场文艺演出，宣传了党的扶贫政策，白土镇3000余名村民特别是大林村村民受益匪浅。

二、帮解"穷难"，补齐短板，对准"扶困"

对照"两不愁、三保障"目标，学院争当贫困户的"解难人"和"贴心人"。

（一）捐款捐物送温暖

瞄准大林村公共基础设施建设、农业产业等14个项目整村脱贫短板，学院师生近三年共捐款帮扶资金60万元，捐赠价值3万余元的计算机和衣物品等，温暖了人心也奠定了打赢脱贫攻坚战的物质基础。学院给予来自白土镇的就读大学生享受学费免缴政策，每年为大林村大、中、小学生解决助学资金，为建卡贫困人员购送合作医疗保险，向深度贫困户和"D级危房户"发放救助资金，资助村级卫生室和便民服务中心的建设等，使全村满足了脱贫验收条件。还向大林村的"农家书屋"和贫困户捐赠种植、养殖、计算机、物流、互联网技术和文学类等图书3000余册，充实了学习阵地。

（二）"农校对接"帮销农产品

学院践行"农校对接"，校园食堂定点采购大林村大米、蔬菜等，帮助大林村建立了稳定的销售渠道。为水稻农机专业合作社及高山大米、脆红李、马铃薯等农产品销售和产业发展策划电商服务，帮助建立"互联网+"的营销联盟。特别是综合应用"三微一端"（微博、微信、微视、客户端），专销贫困户的鸡蛋和蔬菜，做大了贫困户的"朋友圈"。

三、帮摘"穷帽"，产教融合，对口"扶智"

学院彰显社会服务特色，践行"扶贫先扶智"战略，力求提升大林村贫困人员的科学文化水平，变"输血"为"造血"，阻断贫困代际传递。

（一）创新"贫困户+云课堂"培育模式

在大林村全力创办"田间课堂""流动课堂"，将课堂搬进贫困户的田间大棚、畜禽圈舍、农场果园，共建"贫困户+"的智慧云课堂。开通了帮扶"微信群"，开发了"田间微课"电子教材，申办了"田间微课公众号"，村民通过扫一扫"二维码"就可以在田间、圈舍、院坝等任何地方远程"视频"学习和互动。

（二）"产教融合"助脱贫

学院积极响应习近平总书记"把论文写在祖国的大地上"的号召，与大林村签订了长期的农业专家服务协议，定期派科技人员、教授到大林村，全心全意地当起"田保姆""禽保姆""果保姆"。重点对大林村的脆红李、核桃、水稻、玉米等弱势产业，予以重点施策扶助。2017年，学院还组织实施了由25户建卡贫困户参与的200亩"鱼+稻"产业项目示范推广，在稻田投放鱼苗10万尾，贫困户稻田增收16%，实现了"生态种养、鱼稻双收"，增强了村民的获得感与认同感。还积极主动帮助大林村策划包装"农田改造、产业升级"项目14个，向万州区申请政府投资486万元，并派教师督促建成投产和指导田间生产，带学生到大林村生产实习，使大林村的产业迅速得到了发展壮大，真正实现了"产教"深度融合，彻底解决了大林村"建八有""解八难"问题。

在这场帮扶"歼灭战"中，村民们通过"科教脱贫"彻底醒悟了。学院帮大林村帮出了感情，缔结了良缘，也取得了较好的效果。万州区电视台、广播、报纸、杂志等新闻媒体，对学院帮扶工作先后5次进行了报道宣传。经过近三年来的努力，大林村贫困发生率在2%以下、错退率在2%以下、漏评率在1%以下、村民满意度在90%以上，于2017年11月通过了国家验收，实现了贫困户"销号"、贫困村"出列"的脱帽目标。学院将继续保持脱贫攻坚的热度、力度、强度，继续从资金上给予"返贫扶助"，从技术上给予"智慧滴灌"，为贫困"出列"奔小康的大林村踏上新征程注入新动力！

以办学特色精准施策　助巫溪天元脱贫攻坚

黄礼岗

我院在市委和市教委扶贫集团领导下，坚持以习近平新时代中国特色社会主义思想为指导，深入学习贯彻习近平总书记视察重庆召开"两不愁三保障"突出问题座谈会和陈敏尔书记贯彻落实习总书记视察重庆的重要讲话精神，按照市委部署，精准施策，助力巫溪县天元乡、土城镇、红池坝镇以及万州区白土镇大林村脱贫攻坚工作。现将当时的工作汇报如下。

一、2018年主要工作

（一）精细制定帮扶方案

实现精准扶贫，深入调研、准确识贫是前提。针对渝东北大山区、大农村的特点，学院扶贫工作小组深入天元乡调研基础条件、产业结构和贫困户致贫原因，精细制定天元乡帮扶计划和脱贫攻坚实施方案。同时学院将巫溪县天元乡脱贫攻坚工作纳入重庆市优质高等职业院校建设自选特色项目，同步规划、同步实施，为实现精准脱贫提供了机制保障。

（二）精心选派扶贫人选

党委履行主体责任，强化政治责任和担当，精心选派3名党性强、业务精、能力强的干部任万州区和巫溪县贫困乡镇驻村"第一书记"，并实行驻村干部每月定期向学院党委报告制度。同时抽调专业技术过硬、实践经验丰富的科技人员组成帮扶工作小组，定期开展扶贫工作，帮扶工作取得一定成效。我院向邦全、吴琼等教师开展的科技扶贫工作受到重庆市委常委李静的高度肯定，教师们对扶贫工作的投入为实现精准脱贫提供了人才保障。

（三）划拨专项资金扶持

2017年起，学院对新华村贫困户送去各类慰问品及每户每年3000元以上的产业发展资金；2018年，在驻村"第一书记"谭鹏昊同志和村干部的带领下，全村54户村民集资入股创建"万春腊肉加工厂"，年产值达120余万元，村民分红最多达21900元；2019年，学院加大扶持力度，为天元乡划转30万元产业发展资金，为实现精准脱贫提供了资金保障。

（四）精准实施科技帮扶

学院创新"农业职教集团+合作社+农户""高校+企业+贫困户""高校+基地+农户"等帮扶模式，对天元乡的特色产业提供智力和智库的精准扶持。先后创办"田间微课""流动课堂""送教下乡"等形式，开展各类技术培训500余人次，捐赠"田间微课"教材900本。建立"互联网+"的电子商务平台，并在我院创业街设立实体店，助力天元乡农产品"线上线下"营销服务，为实现精准脱贫提供了技术保障。

二、学习贯彻习近平总书记视察重庆重要讲话精神

2019年4月15日至17日，习近平总书记视察重庆并组织召开了"两不愁三保障"突出问题座谈会。4月18日重庆市召开了全市领导干部大会，市

委书记陈敏尔就贯彻落实习近平总书记视察重庆重要讲话精神提出了要求,对全市扶贫工作进行了部署。学院党委中心组、各党总支、各二级机构正多层次多形式全覆盖开展学习活动,深入领会精神,落实上级部署,为决胜学院扶贫工作导航定向。

我院作为市属唯一以现代农业为办学特色的高职院校,以脱贫攻坚和乡村振兴为己任,根据学院办学特色,在校本部率先成立乡村振兴"田间学院",在渝东北各区县设立乡村振兴"田间学院"分院,推动学院发展规划、专业建设、教师成长、学生培养、科研服务与脱贫攻坚有机结合。4月底已在巫溪天元乡和万州白土镇设立乡村振兴"田间学院"分院。

学院组织召开了扶贫攻坚工作报告会,驻村干部向全校师生代表报告工作情况,总结经验,梳理问题。学院还邀请了市教委驻天元乡领导、地方扶贫办负责人和贫困村干部到校宣讲脱贫工作。

学院党委贯彻落实中央、市委脱贫攻坚工作部署,积极行动,担当作为,以办学特色精准施策,助天元乡实现了精准脱贫。

践行精准扶贫新思想 助力脱贫致富奔小康

黄礼岗

习近平指出,消除贫困、改善民生、实现共同富裕,是中国特色社会主义的本质要求,是中国共产党的重要使命。中共十八大以来,我们党把脱贫攻坚作为实现第一个百年奋斗目标的重点任务,作出一系列重大部署和安排,全面打响脱贫攻坚战,困扰中华民族几千年的绝对贫困问题历史性地得到了解决。

一、学习体会

(一)精准是脱贫攻坚的重要方法论

《习近平谈治国理政》第三卷第五个专题"决胜全面建成小康社会,决战脱贫攻坚",篇篇强调"精准"。习近平总书记指出,打好脱贫攻坚战,成败在于精准。他要求领导干部要掌握精准脱贫方法论,增强精准扶贫精准脱贫工作能力。

2013年11月,习近平总书记到湖南湘西的十八洞村。看到村里全是"996138部队",也就是老人、孩子、妇女,总书记表示,扶贫要实事求是,因地制宜。他郑重提出"要精准扶贫，切忌喊口号，也不要定好高骛远的目标"。此后，"精准"成为脱贫攻坚的重要方法论之一。

从2015年到2020年，总书记就打赢脱贫攻坚战召开了7个专题会议，次次提及"精准"。两会会场，"精准"也是总书记提及脱贫攻坚的高频词。他常用生动的比喻阐述"精准"，譬如：

"下一番'绣花'功夫"——扶持谁、谁来扶、怎么扶、如何退，全过程都要精准。

"不搞'大水漫灌'，不搞'手榴弹炸跳蚤'"——要对症下药、精准滴灌、靶向治疗，扶贫扶到点上，扶到根上。

精准，是一种科学的思维方法，更是一种务实的工作方法。

党的十八大以来，总书记深入基层一线调研，坚实的足迹纵横国内所有连片贫困地区。在调研中，总书记看真贫、找"穷根"，明确脱贫攻坚的靶向，为我们认识问题、分析问题、解决问题树立了典范。

（二）两不愁三保障是贫困人口脱贫的基本要求和核心指标

2019年4月15日，总书记深入石柱土家族自治县的中益乡华溪村，实地了解脱贫攻坚工作情况。

总书记指出，"两不愁三保障"，很重要的一条就是义务教育要有保障。再苦不能苦孩子，再穷不能穷教育。

基本医保、大病保险、医疗救助是防止老百姓因病返贫的重要保障。用制度体系保障贫困群众真脱贫、稳脱贫。

总书记对乡亲们说，脱贫攻坚是其心里最牵挂的一件大事。小康不小康，关键看老乡。全面小康路上一个也不能少。

幸福是奋斗出来的。党的政策对老百姓好，才是真正的好。党的各项惠民政策要落实好，乡亲们要一起奋斗，努力向前奔跑，争取早日脱贫致富奔小康。

总书记在重庆主持召开解决"两不愁三保障"突出问题座谈会强调，到2020年稳定实现农村贫困人口不愁吃、不愁穿，义务教育、基本医疗、住房安全有保障，是贫困人口脱贫的基本要求和核心指标，直接关系攻坚战质量。

为了补短板，强弱项，就需要我们摸清底数，聚焦突出问题，明确时间表、路线图，加大工作力度，拿出过硬举措和办法，确保如期完成任务。

二、采取的措施和成效

学院扶贫工作坚持党的领导，成立了扶贫工作领导小组，制定《精准扶贫帮扶实施方案》，帮助定点村夯实党建工作，发挥基层党组织在帮扶工作中的引领作用，践行精准扶贫新思想。

（一）抓党建，宣传扶贫好政策

选派一批懂扶贫、会帮扶、作风硬的干部队伍，开展扶贫攻坚工作。先后派出"第一书记"5人次、驻村队员4人、帮扶责任人25人，分别进驻白土镇大林村、天元乡万春村及新华村和土城社区，开展扶贫攻坚帮扶工作。基层党支部与贫困村党支部开展以"践行'两学一做'，助推脱贫致富"为主题的"手拉手"党日活动；组织师生到白土镇举办以"扶贫攻坚，你我同行"为主题的文艺演出，宣传了党的扶贫好政策。

（二）制方案，融入学校发展

将巫溪县天元乡万春村、土城社区及万州区白土镇大林村的脱贫攻坚工作作为自选特色子项目，列入"重庆市优质高等职业院校建设"项目中，同步规划、捆绑建设。结合贫困户的致贫原因和当地产业结构等，制定《重庆三峡职业学院脱贫攻坚实施方案》，有序推动分类实施。

（三）重投入，资助到户补短板

学院承担帮扶任务以来，投入资金500余万元，用于大林村贫困户购买合作医疗保险、发放救助资金、提供助学经费等资助，以及大林村部分公共基础设施的完善和建设。自2017年起，每年给天元乡对口帮扶的贫困户送去慰问品和产业发展资金3000元；捐赠帮扶资金60万元，用于天元乡基础设施建设、产业发展和教育帮扶。

（四）实调研，助产业起步

因地制宜，精准施策，先后在大林村、万春村推动发展"稻渔共生"和"腊肉加工"两个特色产业，通过产业结构调整和转型升级帮助村集体经济组织起步，带动村民脱贫致富。发展"稻+鱼"产业项目，带动大林村62户建卡贫困户增收脱贫；创建"万春腊肉加工扶贫车间"，带动万春村农户101户（贫困户61户）分红增收，因此被巫溪县认定为扶贫龙头企业。

根据贫困户的产业需要，安排技术专家深入农户家中，走进田间地头，用通俗易懂的方式开展技术帮扶。比如向邦全教授的"六字诀"（圈、种、饲、养、管、防），"三做好"（住好、吃好、防好）、"四个要"（要思想活、要讲科学、要养得活、要卖得脱）等，受到领导的高度赞扬。

（五）强培育，持续巩固脱贫成果

向大林村的"农家书屋"捐赠种养类等图书3000余册。为天元乡捐赠种养殖类的"田间微课"教材500本。采取"送技术到村，送致富秘籍到户"的形式，开展实用技术培训每年 5000 人次。为促进农产品销售培育电商服务，帮助建立"互联网+"的营销联盟，做大"消费扶贫""朋友圈"。为贫困村培育本土实用人才，助乡村特色产业持续发展。

5 年来，我们始终以总书记关于精准扶贫的重要思想为指导，在扶贫帮扶集团、镇乡党委和学校党委的坚强领导下，帮助 395 户 1422 名贫困人口实现脱贫，贫困村也分别于 2017 年、2019 年实现脱贫摘帽，为重庆的减贫工作贡献了智慧和力量。

三、工作思路

我们认真落实上级的脱贫攻坚决策部署，增强"四个意识"，坚定"四个自信"，做到"两个维护"。紧绷决战决胜脱贫攻坚工作弦，忠于职守，勇于担当，不获全胜，决不放松。

（一）进一步加强理论学习

深入学习贯彻习近平总书记关于扶贫工作的重要论述、习近平总书记在决战决胜脱贫攻坚座谈会上的讲话、在解决"两不愁三保障"突出问题座谈会上的讲话及 2020 年 3 月 6 日在决战决胜脱贫攻坚座谈会上的重要讲话精神，全面落实好各级脱贫攻坚重要安排部署，提高帮扶能力，高质量完成帮扶任务。

（二）进一步加强问题排查整改

围绕中央脱贫攻坚专项巡视"回头看"、国家和市级脱贫攻坚成效考核、第三方评估等反馈问题，制定整改方案，逐项对账销号清零。常态化开展"两不愁三保障"和饮水安全问题"回头看"，精准查漏项、补短板，全力做好防止返贫工作。

（三）抓好产业帮扶工作。

以"产业生态化，生态产业化"的理念，提供技术支持，推进稻渔产业、腊货品加工等产业健康发展，不断巩固脱贫成果，增强村民幸福感、获得感。

产教扶贫："321 模式"促攻坚

——农林科技学院先进事迹材料

赵福奎　熊辉俊

重庆三峡职业学院以习近平新时代中国特色社会主义思想为指导，深入贯彻习近平总书记关于扶贫工作重要论述和系列讲话精神，牢固树立"四个意识"，按照市委教育工委、学校党委关于扶贫工作的重要部署，自 2015 年起先后在万州区白土镇大林村，巫溪县天元乡新华村、万春村及土城镇土城社区等扶贫帮扶点精准施策，创建"三扶两培一带"的"321"脱贫攻坚模式，战绩斐然。

一、"3"：践行"三扶并举"扶贫路径

（一）扶志：补足"精神之钙"，党建扶贫促"三变改革"

学院党委建"顾大局、讲政治、爱农村"帮扶团队，以"扶志"为抓手，推行"党建扶贫"。凭着"村民要致富'专家+支部'"手段和"亏了是我的，赚了是你的"承诺，创建"党建+稻渔""党建+腊肉"等产业发展模式，推行"村组一体+合股联营"的"三变改革"，变"村民"为"股民"、变"资源"为"资产"、变"资金"为"股金"。近 5 年来，350 余名师生送教进村，设党建专题讲座，讲"'三农'思政课"，实施文化强村，补足贫困户精神上的"负氧离子"，解决"信心不足"问题。

（二）扶智：嫁接"致富基因"，赋能乡村亮"职教使命"

学院 30 余名农林类"科技特派员"，长期进村入户嫁接"致富基因"，开展职教帮扶。帮扶大林村发展稻渔产业，"手把手"培养 8 名"稻渔领头羊"，带领贫困村创业脱贫。在天元乡开展"思想活、讲科学、养得活、卖得脱"的养猪技术技能培训，传授腊肉加工技术，每年 1000 余人次村民接受"技术武装"，赋能"智造腊肉"。

（三）扶业：插上"智慧翅膀"，产教融合促"光合作用"

学院 80 余名师生与村民融合，发生"光合作用"。在大林村、万春村等

创建"乡村数字分院",传授"手机新农具"等智慧农民信息技术。汇集智慧开展"产供销"全程帮扶,拓展农业与二三产业的融合发展。开发"三峡绿色农业"电商物流平台,辅以"农校对接""以购代扶"方式,销售"三峡稻鱼米""三峡职院稻田鱼""生态腊肉"等。近5年来,1000余万元"农产品"变"电商品","智慧产业"为乡村插上"数字"翅膀。

二、"2":锻造"人才两培"扶贫硬核

精准脱贫,人才是硬核。学院贯彻落实"职教20条",利用"百万扩招"新政策,构建"培养+培训"人才供应链,培育乡土化"战贫"人才。

(一)培养学历生:村校共谋"立德树人"

1. 培养"知农爱农"人才

学院围绕现代农业教育链、人才链、产业链,瞄准培养"懂农业、爱农村、爱农民"的人才,把人才留在库区大地上。近5年为现代农业培养扶贫攻坚一线学历人才近10000人。其中"丘陵农机手"余洪君,2019年为库区数十家农场实施机喷农药,服务面积超过1万亩,带动10余户脱贫;学生李上国、尹天珍获得重庆市"2017年大国工匠职教之星"称号。

2. 创建"半农半读"模式

2019年学院在天元乡招收43名扩招生就读畜牧兽医、食品加工专业,采取"半农半读、农学交替、旺工淡学"的教学模式,引领学员"在网络空间线上学、在地头山间集中学、在创业基地实践学",全力改写天元乡"人才短板、本领恐慌"的历史。村民"家中上大学"方式在其他贫困地区得到推广。

(二)培训新农民:切断贫困"代际传递"

1. 田间学院练技能

学院坚持校企合作、产教融合。在大林村及同鑫园集团等地创建"新型职业农民示范基地",创建"田间学院",以"移动教室""送教下乡"等形式,"手把手"培训"种养加""产供销"技能,培育"大国农匠"。学员马刘洋2019年入选"重庆十大乡村振兴领军人才"。

2. 抱团扶贫斩穷根

学院创设"重庆市现代农业职教集团""博士工作站",联合重庆高教学会、市农广校和农科院等,在贫困地区设立6个"乡村振兴分院",咬定"农训"不松口,开展"抱团扶贫"。利用"夏天中午茶""夜间闲聊时",开创"院坝课堂",每年承担各类培训任务1万人次以上,着力打造资源共享、师资共派的"培训共同体"。

三、"1":打造"专业带产业"扶贫样板

学院结合专业特色,在"带"上著文章,因地制宜开展田间扶贫、车间扶贫、生态扶贫,打造"专业带产业"扶贫样板。国务院、教育部网站和新华社、中国教育报等媒体数次报道;在教育部组织的脱贫攻坚座谈会、全国涉农高职院校校长班、"云贵川渝职教论坛"等会议上分享项目经验10余次。

(一)田间扶贫:"稻渔共生"促攻坚

学院利用种植、养殖专业优势,在大林村创设"稻渔共生"扶贫项目。2017年形成500亩稻渔综合种养核心示范区,全村136家贫困户脱贫摘帽。2018年稻鱼米以每公斤30元的价格远销浙江30000公斤。2019年推广到周边5800余亩,实现产值2500余万元。2020年稻鱼米的种植面积已扩大到1万亩。学院30余名专家教授参与,创建了2个稻渔品牌,成功申请2项专利,在核心期刊发表9篇论文,争取到"三峡库区乡村振兴视野下稻渔综合种养模式集成与推广"等9项研究课题。该项目多次受到市委常委、万州区委书记莫恭明的高度肯定;2017年学院被万州区评为"脱贫攻坚工作成效显著集体";2018年学院扶贫实践团队入围教育部"'推普脱贫攻坚'全国大学生暑期社会实践专项活动团队";2019年该项目获准成为教育部设立的"第二届省属高校精准扶贫典型项目";"第一书记"扶永辉荣获"2019年度重庆市乡村振兴贡献奖先进个人"。

(二)车间扶贫:"智汇腊肉"促攻坚

学院专业教师在指导天元乡发展生猪养殖和玉米、马铃薯、红薯"三大坨"生产的基础上,创办"腊肉加工厂",生产"智汇腊肉",助推一二三产业融合发展。2018年"微腊肉"股民分红34万元,54户平均每户增收6300元,带动39家贫困户脱贫。2019年扩建1700平方米标准化生产车间,带动500余户发展养殖,年产50000千克腊制品,销售600余万元,纯利润148万元,实现全村脱贫摘帽,"腊肉新乡村"全县闻名。第一书记谭鹏昊成为天元乡首位"腊肉网红"。学院以该项目为题编演的"一块腊肉的故事",荣获2019年"重庆市'脱贫攻坚·青春榜样'典型人物寻访故事分享大赛决赛"二等奖;帮扶责任人撰写的《高校智汇"6D"帮扶:天元乡脱贫振兴产教实践》获国务院扶贫办全国扶贫教育宣传中心优秀论文奖。

(三)生态扶贫:"绿色产教"促攻坚

学院贯彻"两山论",厚植"绿色教育",在帮扶点践行"生态产业化、

产业生态化"。园林类专业群对接万州贫困山区的"100万亩经果林"产业，在贫困村推广"鱼+稻""林+鸡""薯+猪"等扶贫项目以及"零化肥+零农药"的生态模式，20余个农业科研项目助推万州8000亩核桃、2000亩青脆李、2000亩冬桃的发展。畜牧兽医专业群对接万州"100万头生猪"项目和巫溪县畜牧业，50余名师生入村开展生猪"低架网床+益生菌+异位发酵"养殖培训和立体农业循环链推广应用，创建"生态腊肉"等品牌。学院"香猪中药特色化生态养殖基地"，2017年荣获中国现代农业职业教育集团首届"隆平杯"大学生（农科）创新创业大赛三等奖；"小鱼苗·大奥秘——鲤鱼人工繁殖技术"荣获2019年教师教学能力大赛高职专业课程组比赛三等奖；"互联网+'鱼米之香'生态创业园"荣获全国大学生创新创业大赛重庆赛区银奖；2019年帮扶责任人谢必武教授荣获"全国绿化奖章"。

学院深入贯彻习近平总书记给全国涉农高校书记校长和专家代表的回信精神，抓好脱贫攻坚与乡村振兴的精准对接，坚守服务"三农"初心，勇担涉农高校使命，加快"新农科"建设，为乡村振兴书写了"教育答卷"。

"第一书记"在乡村振兴中闪光

——扶永辉先进事迹材料

党的十八大以来，以习近平同志为核心的党中央立足党和国家工作全局，作出了乡村振兴的战略部署。受重庆三峡职业学院委派，自2018年5月起，扶永辉同志先后到万州区白土镇大林村、巫溪县土城社区担任驻村社"第一书记"。

该同志政治强，素质高，始终同党中央保持高度一致，坚决拥护并践行精准扶贫等党的各项路线方针政策，认真学习党的十九大精神和习近平新时代中国特色社会主义思想，自觉增强"四个意识"，坚定"四个自信"，做到"两个维护"。工作中识大体，顾大局，服从安排，勇于担当，任劳任怨。面对贫困村社，能够因地制宜，有针对性地想办法、找对策，把工作做进村民的心坎中，把措施落实在田间地头，把责任倾注于脱贫攻坚，体现了高度的敬业心、责任感和奉献精神，深受干部群众的称道。

自驻村以来，该同志会同村支两委一班人建立健全起全新的工作机制，突出抓重点、突难点、强措施，以用心用情的工作态度、求真务实的工作作风，持续推动驻村工作积极向好，并取得了显著成效。

一、帮教基层组织，助力乡村振兴

扶永辉同志带领社区支部始终把学习党的方针政策，学习贯彻习近平新时代中国特色社会主义思想和党的十九大精神作为精神武装，不断增强"四个意识"、坚定"四个自信"，做到"两个维护"，以实际行动发挥社区党支部的战斗堡垒和正确引领作用。一是强化学习提高。注重提高党员政治理论水平和党性修养，定期组织党员干部学习习近平总书记的讲话精神和党的路线方针政策，切实提升村社干部和党员的政治站位，先后以"落实乡村振兴战略开启三农工作新局面"等为题上党课5次，力推党员、干部做到与上级党委在思想上同心，认识上同步，措施上同向。二是强化队伍建设。着力年轻后备干部培养，动员10名返乡农民工报考重庆三峡职业学院，为乡村振兴储备人才，积蓄力量。同时，培养发展了两名年轻同志为中共党员，培养选拔了一名本土优秀人才参与村社工作。三是丰富支部活动。按要求制定主题党日活动计划，将脱贫攻坚、经济发展等工作与支部活动深度结合，做到每次活动有主题、有效果。四是强化服务成效。切实体现"为群众办好事，让群众好办事"的窗口形象，实行党员干部联户包片责任制，村五职干部、3名驻村工作队员分别联系农户，确定21名公益岗位人员管理区域和路段，建立村干部和驻村工作队员定期或不定期上门巡访，及时化解矛盾纠纷，帮助群众解决实际困难。五是建立村支两委班子周一例会制度，做到工作有计划、有布置、有检查、有小结，做到村民关心的热点问题及时公开、公示，进一步提升了党支部的凝聚力、战斗力。

二、提高治理能力，助推乡村振兴

乡村振兴离不开良好的乡风文明，扶永辉同志同村支两委一班人将全域化环境整治、治理"无事酒"作为贯彻落实村规民约的突破口。一是制定《大林村村规民约》，被万州区政协列入第321号重点提案，2018年9月20日万州区纪委书记一行10余人在大林村召开了第321号重点提案办理协商推进会；二是为进一步推动村民自治，协助社区从治安防控、村容村貌、生态宜居、集中供水、尊师重教、乡风文明、流动暂住人口管理等方面制定了《土城社区村规民约》《社区综合治理管理办法》，经前后对比，村民参与自治意识明显增强，各种社会秩序呈稳定态势，各种民风民俗正积极向好发展。

三、推动产业发展，助力乡村振兴

在万州大林村帮扶期间，扶永辉同志充分依托作为具有现代农业办学特色的重庆三峡职业学院，在学校种养专家团队的技术帮扶下，先后向学校争取资金投入近10万元，发展了"稻渔综合种养"项目核心区300余亩，实现产值近100万元，该种植模式先后得到重庆电视台等多家新闻媒体的宣传报道；成功申报"稻田鱼"和"三峡稻鱼米"商标2个。在巫溪土城紧紧围绕建"八有"和解"八难"要求，先后争取资金800余万元，实施项目建设10余个，其中硬化公路14公里、修建人行便道12公里、修建饮水池7口70立方米、山洪排水沟220米、河堤615米等，极大改善了人居基础设施条件；筹措资金102余万元，成立了资金互助社，极大地方便了入会会员村民发展零星产业，带动村民致富增收；争取资金50余万元，发展李子产业750余亩，聘请了巫溪县农委专家担任社区产业发展技术顾问，将有意向的社区致富带头人从外面请回来，"专业合作社+农户"抱团发展模式正在争取和酝酿中；依托学院涉农办学特色，在技术和资金上对社区产业发展给予大力支持和帮扶，建立乡村振兴"田间学院"巫溪县土城镇分院，长期免费提供种、养技术培训，为科学管护提供技术支撑和帮助，学校还为社区产业发展捐助资金10万元；2020年驻村工作队同村支两委一起采取有力措施集中帮助部分无销售渠道的村民销售李子近5吨，实现了村民稳定增收。

健全自治、法治、德治相结合的乡村治理，是实现产业兴旺、生态宜居、乡风文明、治理有效、生活富裕的总要求。下一步将继续学习和不断总结经验，以期阻断和改变不利于发展的瓶颈，进一步推进乡村自治、法治、德治建设，努力提高村民综合素质，为建设文明、美丽的乡村奠定坚实基础。

一块腊肉、一顶学士帽，既富口袋又富脑袋

——谭鹏昊同志扶贫工作先进事迹材料

谭鹏昊，男，37岁，中共党员（截止2021年9月23日，党龄14年），重庆三峡职业学院农林科技学院学工科科长。2018年8月，市教委扶贫集团和巫溪县安排其担任巫溪县天元乡（当时全市最为偏远的深度贫困乡镇）万春

村驻村第一书记兼驻村工作队队长。

谭鹏昊进驻万春村后，倡议并带领 101 户村民（贫困户 61 户）创建了扶贫车间——万春腊肉加工厂，年产值达 600 多万元，直接多途径带动当地 500 余户收入增加。还直接推动成立了重庆三峡职业学院乡村振兴"田间学院"天元分院，并主动承担了分院在天元乡教学的组织协调等大量事务性工作，首期招收天元乡村民 39 名，把高校课堂建到了田间地头，为乡村发展打造出了一支永远不走的人才队伍。2020 年新冠疫情和特大洪灾时期，谭鹏昊同志挺身在前，一直坚守在一线，组织疫情防控和汛期群众的疏散，确保了当地疫情的零感染和汛情的零伤亡。

一、一块腊肉，带富一方百姓

初到万春村，谭鹏昊同志就带着问题开展走访调研工作。仅一个多月，就掌握了全村 307 户家庭的经济情况，重点分析了 109 户贫困户的致贫原因，试图找到群众增收的有效途径。经过 2 个多月的走访摸底和市场调查，他撰写了万春村《发展腊肉加工产业的可行性报告》，分析得出：这里家家户户都养猪，猪肉品质好，气候很适合做腊肉加工，可以依托高校的智力优势和技术优势，把当地的粮食猪肉加工成高品质的腊肉，在"消费扶贫"的政策背景下，先期会有稳定的消费群体帮助工作创立口碑，为产品长远在市场立足奠定基础。

谭鹏昊进一步细化了思路：创办腊肉加工扶贫车间，全村老百姓自愿入股，解决天元乡及附近乡镇的猪肉就近销售问题，优先向全村贫困户提供就业岗位，带动全村贫困户劳动脱贫。这一想法得到了市教委扶贫集团驻乡工作队、天元乡党委政府和重庆三峡职业学院的鼓励和支持。

但当地的干部群众缺乏信心，开始时对创办腊肉加工厂参与热情不高，不愿入股。"赚了钱是你们的，亏了我出。"在村民动员大会上，谭鹏昊郑重承诺。他第一个带头出资 2 万元，帮助 20 户贫困户（每户 1000 元）垫支入了股。在谭鹏昊的带动下，54 户村民集资了 65 万元，成立了"万春腊肉加工扶贫车间"，天元乡历史上第一个村办企业——万春腊肉加工厂诞生了。

2018 年，万春腊肉加工厂试生产，当年生产腊肉、香肠约 3 万斤，产值 120 万元。尝到甜头后，群众纷纷要求入股。2019 年，吸纳村里 101 户农户入股（其中贫困户 61 户），股金 135 万元，"以猪入股"的贫困户 13 户，入股生猪 68 头；还建成 1700 平方米的标准化腊肉生产车间，正式获得了"食品生产许可证"。2020 年万春腊肉加工厂被巫溪县认定为县级扶贫龙头企业。

2019年，腊肉加工厂生产腊肉、香肠等产品 10 余万斤，销售额达到 622 万余元，从三个方面带动了农户增收：一是以高于市场价 1 元 / 斤的单价，收购本村农户养殖的毛猪 850 余头，支出 430 万余元；二是安排当地村民务工 3000 余人次（贫困户 1800 余人次），按工时发放工资约 38 万余元；三是腊肉加工厂实现净利润约 100.9 万元，农户 101 户（贫困户 61 户）分红 70.04 万元。从养殖、就业、分红三个方面，带动万春村农户户均增收 1 万余元，直接带动 7 户 17 人实现脱贫；村集体经济也增收了 3 万元。

二、一项创举，培养一方人才

腊肉加工扶贫车间成立初期，首先遇到的是人才缺乏的问题。谭鹏昊同志积极协调重庆三峡职业学院安排专家进行现场指导，但总觉得这不是长久之计。他深深体会到，贫困地区的发展，最终要靠当地的干部群众；扶贫先扶智，扶贫不仅要扶钱袋，更要富脑袋，要想法解决村民在发展产业中遇到的"本领恐慌"问题，培育本土"三农"人才队伍。

于是，谭鹏昊在与驻乡工作队的领导和同事商议后，积极向重庆三峡职业学院领导汇报，希望学校发挥涉农院校专业特色，利用在畜禽养殖、农业种植、农产品加工等方面的人才和技术优势，成立重庆三峡职业学院乡村振兴"田间学院"天元分院，建立为天元乡培养本土人才的长效机制。这一想法得到了学校领导的充分肯定与大力支持。2019 年 4 月 29 日，重庆三峡职业学院乡村振兴"田间学院"天元分院正式成立。

天元分院成立后，积极协调天元乡党委政府和全乡各村支两委，带领人员走村访户，积极宣传国家"高职扩招"政策，热情鼓励、精心组织当地青年人到学校参加扩招考试，首期招生 39 人。2019 年 12 月 10 日，分院学生在天元乡正式开班。该班平均年龄为 30.8 岁，主要由天元乡致富带头人、村干部和青年党员组成。这一创新的办学方式使村民足不出村上大学，圆了过去想都不敢想的"大学梦"。学校以"专业"对接"产业"，送教上门，将课堂开到了"田间地头"。学院实行"学分银行"，学生累计完成相应学分，即可毕业领取全日制大专文凭。

天元分院开班后，谭鹏昊主动承担起组织协调等相关工作，组织协调专家到农户家中、到田间地头，有针对性地开展教学和培训 20 多次，村民接受培训 1000 多人次，有效地提高了学生的文化素养和技术水平。一些村民因此脱贫，有的成了致富带头人，创建了一支不走的乡村振兴人才队伍。

三、一户一策，确保一村脱贫

扶贫期间，谭鹏昊同志始终心系贫困户，聚焦"两不愁三保障一达标"，逐户分析致贫原因，做到一户一策，精准帮扶，确保小康生活一个也不能少。

脱贫致富，发展产业是关键。针对有劳动能力的家庭，结合万春村的实际，实施了"两扩大一减少，一适度一特色"产业发展思路，即做大做强中药材、特色水果两大产业，减少"三大坨"（土豆、玉米、红薯）的种植，适度发展中蜂产业，以腊肉加工产业为特色，并帮助73户贫困户申请小额扶贫贷款300余万元用于产业发展。目前，万春村发展中药材1800亩、冬桃430亩、李子480亩、蔬菜500亩、养殖中蜂1200群、山羊700只、毛猪1500头，粮经比由8：2调整为1：9，有效增加了群众收入。

谭鹏昊同志针对无劳动力和弱劳动力的贫困户，采取多种措施增加其收入。为王汉平等22户成功申请低保；帮助李德清等42户成功申请公益性岗位，实现了就地就近就业。帮助贫困户王贵琼等12户落实易地搬迁政策、新建房屋选址、寻找施工队、拟定建房合同等，解决安全住房难题，实现安居乐业。关心关爱特困儿童，协调为小学生王毕莲捐赠上网课的手机，并耐心辅导其学习，努力阻断贫困代际传递。

目前，万春村"两不愁三保障"问题全面解决，贫困发生率从建档立卡时的36.5%降为0。全村产业结构得到优化，基础设施更加完善，村规民约推行顺利，环境卫生情况大幅改观，乡风文明新风尚正在形成，内生动力显著提升。130余户农户完成"五改两治"，农村面貌发生了翻天覆地的变化。

四、一线坚守，突围疫情山洪

谭鹏昊同志慎终如始，坚守在"战贫""战疫""战灾"最前线。2020年初，新型冠状病毒肆虐。天元乡与湖北接壤，在武汉务工人员较多。谭鹏昊内心十分忧虑，2月7号就赶到村里，战斗在抗疫第一线，一个月后才返家。组建志愿者小分队，排查出外地务工返回人员99人，其中武汉返乡44人，并一一建立台账，每日上报。加强宣传，落实居家观察，严防出户串门。设置"疫情防控检查点"，安排专人24小时值守，防止输入病例。

2020年6至7月间，因罕见暴雨，山洪暴发，天元乡特别是万春村受灾严重。谭鹏昊始终坚守抗洪救灾一线，组织20多名村民在重点部位及时设置警示标识，提醒群众做好安全防范；及时疏散安置存在安全隐患的饶军春等9户人员，带头冒雨挖沟引导山水改道，确保饶军春等村民的房屋财产安全。

疫情和洪灾缓解后，谭鹏昊积极组织群众发展生产，努力减少疫情和洪灾对群众收入的影响。他下地帮助群众种植魔芋等作物，做到了不误农时、不误农事。主动了解群众务工需求，多方了解山东、广东、重庆等地的用工需求，为群众提供外出务工建议，最大程度降低疫情对群众收入的影响。积极协调乡政府和县有关部门，及时整修水毁道路。

在驻村扶贫期间，谭鹏昊同志不仅给村民带去了发展思路和技术，也让自己获得了充分的历练，他的扶贫工作成绩也获得了领导和群众的一致认可，大家都说"谭书记是个为民办事的好书记"。2018、2019年，谭鹏昊连续荣获重庆三峡职业学院"优秀共产党员""优秀教师"称号。在2018、2019年巫溪县驻村"第一书记"和驻村工作队考核中，连续两年年度考核"优秀"等次，所带领的万春村驻村工作队被评为巫溪县"优秀"驻村工作队。其驻村扶贫的典型事迹和先进做法被新华社、《重庆日报》、华龙网等多家媒体报道7次，其中新华社对乡村振兴"田间学院"的报道被国务院官网采用。

生态种养显大爱　稻渔共生促攻坚

——周亚同志脱贫攻坚先进事迹材料

周亚，男，重庆三峡职业学院动物科技学院实验员，助理研究员。自2015年重庆市全面打响脱贫攻坚战以来，周亚坚持扶贫工作理论学习，切实增强"四个意识"，坚定"四个自信"，做到"两个维护"，先后参与万州区长滩镇红石村和白土镇大林村扶贫工作，担任驻村工作队员3年，帮扶贫困户5户，帮扶村已于2017年通过国家脱贫验收。结合自身水产养殖专业技术优势，发展1万亩稻渔产业扶贫，创造直接经济效益2000万元，协助创建集体经济3个，培育农场主3个，职业经理人2人，科技型企业2家，培养稻渔产业致富带头人94人，职业农民200人。周亚扶贫先进事迹先后被《团结报》《前进论坛》和人民政协网报道。稻渔产业扶贫案例入选教育部第二届省属高校精准扶贫精准脱贫典型项目，其扶贫事迹被《重庆日报》《中国教育报》报道。

一、强化"教师担当"，奉献"生态攻坚"

2015年，周亚先后参与农工党万州区委和学校脱贫攻坚工作，对口帮扶万州区白土镇大林村和长滩镇红石村，2018年至2020年担任驻白土镇大林村驻村工作队员，帮扶贫困户5户，坚持为贫困户提供扶贫政策宣传；为2户贫困户子女就学提供教育资助；帮助2户在家劳动较弱贫困户发展蛋鸡养殖，积极宣传开展消费扶贫；帮助3户贫困户进行就业培训与推荐，使其实现稳定就业。帮扶两个村发展稻田养鱼，协助创建集体经济，2017年周亚同志对口帮扶的贫困村顺利通过国家脱贫验收。

二、精准"剖析穷根"，寻求"对症施策"

大林村和红石村均为偏远山区，交通不便、信息闭塞，年轻人几乎全部外出务工，整村只剩老人小孩，村里更无支柱产业，村民增收极为困难，但田块较多，均通风向阳，水源充沛，是传统水稻种植区。周亚多次深入帮扶村实地考察了解，并发挥自身水产养殖专业技术优势进行市场需求调研，结合"产业生态化、生态产业化"的理念，萌发了在稻田里养鱼的产业发展思路。经分析，稻田养鱼技术操作性强、成本低、效益好，容易被农户快速掌握和大规模推广；另外鱼和水稻可形成生态种养模式（鱼可以采食田间害虫，控制杂草生长，鱼的排泄物可为水稻生长提供有机肥），于是一条以生态发展为理念，生产绿色稻谷和生态鱼的产业发展新路子就此展开。

三、主创"稻渔学院"，坚守"产教融合"

将学校教学资源和科研资源有效地融合带到田间，主创"稻渔学院"，为产业发展提供规划、技术服务和技术培训。完成红石村制定稻田养鱼试验田实施规划和大林村制定稻鱼示范基地规划，为云阳县双土镇和平安镇编制产业发展规划，指导产业扶贫。周亚先后在万州、云阳、开州、梁平等区县培养稻渔产业致富带头人94人，职业农民200人，制定了稻田基础设施修建性方案，现场指导稻田设施改造。联合重庆市万州区水产研究所的水产专家和重庆三峡农科院的水稻专家，组建"智慧稻渔创新团队"，指导水稻种植与水产养殖。2015年在红石村试验10亩稻田养鱼，由于地理位置偏僻，交通不便，为了当天能返程，不给贫困户添麻烦，周亚总是一大早迎着第一缕晨辉出门，又披着星光返程回家。经过3年的研究与实践，2017年在大林村建成150亩稻田养鱼核心示范区，当年实现亩产值70万元，直接经济效益20万元，带动27名贫困户增收。

四、争当"田间创客",力推"稻渔经济"

为了壮大集体经济,周亚积极动员村民自发创建股份合作社发展稻田养鱼,协助创建稻鱼集体经济3个,培育农场主3个,职业经理人2人,科技型企业2家;带头下田示范绘制彩稻,引导发展乡村旅游,协助开展两届"摸鱼节";创建"三峡职院稻田鱼"和"三峡稻鱼米"两个扶贫公用品牌,推动生态稻渔产品差异化发展,提升稻渔产业综合效益,2018年示范区成立了大林村首个集体经济——万州区白土镇新场坝农业股份合作社,当年结合农民丰收节,隆重举办了第二届白土镇摸鱼节,吸引大量游客观光彩稻、体验摸鱼、购买生态稻渔产品,稻渔产业实现亩产值8000元以上。2019年周亚带领学生开展稻渔产品营销创业,先后获得"首届重庆市高校'一带一路'国际学生创新、创业、创意大赛三等奖""第五届中国'互联网+'大学生创新创业大赛重庆赛区银奖""2019年重庆市第三届'渝创渝新'中华职业教育创新创业大赛三等奖"。

五、坚持"科技扶贫",奋书"大地文章"

稻田养鱼这一生产模式给当地带来经济效益的同时,更起到了较大的示范效应。2018年在万州区白土镇大林村发展稻田养鱼500亩,同期在忠县新立镇、武隆区白马镇等地发展稻田养鱼3500余亩;2019年周亚入选重庆市科技特派员,团队建立了重庆市首个稻渔综合种养试验基地,开展稻渔产业应用研究,承担稻鱼科研项目4项,发表论文4篇,授权专利9个,制定了重庆市首个稻渔生产企业标准;2020年入选万州区首批专家服务团,服务库区稻渔产业发展,助力脱贫攻坚。目前,已在万州、开州、云阳、梁平、忠县、武隆等区县推广稻田养鱼产业1万亩,直接经济效益2000余万元。2018年周亚个人扶贫纪实《农工党周亚:扶贫路上显身手》先后被《团结报》《前进论坛》和人民政协网报道。2019年"稻渔共生促攻坚"入选教育部第二届省属高校精准扶贫精准脱贫典型项目,并被《重庆日报》《中国教育报》报道。

周亚同志始终学习贯彻习近平总书记关于扶贫工作的重要论述,坚持"科技扶贫"理念,以越战越勇的工作态度,不断壮大"稻渔经济",高质量完成脱贫攻坚各项工作任务,为实现农村农业现代化和精准脱贫有效衔接乡村振兴做出了重要贡献。

第二篇　稻田"行间"一条鱼

【编者按】三峡库区如何践行"绿水青山就是金山银山"理念,种养结合的"稻渔共生"是一个方向。重庆三峡职业学院以万州白土镇大林村为核心示范区,开展产教扶贫,不断在周边10多个区县推广"稻渔综合种养",取得了较好效果。2019年"产教扶贫:'稻渔共生'促攻坚"获教育部精准扶贫精准脱贫典型项目。

三峡库区产业生态化与精准扶贫融合实践

——以"稻渔共作"种养模式为例

周　亚　周永平

党的十八大召开以来，习近平总书记坚持我国的产业发展要步入绿色发展的产业发展轨道，在保护生态环境的基础上进行产业的升级和转型，坚持绿色经济、循环经济、低碳经济的发展模式和思想理念。此后习近平总书记又于2018年指出，要加快建立健全以"产业生态化和生态产业化"为主体的生态经济体系，生态环境保护的成败，归根结底取决于经济结构和经济发展方式，构建生态经济体系，要牢固树立"绿水青山就是金山银山"的理念。

产业生态化即在维护生态系统循环发展的基础上推动产业的加快发展，要尽量降低产业发展过程中的自然资源消耗，实现产业健康发展和生态系统持续发展相统一。而生态产业化重点在于盘活生态资源，连接一、二、三产业，通过市场化的手段实现生态资源保值增值。生态产业化是在当前存在城乡二元经济结构，偏远地区农民期待脱贫致富，城市居民要求提高生活品质、实现绿色消费的背景下产生的，对促进城乡人口和生产要素双向流动、新生产生活模式的产生具有积极意义。

三峡库区承担着当地及长江中下游社会经济可持续发展的重任，同时还支撑着长江经济带的绿色健康发展。产业扶贫是促进贫困地区发展、增加贫困农户收入的有效途径。因此，探索三峡库区产业生态化、生态产业化与精准扶贫工作融合，对促进乡村振兴尤为重要。

一、三峡库区产业生态化概况

（一）国内产业生态化概况

关于产业生态化，国内学者展开相关研究，在推动长江经济带发展方面，需要重视生态文明建设，以生态环境和经济建设协调推进，以湖南省岳阳市发展为例，通过重视第三产业的投入力度，形成"三、二、一"的产业格局，推动产业生态化发展。在推动地方经济发展方面，强化生态立县，通过村庄整治和企业整改，挖掘当地生态价值，促进美丽乡村建设，结合产业发展体系生态内涵，实现产业生态化与美丽乡村建设协同发展的良性循环，作为山区县典型。浙江景宁县通过加快推进一、三产业的崛起，发展特色农林经济和文化旅游产业，推动产业生态化转型。也有报道认为经济发展方式转变的关键是产业发展模式的转型以及生态与产业融合，云南省通过将传统低端产业逐步向高端产业过渡，推动工业信息化、高端化和环保化。

（二）三峡库区产业生态化概况及存在的问题

产业生态化是环境保护与经济发展协同推进的有效路径，促进重庆三峡库区产业生态化发展对保护三峡库区意义重大。重庆三峡库区农业以种植粮油、蔬菜、林木和畜禽养殖、渔业为主，基本形成了特色化、多样化的生态农业产业体系。工业属于资源开发型传统工业，初步形成了能源开发、矿产加工、汽车制造、机械制造、生物制药、农副产品加工为主的工业体系。服务业以传统服务业为主，商贸业发展以满足本地生产生活需要为目的，主要包括传统的批发零售业、餐饮业。目前重庆三峡库区产业生态化存在对传统增长路径的过度依赖、思路不清晰及缺乏政策支持等问题，产业生态化水平仍然不高，生态产业价值尚未实质性显现，仍处于产业生态化发展起步阶段。

（三）三峡库区精准扶贫的落脚点——生态产业化

三峡库区因其独特的区域地理位置而拥有秀丽的生态环境，但从工业的发展历程来看，自然生态环境优美意味着经济的相对落后，尤其是库区丘陵地区和高山地区。虽然近年来，我国经济转型特别是工业转型后，以高质量、高新技术为基础的创新型经济发展迅猛，但是这也仅仅局限在技术、资本集中的区域，对于经济落后、无知名高等院校且缺乏创新型高新技术龙头企业的三峡库区来说是没有优势的。因此，三峡库区贫困山区的发展必须深刻领会"绿水青山就是金山银山"的深层次含义，因地制宜，结合现代农业技术，运用互联网技术，创新思维地走生态农业、订单农业、观光农业相结合的生态产业化道路。

二、三峡库区"稻渔共作"养殖模式实践

（一）概况及具体做法

2015年4月起，重庆三峡库区"稻渔共作"种养项目开始实施。该项目是在地方政府的支持下，由重庆三峡职业学院、重庆市万州区水产研究所、重庆三峡农业科学院共同实施的产业扶贫项目。项目组在前期多次实地考察调研的前提下，制定出有效的"稻渔共作"技术方案和模式，并在重庆三峡库区

建立了重庆三峡职业学院乡村振兴分院，开展技术培训、指导和科研等相关工作。通过4年的发展，目前项目已在库区建立"稻渔共作"示范基地5个，示范带动发展"稻渔共作"模式1万余亩，重庆三峡库区"稻渔共作"种养模式的经济优势和综合效益显著，助力精准扶贫、助力乡村振兴效果突出。

　　下一步计划在继续深入发展"稻渔共作"的同时，进一步做好品牌建设。同时，结合互联网技术、现代农业技术，扩大销售面和品牌营销力。品牌建设将以围绕三峡库区人文地理为核心，以"稻渔共作"的"鱼"与"稻"为载体，主打生态、健康的有机农产品。运用互联网技术和现代农业技术，以"稻渔共作"的基础建设和乡村文化旅游为线下基础，以订单农业为发展核心，同时顺势而为，借助"网红经济"热点，培养贫困山区人民成为新时代的农民"网红"，敢于宣传自己，同时实现在线销售和获取生产订单。

　　1. 因地制宜，主推稻鲤创新模式

　　重庆三峡库区稻渔模式是在稻渔综合种养模式的基础上，以地方特色餐饮为发展的市场导向，以"万州烤鱼"原料鲤鱼为主，鲫鱼为辅，搭配黄颡鱼和南美白对虾等名特优水产养殖品种，同时结合"万州烤鱼"消费需求变化，引进罗非鱼作为辅助品种，提高品质与产值。采用成鱼养殖和苗种培育的种养基地结构，投放大规格鱼种，实现当年出鱼，通过不同海拔发展稻渔产业，调节成鱼上市时间，形成市场供应与稻渔生产良性循环。模式在实现生产良性循环的同时，借助互联网技术（如产品溯源、生产视频监控、网络直播等）充分展示三峡库区的秀丽生态环境，以使消费者放心，同时增加三峡库区"鱼"与"稻"的影响力，进而扩大市场需求，以确保不断扩大的"稻渔共作"规模能够具有市场消化能力，而不至于打消贫困山区农民的发展积极性。

　　2. 技术创新，加强应用研究投入

　　重庆三峡职业学院联合重庆市万州区水产研究所、重庆三峡农业科学院组建了"三峡生态稻渔创新创业团队"，主要承担稻渔产业全产业链相关配套研究与实践。团队在深入研究传统"稻渔共作"模式的基础上，积极学习国家级稻渔综合种养示范区的先进经验与技术，切合实际地加以优化升级和实践应用。从现有传统的"稻渔共作"模式出发，以实践问题为导向，加强技术创新和实际生产指导。自2015年开始，团队将通过重庆市教委优质校建设项目、科技项目和重庆市科技局科技项目等支持以及自筹获得的50余万元资金投入重庆三峡库区"稻渔共作"模式基础应用研究，先后对养殖、种植、稻田基础设施等方向开展了基础研究，通过应用研究优化模式，提高了模式生产效益。

3. 协同创新，组建乡村振兴"田间学院"

精准扶贫的关键在于知识储备和技术运用，贫困山区人民由于地理环境的局限和信息交流不对称的特殊原因，在农业知识、经济知识和现代农业生产技术、营销技术方面相对缺乏。"三峡生态稻渔创新创业团队"成员由水产养殖和水稻种植专业联合经济管理、计算机、物流等专业组成。学校通过在示范点组建重庆三峡职业学院乡村振兴分院，为团队成员有效对接示范基地开展技术指导、培训和科研搭建平台，保障模式实施。在未来的工作中，学院将积极运用互联网传播技术（如微信公众号、直播平台、学习 App 等）手段建设网络乡村振兴"田间学院"，加大技术宣传力度，提高知识普及面，进一步对有一定资本和知识的外出青年进行远程技术教育，以鼓励和吸引其返乡创业，为生态产业化进一步升级提供可能性。

4. 创建品牌，提升生态产业价值

重庆三峡库区"稻渔共作"模式坚持绿色发展理念，以国家"一村一品"发展战略为指导，通过创建"三峡稻鱼米"和"三峡职院稻田鱼"两个扶贫品牌，提升稻渔生态种养产业价值，同时通过品牌建设，推动"稻渔共作"模式从产量到质量的创新升级，促进稻渔产业在重庆三峡库区健康发展。

在未来，稻渔产业将会以产品质量本身以及进一步提高营养价值和维持生态产品的独特口味为目标，实现产品升级，努力打造中高端有机农产品。同时，产业还将扩大产品宣传（网络直播、乡村文化旅游节等线上线下多种宣传方式）力度，并结合产品包装和创新营销模式，建设高端"三峡稻鱼米"和"三峡职院稻田鱼"有机农产品。

5. 挖掘文化，丰富生态产业内涵

文化振兴是乡村振兴的关键，同时也是一、三产业融合的切合点。稻渔文化是中国传统农耕文化的重要组成基础，通过挖掘传统农耕文化，开展"摸鱼节""插秧节""丰收节""稻渔文化节"等稻渔文化活动来推动体验式乡村文化旅游模式的开展。同时结合物联网技术，营造线上线下互动基础，创新稻渔产品营销模式，在丰富生态产业内涵的同时，积极创建生态稻渔品牌，扩大稻渔品牌影响力与认可度，推广稻渔产品销售渠道，以销带产，促进产业发展壮大。

（二）"稻渔共作"模式对产业生态化的意义

"稻渔共作"模式是"稻"和"鱼"的有机结合，生态种养的典型模式。模式可实现零施用农药和化肥，鲤鱼有掘食习性，可有效疏松稻田土壤，防止板结，同时田鱼可除草、捕食田里的害虫，田鱼的粪便又可作为水稻的肥料，在传统稻田生产的基础上,每年每亩稻田可减施化肥 50 千克,同时零施用农药可对三峡库区自然资源环境的改善起到示范带动作用;"稻渔共作"模式同时具备调节旱涝的功能,稻田通过开挖沟渠、加高加固田埂,减少渗水,稻田的蓄水量加大,应对三峡库区降雨集中的气候特点,可有效缓解稻田洪涝灾害,如突遇干旱,采用田沟所蓄水量可保障水稻产量;"稻渔共作"模式还可改善丘陵山区低洼地水稻种植基础条件,稻田开挖沟渠既可发展水产养殖,又可改善洼地积水、排水功能,改变低洼地水稻绝收的现象。

(三)"稻渔共作"模式对精准扶贫的意义

贫困山区以"绿水青山"的生态环境为产业资本,充分挖掘和发挥生态环境产生的价值,这是"绿水青山就是金山银山"的深刻内涵,也是贫困山区因地制宜发展生态产业的根本。贫困山区群众缺乏对"绿水青山就是金山银山"的理解,同时,还缺乏技术和资金发展生态产业。因此,团队对当地传统的"稻渔共作"模式实行创新升级,给予技术、资金和销售模式培训的精准帮扶,助力贫困山区精准脱贫。

"稻渔共作"模式是传统稻田生产模式的创新升级,每亩产优质水稻 400~500 千克,稻田鱼 50~75 千克,亩产直接效益增加 2000 元以上,产品品质符合绿色生态;"稻渔共作"模式投入低、效益高,适合农村集体产业和个人创业发展;"稻渔共作"模式经营周期 8 个月左右,综合市场经营风险较低,适合作为产业扶贫项目。"稻渔共作"模式以生产鲤鱼为主,可有效补充重庆三峡库区水产养殖产量低的短板,增加本地鲤鱼供应量,打造中高端"万州烤鱼"产品,有利于"万州烤鱼"品牌建设,同时拉动稻渔产业发展壮大。稻渔文化作为传统农耕文化的主要内容,通过产业扶贫,发展"稻渔共作"模式可有利于传承我国农耕文化,推动贫困村文化振兴;模式可促进农村人居环境改善,可发展插秧体验、摸鱼体验、丰收体验等休闲农业项目,推动贫困村一、三产业融合,发展乡村旅游,促进贫困农户增收。

三、结论与讨论

本研究认为,因地制宜,技术创新,发展循环农业,推动一、三产业融合是重庆三峡库区产业生态化与精准扶贫融合的关键。产业生态化具有循环性的特点,以减少生产的能源和资源消化、提高资源利用效率、减少污染排放、优化环境为重要经济特征。重庆三峡库区"稻渔共作"模式作为典型种养模式,在稻田中实现了"稻"和"鱼"的生产循环,实现"一田双收",提高资源利用效率,同时通过稻鲤模式创新,实现零施用化肥和农药,减少了污染排放,有效改善了三峡库区农业资源环境。重庆三峡库区"稻渔共作"模式以"万州烤鱼"特色产业作为发展的市场导向,即满足了"万州烤鱼"的需求,同时作为扶贫产业,又推动了库区精准扶贫工作,实现了产业生态化与精准扶贫融合。

当然,本研究仅限于"稻渔共作"模式作为重庆三峡库区产业生态化和精准扶贫的研究对象,由于"稻渔共作"模式对农业条件具有一定的要求,研究所产生的结论具有一定的局限性,不一定适合重庆三峡库区所有贫困地区。在后续的研究中,应当根据重庆三峡库区不同区域农业基础和产业基础的具体情况,选择更多的样本作为研究案例,同时也不限于农业生产领域,以期获得更多有实用价值的研究成果,来促进产业生态化与精准扶贫相融合,助力重庆三峡库区的乡村振兴。

产教扶贫:"稻渔共生"促攻坚
——重庆三峡职业学院精准帮扶项目材料

赵福奎　周亚

重庆三峡职业学院自 2015 年 7 月起,就根据重庆市万州区委的统一安排和部署,勇挑重担,承担了白土镇大林村的脱贫攻坚任务。白土镇大林村距万州城区 85 千米,距白土镇政府 8.5 千米,属于海拔超 1000 米的连片贫困地区。全村建卡贫困户 124 户,贫困人口 365 人,脱贫任务繁重。学校根据大林村的实际情况,研究制定了《脱贫攻坚帮扶实施方案》,选派 2 名骨干教师担任"驻村第一书记",盯紧高山水稻种植升级优化难题,精准实施"稻渔共生"产业帮扶措施,实现了 2017 年整村脱贫"摘帽"目标。2019 年"稻渔共生"核心示范区超 500 亩,现正在向周边及区外推广"产教扶贫"经验。

一、"进展"之路:"契约组团"探索"种养同作"

学校充分利用自身农业职业教育的专业优势,派员在大林村帮挖"穷根"。针对大林村高山上仅有的几大块"白土坝"稻田"产量低、米质差"的现状,寻求稻田产业扶贫之策,探索"校村合作+种养同作"之路,实施稻渔产业帮扶，助推脱贫攻坚。

（一）校村联盟，共筑稻渔产业发展之梦

2015年7月，在白土镇政府的支持下，学校与大林村签订《脱贫攻坚帮扶协议》，共同组建项目组，因地制宜制定《稻渔综合种养产业发展规划》。围绕"万州烤鱼"的主要原料，开展以稻田养鲤鱼为主的模式研创。包括建设稻渔核心示范区、技术技能培训，以及基础设施、种养品种、稻渔管理等方面的应用基础研究，集成高山稻渔综合种养模式，共筑产业脱贫之梦。

（二）职教抱团，奉献稻渔产业发展之策

2015年12月，学校牵头成立"现代农业职教集团"，2019年市教委批准为"示范性职教集团"。通过会同农业本科院校、周边中高职院校、行业协会、企业等单位，搭建"优势互补、资源共享"的创新服务平台。集团各成员单位分别结合大林的村情、民情，参与稻渔生态产业帮扶，奉献发展之策，促使大林村早日脱贫致富。特别是重庆市万州区水产研究所、重庆三峡农业科学院对"稻渔共生"项目提供了精准帮扶和指导。

（三）村民联营，打牢稻渔产业合作之基

2016年初，学校帮扶团队鼓励大林村张文明同志，邀约村民组建"稻渔专业合作社"，试推"稻田养鱼"。以稻田资源入股，变"村民"为"股民"，改"单户种田"为"抱团种养"。通过4年的发展，稻渔综合种养从最初的10亩推广到500余亩，形成了核心示范区，参与农户超120户，其中建卡贫困户达83户。目前已建成"零化肥＋零农药"的"稻渔共生"模式，每亩稻田增收2000元以上。2018年的稻鱼米以每千克30元的价格远销浙江30吨。

（四）汇集智慧，供给稻渔发展研创之力

自2017年开始，学校就把大林村的"稻渔共生"精准扶贫列为"优质高职"的子项目建设；争取并获得了重庆市科技局支持的"三峡库区乡村振兴视野下稻渔综合种养模式集成与推广"项目。目前已投入150余万元。10余名专家教授、30余名教师参与组建"'智慧稻渔'产业脱贫研创队"，专项开展稻渔综合种养的稻鱼营养、品种、稻田水质及基础设施建设等应用研究。通过研究优化模式，依靠产业效益和创收促进增收脱贫。

二、"特色"之笔："田间创客"书写"稻渔共生"

学校派出"谷保姆""鱼保姆"，送100余人次教师进村，送种养综合技术入户，聘农科院、水产所的专家下田，在大林村"田间"创作"稻渔共生论文"。

（一）创建"田间学院"，培育"土秀才"

学校组成"智慧稻渔"产业扶贫创新团队，20多名以水产养殖和水稻种植为主的专任教师在大林村挂牌创立"精准扶贫'田间学院'"（现更名为"乡村振兴'田间学院'"）。针对稻渔综合种养开展技术技能培训，培育带领贫困户创收的"土秀才"和"乡创客"。开辟"田间微课"42门，村民们可利用手机在田间、林园、院坝在线远程学习。近4年来，开展"稻渔共生"专项种养技术、产业"接二连三"对接、电商等高素质农民的各类培训1500余人次。定向培养的8位"稻渔领头羊"，现已成为大林村的"洋专家"和"香饽饽"。

（二）创立"田间品牌"，打造"土特产"

学校帮扶的"稻渔共生"项目，坚持绿色发展理念，热衷于优化种植、养殖的生态环境，以"培育有机鱼米、提高鱼米品质"为精准帮扶方向，创建了"三峡稻鱼米"和"三峡职院稻田鱼"两个"土特产"。用"智慧点亮"农产品，创设"土特产"电商服务平台两个，远销区外各地。虽然稻谷的亩产量有所下降，但却实现了米单价的翻番，加上鱼的创收，真正达到了"入股一户，脱贫全家"的效果。

（三）创设"田间专利"，升级"土办法"

为降低稻渔产业的生产成本，提高产品质量，提升稻渔产业效益，项目帮扶组对稻渔综合种养的"土办法"进行深度挖掘和升级，对稻田开挖、田鱼防逃、稻田苗种培育等技术开展应用研究。先后申报"田间专利"9项，其中有用于稻田养殖鱼种培育的"饵料台专利"（专利号：ZL 2016 2 1352842.4）；有用于稻田养鱼，可调节排水孔大小，防止雨季溢水翻田、田鱼外逃的"拦渔网专利"（专利号：ZL 2017 2 1507433.1）等。通过围绕稻渔产业进行创新研究，集成了稻渔综合种养技术规范，使产业发展及稻鱼种养技术培训取得了一系列新成果。

（四）创新"田园风光"，传承"土文化"

学校帮扶成员大力践行大林村的"文化强村"战略，充分挖掘传统农耕文化。2017年、2018年在镇政府的支持下，先后组织在稻田开展"插秧节""摸鱼节""丰收节"等稻渔系列文化活动。创建"和美白土"彩色稻字样、村庄"核心价值观"字画等田园风光。用"字绘大林"传递"重农崇农"的价值取向，用"智慧稻渔"营造"强农富农"的浓厚氛围，用"智汇扶贫"凝聚"爱农支农"的强大力量。活动的开展，使大林村的稻渔"火起来"了，"土文化""洋"起来了，"万州烤鱼"也来争购稻田鱼了，村民们的自豪感、成就感、幸福感强起来了，农耕文化在发展稻渔产业和建设"美丽大林"中得以进一步升华。

三、"经验"之作:"校村协同"攻坚"生态扶贫"

学校践行"生态产业化、产业生态化"思路,履行社会服务职能,开展"校村协同"联动,强力推动"稻渔共生"项目建设,取得了"生态扶贫"成效。

(一)"校村协同"打造"绿色产业"

学校与大林村协同联动打造的稻渔综合种养,是"鱼+稻"有机结合的生态种养的典型模式。鲤鱼有掘食习性,可有效疏松稻田土壤,防止板结;田鱼可除草、捕食田里的害虫;鱼的粪便又可作为水稻的肥料。"稻渔共生"模式具备调节旱涝的功能,稻田开挖沟渠,田埂加高加固,稻田渗水情况减少,稻田的蓄水量加大。三峡库区降雨集中,旱涝现象发生率较高,"稻渔共生"模式开挖的沟渠可有效缓解稻田旱涝,还可改善洼地水稻种植环境,提高洼地水稻产量。在传统稻田生产的基础上,稻田零施化肥、零施农药,实现真正意义上的"绿色产业"和"稻渔双收",对丘陵山区耕作环境改善也起到示范带动作用。

(二)"综合种养"助推"生态扶贫"

"绿水青山就是金山银山。"稻渔综合种养不仅是生态环保产业,而且在产业脱贫方面还"大显身手"。通过近4年的发展,"稻渔共生"项目,每亩可产优质水稻400~500千克,稻田鱼50~75千克,直接经济效益每亩增加2000元以上。2017年大林村稻渔合作社以350亩稻渔核心示范区为支柱产业,年底带动62户建卡贫困户的增收脱贫,突显了"生态扶贫"成效。

(三)"产教融合"推动"田间扶智"

学校在大林村创建稻渔产业的"产教融合"基地,长期派30余名师生进村帮扶,注入"田间智慧",以农类种植、养殖专业带动"稻渔共生"产业发展。项目规划以生产鲤鱼为主,可有效填补三峡库区水产养殖产量短板,增加本地鲤鱼供应量,增加中高端"万州烤鱼"原料,拉动稻渔产业发展壮大。学校实施"田间扶智"策略,坚持稻渔文化与农旅结合,带动插秧体验、摸鱼体验、丰收体验等休闲农业项目的发展,推动大林村一、三产业融合,带动贫困户增收。

四、"推广"之策:"高校智汇"拓展"产教脱贫"

学校以大林村为例开展"稻渔共生"项目的研究和实践,取得了较好的扶贫效益。自2019年起,以大林村为核心示范区逐渐向周边和区外拓展,追求"产教脱贫"效益的最大化。

（一）践行"村民+"，壮大职教脱贫"朋友圈"

学校依托自身科技人才优势，发挥大林村核心示范区作用，扩大"稻渔共生"产业在三峡库区的辐射引领作用，践行"村民+"，做大职教脱贫"朋友圈"。2019年，已将稻渔综合种养辐射到万州周边及梁平、忠县、云阳等地，推广到5300亩。下一步，将"稻渔共生"模式在库区推广到10000亩以上，不断优化稻渔种养，提升单产效益，充分发挥职教脱贫、生态致富作用，让更多的村民享受到"稻渔共生"的红利。

（二）践行"专业+"，拓展教育扶贫"产业链"

学校将立足乡村振兴办学，打破固有的学科边界、专业壁垒，践行"专业+"，建设"新农科"。按照"专业设置"与"产业需求"对接、"课程内容"与"稻渔标准"对接、"教学过程"与"种养过程"对接的要求，深化"产教融合、校企合作"。打造农林类的"金专""金课"，主动服务脱贫攻坚、乡村振兴、生态文明和"美丽重庆"建设。进一步挖掘"稻渔共生"专业潜能，探索与二、三产业的"融合发展"，拓展教育扶贫"产业链"，为三峡库区集中连片贫困区积累"产教融合""生态脱贫"推广经验。

（三）践行"模式+"，打造产教脱贫"新版本"

落实《国家职业教育改革实施方案》及"扩招百万"工程，对学校来讲，必须跳出传统的办学模式，对教学进行"伤筋动骨"的改革与创新。学校将站在新的起点上，与稻渔产业"深度融合"，深化"种养合作""校企双元育人"研究，打造"智慧稻渔平台"和高校"智汇帮扶"模式。在"稻渔共生"基础上，探索"稻渔+免耕直播""稻+鲤+南美白对虾""稻+鲫+南美白对虾""稻+罗非鱼+南美白对虾"等产教模式，打造"新版本"，丰富稻渔产品，提高稻渔产业脱贫效益，助力三峡库区的乡村振兴。

稻渔综合种养 助力乡村振兴

周 亚

"稻渔综合种养"项目是重庆三峡职业学院对口帮扶重庆市万州区白土镇大林村脱贫致富奔小康的主推产业项目之一。自2015年实施"精准扶贫、精准脱贫"战略部署开始，学院以《长江经济带发展规划纲要》为指导，贯彻落实"生态产业化，产业生态化"的理念，坚持绿色发展。

2015年4月，重庆三峡库区"稻渔综合种养"项目开始实施。项目在地方政府的支持下，由重庆三峡职业学院、重庆市万州区水产研究所、重庆三峡农业科学院共同实施。项目组在前期多次实地考察调研的前提下，制定出有效的"稻渔综合种养"技术方案和模式，并在重庆三峡库区建立了重庆三峡职业学院乡村振兴分院，开展技术培训、指导和科研等相关工作。通过4年的发展，目前项目已在库区建立"稻渔综合种养"示范基地5个，示范带动发展"稻渔综合种养"模式5300余亩，重庆三峡库区"稻渔综合种养"模式的经济优势和综合效益显著，助力精准扶贫共作效果突出。

一、因地制宜，主推稻鲤创新模式

结合大林村传统高山优质大米的产业基础，制定了500亩稻渔综合种养产业发展规划，在稻渔综合种养模式的基础上，以地方特色餐饮为模式发展的市场导向，以"万州烤鱼"原料鲤鱼为主，鲫鱼为辅，搭配草鱼和南美白对虾，同时结合"万州烤鱼"消费需求变化，引进罗非鱼作为辅助品种提高产值。采用成鱼养殖和苗种培育的种养基地结构，通过不同海拔的稻渔种养调节成鱼上市的时间，形成市场供应与稻渔生产的良性循环。

二、技术创新，加强应用研究投入

自2015年开始，项目将通过重庆市教委优质校建设项目、科技项目和重庆市科技局科技项目等支持，以及自筹获得的50余万元资金投入重庆三峡库区"稻渔综合种养"模式基础应用研究，先后对稻鱼营养、稻鱼品种、稻田水质及稻田基础设施等方向开展了基础研究，通过应用研究优化模式，提高模式生产效益。

三、协同创新，组建乡村振兴"田间学院"

项目组由重庆三峡职业学院联合重庆市万州区水产研究所、重庆三峡农业科学院组成"智慧稻渔"产业扶贫创新团队，团队成员以水产养殖和水稻种植专业为主。通过在示范点组建重庆三峡职业学院乡村振兴分院，为团队成员有效对接示范基地开展技术指导、培训和科研共作搭建平台，保障模式实施。

四、创建品牌，提升生态产业价值

重庆三峡库区"稻渔综合种养"模式坚持绿色发展理念，通过创建"三峡稻鱼米"和"三峡稻田鱼"两个公用品牌，提升稻渔生态种养产业价值，同时通过品牌建设，推动"稻渔综合种养"模式从产量到质量的创新升级，促进稻渔产业在重庆三峡库区的健康发展。

五、挖掘文化，丰富生态产业内涵

文化振兴是乡村振兴的关键，同时也是一、三产业融合的切合点。通过挖掘传统农耕文化，开展"摸鱼节""插秧节""丰收节"等稻渔文化活动，同时结合物联网技术，实现线上线下互动，创新营销模式，在丰富生态产业内涵的同时，促进品牌塑造，扩大稻渔产品销售渠道，拉动产业发展壮大。

学院将依托科技创新，扩大"稻渔综合种养产业"在三峡库区的辐射引领作用，不断优化稻渔种养模式，提升稻渔种养单产效益，为农民脱贫增收，助力乡村振兴做出了贡献。结合智慧稻渔平台和科技创新，打造"三峡稻鱼米"和"三峡职院稻田鱼"两个自主品牌，致力于形成三峡库区美丽乡村建设的长效机制。

"第一书记"带头干 "鱼稻双增"助脱贫

康学良

一、感党恩，追梦路上几多艰辛

重庆三峡职业学院派驻白土镇大林村的扶贫"第一书记"——康学良，1987年出生于四川省东北部大巴山深处的一个偏僻农村，他从小就有一个梦想，那就是走出大山，摆脱贫困。他一路求学，一路荆棘密布。特别是在2007年，康学良参加高考时母亲突然病倒，后来母亲确诊罹患白血病，需要巨额医疗费用。当时，康家还有一个正在上大学的哥哥，而康家的经济收入全部靠父母打零工挣得。

母亲的白血病并没有因为康家贫困至极而得以好转，相反，在花费了近20万医疗费用后，母亲抱憾离世。那段时间，康家剩下的父亲、哥哥和他自己经历了人世间最痛苦、也最艰难的一段时间。摆在康学良面前的只有两条路：一是辍学外出打工挣钱，还清母亲生病时的欠款；二是继续向亲戚朋友借钱读书，完成大学学业。可是，母亲生病时，康家已经借完了所有可以借的亲戚朋友，就连老外婆的棺材钱都借了。

眼看康学良就要辍学，国家出台了贫困生助学贷款政策，为家庭经济困难学生开通"绿色通道"，免利息贷款。康学良就是靠着国家助学贷款和助学金完成了大学学业并顺利地找到了工作。

二、跟党走，脱贫攻坚甘赴前线

2018年底，康学良的家庭早已度过冰霜期，他已经是重庆三峡职业学院的一名教师了，家中欠款悉数还完，家庭经济条件也逐渐好转。

当得知学校向全体教职工征集奔赴"脱贫攻坚"第一线去开展扶贫事业时，他第一个向党组织表达了想要去前线扶贫的决心。

2019年1月，康学良到达万州区最偏远的高山高海拔地区——白土镇大林村开始他的脱贫攻坚工作，他始终明白自己此行的使命是让大林村村民全部脱贫，过上更加美好的生活。他一到村就开始走访贫困户、调研农业产业、拜访学习其他乡镇的先进做法……

三、听党话，付出真情不求回报

为了让农民打消顾虑，跟着他一起干产业，他回到学校申请项目资金，发动群众积极参与，为大林村村民扩大稻田养鱼生态农业，忙前忙后近一个月改造农田，并自掏腰包流转家中无劳动力的老人的田块2.2亩，自己耕田、起垄、施肥、插秧、管理秧苗、饲养稻花鱼、收割稻谷、扛稻谷、晾晒稻谷、入仓。看到念书出身的"第一书记"率先垂范，村民们无不为之动容，大家对生态农业产业的信心更足了。

2019年秋收后，康学良带头发展的稻田养鱼大丰收，他又四处找渠道为农民销售稻谷、大米、稻花鱼。农民的腰包鼓了，产业路子活了，"第一书记"亲自栽种和管理的稻谷和稻花鱼也很快流向了市场。消费者们在津津有味地品尝稻鱼米和稻花鱼美味的时候，还多了一个"第一书记"发展产业亲自种田的故事。

康学良栽种的2亩多稻谷和稻花鱼销售结束后，他将自己销售稻谷和稻花鱼所得的4000元上交到了村集体，用在了大林村未来的发展产业上。

凸显农机专业，助力产业脱贫

康学良

　　重庆三峡职业学院是重庆市唯一一所涉农高职院校，学校在师资力量、学生获奖情况、就业情况几个方面排名全国前列。学校积极响应习近平总书记"坚决打赢脱贫攻坚战，全面建成小康社会"的号召，努力完成脱贫攻坚任务，专门成立帮扶工作小组，由学校党委书记亲自担任扶贫工作小组组长。自2015年7月正式开始驻村帮扶贫困村以来，学校陆续承担重庆市万州区、重庆市巫溪县共3个贫困村的扶贫工作任务。学校先后派出副校长1名、副处长1名、科级干部2名到达对口帮扶的贫困村任驻村"第一书记"。经过全校上下几年的齐心共同努力，学校扶贫工作取得了可喜的成果。2019年是全面决胜脱贫攻坚战的关键之年，这一年距离全面建成小康社会仅有一年左右的时间，这一阶段学校汇集了很多扶贫攻坚路上的艰难险阻、酸甜苦辣，同时也积累了很多值得总结或者值得交流推广的经验，本文包含学校充分发挥高职院校农业机械化专业优势，在脱贫攻坚的道路上利用农业机械化优势帮助贫困村发展产业、稳定脱贫的一些经验等内容。

　　2015年，重庆市万州区白土镇大林村刚刚被评为重庆市市级贫困村，那时候大林村交通闭塞，道路颠簸不平，从万州区主城乘车进村至少需要花4个小时的时间；村民生活艰难，一般情况下每天只吃早晚两餐，房屋多是土坯房；村中留下的主要是老年人和留守儿童，多数青壮年都到沿海一带打工挣钱，留在家乡的青壮年多半也是因为家中老人小孩需要有人照看，权且在家待几年，随时准备外出挣钱。村中种植水稻的农民很少，有一些农民生怕几年后回到家，田地荒芜不能继续耕种，便拜托邻居或常年在家务农的同村村民帮忙耕种，那时候好一点的田块被留在村中的庄稼汉轻易从承包人手中免费拿来耕种，差一点或者交通不便利的田块直接被撂荒，很多田地都因长年无人经管，田坎被山洪冲刷垮塌。

　　2015年7月13日，重庆三峡职业学院驻村工作队正式入驻大林村开展扶贫攻坚工作，驻村工作队在认真考察大林村的基本情况后，结合大林村地域特色、高海拔优势，建议村民发展水稻产业，因为大林村田块相对平坦集中，村中又有一条河流通过，土地联产到户的时候，大林村就曾因为稻谷产量高而闻名；加之高海拔地区生长的稻谷周期相对较长，日照更强，产出的大米更加香甜可口。

然而，村中几乎只剩下留守老人和儿童，在村主要劳动力都有十多亩田地需要耕种，发展水稻产业，难度可想而知。没有农业农村现代化，就没有全国现代化。要实现农业农村现代化，根本途径是农业机械化，发展农业机械装备，提高农产品耕种收全程机械化利用率，降低人力成本，解放农村劳动力。

2016 年，经过近 1 年的筹备工作，重庆三峡职业学院帮扶工作组协助当地家庭农场主成立了新场坝水稻农机专业合作社。可以说合作社从筹备到最后开始营业生产，全程离不开农业机械化。同时，也得益于重庆三峡职业学院开设的农业装备应用技术专业，发挥其专业的资源、人才、师资、技术等优势。

创业之初，大林村田块都是靠前人祖祖辈辈由人力开垦围建而成的梯田，大多田块面积小，坡度大，不适宜机械化作业，特别不适宜用大型农业装备（如拖拉机、收割机）进行作业。大林村在万州区政府、白土镇政府及帮扶单位重庆三峡职业学院的支持下，对之前的稻田进行了宜机化土地整治，整治采用最合理节约的方式，同一海拔高度梯田或相邻海拔高度的几块梯田合为 7～10 亩面积大小的田块。

然后是改造稻田阶段，传统农业栽种出来的稻谷，仅仅依靠海拔高这一个不太明显的优势是不能在品种繁多的稻谷市场上站稳脚跟、独树一帜的。怎样才能让大林村的水稻产业展现与其他水稻产业的差别呢？重庆三峡职业学院利用农业类专业学科优势，将科研课题转化成农村脱贫产业发展"新点子"，决定推动帮扶贫困村的水稻产业走上一条生态、健康之路，把学校科研团队老师们研究的稻渔综合种养生态农业产业发展模式带到贫困村。这样生产出来的稻谷因从未施用化学肥料，水下有鱼排出的鱼粪转变成水稻的肥料，而水下的鱼啄食稻田的水草、田里的微生物、稻花等，其品质、口感、营养上都比普通饲养鱼更好。而这样产出的稻谷价格要比传统农业生产出来的稻谷价格每公斤高出 2 元。鱼苗长大成鱼后，就成为价格每公斤 30 元的高品质鱼。

可是，以前的稻田或者经过宜机化整治后的稻田都不适合在水下养鱼，因为稻田养鱼的技术要求，每亩稻田应该空出 10% 的面积开挖成塘，水塘深度为 1.0～1.2 米。

于是我们引进农用工程机械为每一个稻田挖掘水塘，水塘宽度由田块形状而定，占总田块面积的 10%，深度一般为 1.2 米。

最后是机械化栽种及生产，以大林村第一期稻渔综合种养面积共 300 亩为例，下面这一组由合作社提供的水稻栽种成本数据，可以比较清晰地展示采用机械化装备后的农业生产对成本的影响。

300亩稻田耕种收各个阶段劳动力成本与机械化装备成本对比

成本栽培阶段	人力劳动力成本			机械化装备成本			所用农机类型	节约成本
	人力劳动力单价（元/个工）	劳动力数量（个工）	成本合计（元）	机械单价化装备（元/个工）	机械化装备数量（个工）	成本合计（元）		
耕田	100	500	50000	500	6	3000	拖拉机	47000
育苗	80	100	8000	80	100	8000	温室育秧	0
育苗管理	60	50	3000	60	10	600		2400
栽稻秧	100	600	60000	300	6	1800	插秧机	58200
施肥	100	30	3000	100	30	3000	插秧机	0
除草	80	800	64000	80	800	64000	人工除草	0
收割	100	800	80000	200	300	60000	收割机	20000
晾晒	100	50	5000	1000	2	2000	烘干机	3000
节约成本合计								130600

窥斑见豹，在大林村发展的其他扶贫农业产业如烟叶种植、高山清脆李栽培、车厘子种植与栽培、茶叶种植、高山黄花种植等农业产业上都不同程度地应用到了农业机械装备，主要涉及拖拉机、割草机、无人飞机、动力型高效率喷雾器、收割机。

贫困山村有了农业机械装备进行农作物生产，大大减少了农业合作社、家庭农场主农业大户、农户等的劳动力支出，让农业生产获得了利润，合作社等农业企业、农户以及贫困户多方受益。只有农业有利润可图，农民才会有信心以农业为主，贫困户的家庭收入才能稳定，乡村振兴才能稳定。

"'稻渔共生'促攻坚"成果简介

陈 章 赵福奎

项目所在学校（重庆三峡职业学院）是以"农"为特色的高职院校，是教育部批准的"双高"建设院校。申请人自 2015 年起，就牵头学习贯彻落实习近平总书记关于扶贫工作系列重要论述，承担起重庆市委组织部、重庆市教委及万州区委安排的扶贫攻坚任务。"产教扶贫：'稻渔共生'促攻坚"项目，于 2016 年起在万州区白土镇大林村试点，至今已推广到万州周边区县 10000 亩以上。2019 年重庆市教育委员会上报教育部，批准为典型项目，列全国省属高校（本专科）第 4 位。

一、篇章结构和基本观点

（一）篇章结构

题目——产教扶贫："稻渔共生"促攻坚

1. "进展"之路："契约组团"探索"种养同作"
（1）校村联盟，共筑稻渔产业发展之梦
（2）职教抱团，奉献稻渔产业发展之策
（3）村民联营，打牢稻渔产业合作之基
（4）汇集智慧，供给稻渔发展研创之力

2. "特色"之笔："田间创客"书写"稻渔共生"
（1）创建"田间学院"，培育"土秀才"
（2）创立"田间品牌"，打造"土特产"
（3）创设"田间专利"，升级"土办法"
（4）创新"田园风光"，传承"土文化"

3. "经验"之作："校村协同"攻坚"生态扶贫"
（1）"校村协同"打造"绿色产业"
（2）"综合种养"助推"生态扶贫"
（3）"产教融合"推动"田间扶智"

4."推广"之策:"高校智汇"拓展"产教脱贫"

(1)践行"村民+",壮大职教脱贫"朋友圈"

(2)践行"专业+",拓展教育扶贫"产业链"

(3)践行"模式+",打造产教脱贫"新版本"

(二)基本观点

项目提出5个基本观点。

(1)精准扶贫:为涉农高职"产教融合"提供"练兵"大舞台

扶贫攻坚,涉农高职更要重任扛肩,更要深入贯彻《国家职业教育改革实施方案》,开展"产教"深度融合。"精准扶贫"一定是涉农高职"新农科"建设的大舞台。

(2)稻渔共生:为三峡库区"绿色屏障"提供"生态"大保护

2016年1月,习近平总书记在重庆召开推动长江经济带发展座谈会上提出要"共抓大保护,不搞大开发"。学校在三峡库区核心地带——重庆市万州区研究提出的"稻渔共生",是三峡库区建设"绿色屏障",推广"绿色扶贫"的典范。

(3)高校智汇:为贫困山区"产教脱贫"提供"致富"大梦想

学校利用自身的科技优势,开展高校"智汇扶贫""智慧扶贫""志智双扶",用优质职教"铲穷根","稻渔共生"能起到强信心、暖人心、聚民心的效果,能起到"产教脱贫"致富效果。

(4)抱团帮扶:为贫困乡镇"综合施策"提供"小康"大保障

学校集三峡农科院、水产所、西南大学博士团队等开展"抱团帮扶",在贫困村"综合施策",为三峡库区贫困村脱贫致富奔小康提供有力保障。

(5)村校协同:为贫困村民"脱贫摘帽"提供"党恩"大礼包

学校与贫困村一起研究,落实党的系列扶贫政策,开展"村校同创",献上"政策"大礼包,村民们脱贫摘帽。本项目是"惠民生""谢党恩"的集中体现。

二、主要创新和学术价值

(一)主要创新

1.理论研究创新

(1)新概念

项目中提出了"高校智汇""村校同创""产教扶贫""田间扶智""田间专利""稻渔育人""村民+""职教+""专业+""模式+"等系列新概念,不断丰富了理论武装。

（2）新专利

项目研发了 2 个实用新型"田间专利"——一种用于稻田养殖的拦网（专利号：ZL 2017 2 1507433.1）；一种用于不同规格鱼苗投喂的鱼苗饵料台（专利号：ZL 2016 2 1352842.4）。

2. 抱团研究创新

项目利用学校牵头组建的"重庆市现代农业职教集团"（是重庆的示范性职教集团），邀请重庆三峡农科院、重庆市万州水产研究所与西南大学在学校设置的"博士工作站"队员一起"抱团研创"，设置"稻渔专修院"。

3. 农特品牌创新

（1）创建 2 个品牌

项目组以"培育有机鱼米、提高鱼米品质"为精准帮扶方向，创建了"三峡稻鱼米"和"三峡职院稻田鱼"2 个"农特产"。

（2）搭建服务平台

项目组鼓励合作社负责人配套创建一个稻鱼米加工厂，投资创建了以销售"三峡稻鱼米"和"三峡职院稻田鱼"为主的"三峡绿色农业"电商服务平台，实现"产销共赢"和一二三产业融合发展。

4. 应用推广创新

（1）推广面积超 10000 亩

2020 年，项目已在三峡库区（忠县、梁平、开州、云阳）等区县推广达 10000 亩以上。

（2）从稻鱼到稻虾等拓展

在"稻+鱼"基础上，项目组不断探索"稻渔+免耕直播""稻+鲤+南美白对虾""稻+鲫+南美白对虾""稻+罗非鱼+南美白对虾"等产教模式，不断打造"稻渔新版本"。

5. 实践模式创新

近 5 年来，项目研究团队深入贯彻落实习近平总书记关于扶贫的重要论述，在"产教扶贫：'稻渔共生'促攻坚"实践中，探索创新了"新农院融合"的"55 扶贫模式"：

（1）在扶贫理念上："5 新"

围绕"稻渔共生"开展"新农业、新乡村、新农民、新业态、新生态"研究产教融合措施，探索精准扶贫与乡村振兴的无缝对接。

（2）在扶贫特色上："5 农"

充分体现农业、农村特色，在"农（土）文化、农（土）秀才、农（土）

特产、农（土）教材（模块）、农（土）办法"上书写"稻渔文章"。

（3）在扶贫措施上："5院"

重塑贫困村"稻渔文化"，在贫困村创建"党建学院、产业学院、生态学院、智慧学院、治理学院"，打造"稻渔扶贫"的"金专""金课"。

（4）在扶贫手段上："5融"

学校在"稻渔共生"上下功夫，促使"校园与田园融合、专业与产业融合、教师与乡贤融合、学生与农民融合、教具与农具融合"。

（5）在扶贫方法上："5合"

坚持"智库汇合、三产融合、种养结合、师民契合、农学组合"，突出"智慧稻渔"，打造"稻渔共生体"。

（二）学术价值

1."生态脱贫"价值

2016年1月和2018年4月，习近平总书记在重庆和武汉召开两次推动长江经济带发展座谈会，要求"共抓大保护，不搞大开发""探索出一条生态优先、绿色发展新路子""把修复长江生态环境摆在压倒性位置"。该项目推行"种养结合""生态种养"，坚持稻田"零化肥+零农药"，体现"丘陵稻渔生态"特色，实现真正意义上的"绿色产业"和"稻渔双收"，取得"生态脱贫"成效，"生态"价值得到较好体现。

2."两高目标"价值

2018年全国"两会"期间，习近平总书记在参加重庆代表团审议时，要求重庆努力"推动高质量发展、创造高品质生活"（简称"两高目标"）。项目的研究，创新高品质的"鱼"和"米"，是民生和发展的需要，更是落实总书记对"两高"殷殷嘱托的需要。

3."产教突围"价值

项目组在万州区白土镇大林村实施产教扶贫，开展500亩"稻渔共生"项目研究，全村124户建卡贫困户、365人贫困人口全部受益脱贫，实现了"产教突围"奔小康的效果。推广的10000亩辐射区域都享受了"稻渔红利"。

三、学术影响或社会效益

1.重庆市委常委重视"稻渔共生"项目的推广

重庆市委常委、万州区委书记莫恭明，2次调研"稻渔共生"项目工作，强调"项目要做到'生态产业化、产业生态化'"，并要求大力推广"稻渔共生"。万州区人民政府于2020年明确提出要实施"稻田产值翻番工程",严防脱贫户返贫。

2．得到重庆大学党委书记(现重庆高教学会会长)欧可平的肯定

2018年,重庆大学党委书记(现重庆高教学会会长)欧可平一行实地察看了大林村500亩稻鱼米基地,对学校围绕稻渔产业,开展产教融合实践给予了充分肯定。

3．经验交流

(1)2019年11月,"全国高职高专校长联席会"期间,项目申请人在教育部组织的脱贫攻坚经验座谈会上介绍了"稻渔共生"项目经验。

(2)2019年6月,项目组代表赴西北农林科技大学参加教育部组织的全国涉农职业院校校长班,并作为5位发言嘉宾之一,作"稻渔扶贫攻坚"交流发言。

(3)2019年在全国职业院校帮扶深度贫困县脱贫攻坚经验交流会上,项目组代表介绍以"稻渔共生"项目为主要内容的"产教融合,精准扶贫,助力乡村振兴"经验。

(4)在重庆市高等教育学会2019年学术年会上,项目组代表以"稻渔共生"项目为主要内容作"实施科教精准扶贫·助力库区乡村振兴"经验交流。

(5)2019年项目组代表参加全国稻田生态农业循环农业新技术高级研修班,交流"稻渔综合种养在三峡库区应用与实践"经验。

(6)2018年11月,项目组代表在贵阳召开的"脱贫攻坚·同步小康——中国·云贵川渝2018职业教育发展论坛"会上,介绍"稻渔综合种养"经验。

(7)项目组代表在"秦巴地区高职教育论坛"2017年度峰会、2018年度峰会上分别介绍"精准扶贫"和"稻渔共生"经验。

4．辅助的在研项目

(1)重庆市教委科技重点项目"三峡库区乡村振兴视野下稻渔综合种养模式集成与推广研究";

(2)重庆市水产站重点项目"丘陵稻鱼生态与经济效益初步研究"。

5．媒体报道

(1)2019年11月23日《中国教育报》在《脱贫攻坚决胜时 职业教育再发力》中介绍学校以专业扶持产业,在万州大林村实施"稻渔共生"科技推广项目情况。

(2)2019年9月26日,《中国教育报》以"精准扶贫·强农兴农·造福于民"为标题,对学校"稻渔扶贫"工作进行全面报道。

（3）2019年10月14日，《中国教育报》报道学校精准扶贫典型案例"'稻渔共生'促攻坚"。

（4）《重庆日报》连续报道：2019年5月20日"我市首个乡村振兴'田间学院'在万州白土镇大林村挂牌成立"；2019年5月23日"传授村民新技能，签下30吨'稻鱼米'订单"；2019年5月24日"开创'流动课堂'为乡村产业发展提供精准支持"。

（5）2018年6月6日《人民政协网》报道"农工党周亚：扶贫路上显身手"。

（6）2020年4月17日《重庆日报》报道"重庆三峡职业学院以精准扶贫助力乡村振兴"。

（7）重庆电视台、华龙网、万州电视台、三峡都市报等媒体数次报道。

6.获奖情况

（1）2017年，"稻渔共生"扶贫团队荣获万州"全区脱贫攻坚工作成效显著集体"奖；队员黄礼岗荣获万州区委、区政府"脱贫攻坚成绩显著个人"奖。

（2）"稻渔育人"实践团队，2018年荣获教育部"'推普脱贫攻坚'全国大学生暑期社会实践专项活动入围团队"；2019年荣获"重庆市'三下乡'社会实践活动汇报展演暨'脱贫攻坚·青春榜样'典型人物寻访故事分享大赛决赛"二等奖。

（3）2019年项目组作品《互联网+"鱼米之乡"生态创业园》在第五届中国"互联网+"大学生创新创业大赛重庆赛区荣获银奖；2019年项目组的"小鱼苗·大奥秘——鲤鱼人工繁殖技术"在全国职业院校技能大赛教学能力比赛高职组专业课程二组比赛中荣获三等奖。

（4）2020年1月中共重庆市委市政府"渝委（2020）20号"文批准学校派驻的大林村"第一书记"扶永辉荣获"重庆市乡村振兴贡献奖先进个人"。

勇挑扶贫"重担" 帮摘村镇"穷帽"
——重庆三峡职业学院帮扶工作纪实

赵福奎

根据万州区委的统一安排和部署,重庆三峡职业学院承担了白土镇大林村的脱贫帮扶任务。白土镇山高路远,建卡贫困户125户,贫困人口367人,脱贫任务较为繁重。学院勇挑重担,在"帮"上做文章,确保了整村"摘帽"脱贫。

一、帮找"穷根",强化策略到位,实施对症"扶伤"

学院党委高度重视脱贫帮扶工作,接受任务后立马开会部署,组建专门班子,决定立即行动,践行"积极主动、师生联动、科技推动"帮扶战略,找准"穷根",精准发力。

一是领导带头立下"军令状"。学院主要领导除亲自发动外,陈章书记和杨和平院长还多次主动深入大林村,带头帮扶深度贫困户,立下军令状,签订包户责任书。

二是全院师生对症"施良策"。全院师生联动,主动深入贫困户精准调研、精准识别、精准评判,与白土镇代表一起,透视剖析"穷根",找准脱贫"穴点",确定了"发展生产脱贫一批、易地搬迁脱贫一批、救助补偿脱贫一批、发展教育脱贫一批、社会保障兜底一批"的"五个一批"对策,做到分层实施、分兵突围。

三是紧盯贫困人员"打亲家"。对照脱贫验收标准,盯紧贫困人员的"硬伤"和"弱项",拟定"一户一策","一帮一""一帮几"或"几帮一"对策,对症对准结对帮扶。对"穷不怕"的懒汉,予以信心扶助;对"怕不穷"的"伪君"予以"翻底晾晒"。坚持不"摘帽"不松劲,不脱贫不脱钩,坚持"扶上马"并"送一程"。

二、帮解"穷难",瞄准短板补齐,实施对准"扶困"

针对"建八有""解八难"目标,学院争当贫困户的"解难人""贴心人"。

一是捐款送温暖。瞄准农村公共基础设施建设、农业产业等14个项目整村脱贫短板,学院及师生近两年共捐款40余万元帮扶资金,助推脱贫。为建卡贫困人口每人购送了一份合作医疗保险,向深度贫困户发放救助资金2万多元。资助7.9万元新建了村级卫生室,资助4.6万元维修了便民服务中心等,使全村满足了脱贫验收条件。

二是重点扶产业。投资助推"鱼+稻"产业脱贫项目的建设。对脆红李、核桃、水稻、玉米等弱势产业,予以重点施策扶助。

三是帮销农产品。校园食堂帮助其解决大米、蔬菜的销售难题,建立了稳定的销售渠道。为其他农产品销售和产业发展策划电商服务,帮助建立"互联网+"的营销联盟。综合应用"三微一端"(微博、微信、微视、客户端),做大"贫困户"的"朋友圈"。

三、帮摘"穷帽",践行技术援助,实施对口"扶智"

学院彰显育人特色,践行"扶贫先扶智"战略,力求提升大林村贫困人员的科学文化水平,变"输血"为"造血",阻断贫困代际传递。

一是创新"贫困户+"的"云课堂"培训模式。在大林村全力创办"田间课堂""流动课堂",将课堂搬进贫困户的田间大棚、畜禽圈舍、农场果园,共建"贫困户+"的智慧云课堂。共分八批次开展了"养猪技术""脆红李栽培技术""核桃栽培技术"的现场培训。派周庆椿教授到大林村,把课堂设在田间地头,"手把手"培训指导,先后培训300余人次。四次开展"赶场面对面"科技宣传活动和义务家电维修活动,发放农业生产技术科普资料8000余份,接受群众咨询1000余人次。

二是捐赠图书资料,充实阵地。学院向大林村的"农家书屋"捐赠种植、养殖、计算机、物流、互联网技术和文学类等图书2000余册,充实了学习阵地。

三是送文化下乡,宣传扶贫。学院师生在白土镇人民广场举办了以"扶贫攻坚,你我同行"为主题的两场文艺演出,白土镇3000余名村民受益。

在这场帮扶"歼灭战"中,学院帮大林村帮出了感情,缔结了良缘,也取得了较好的效果。学院与大林等村签订了长期的农业专家服务协议,定期派科技人员、教授到大林村等地,当"田保姆""禽保姆""果保姆"。给予来自白土镇的就读大学生享受学费减免政策。开通了帮扶"微信群",开创了"田间微课",实施远程授课指导和继续帮扶。万州电视台、广播、报纸等新闻媒体,对学院帮扶工作先后6次进行了报道。经过近两年来的努力,大林村实现了贫困村"销号"、贫困户"脱帽"目标。

2017年,学院继续保持脱贫攻坚的热度、力度、强度,确保脱贫攻坚"劲不松、气不歇、人不散、形不变";继续从资金上给予"返贫扶助",从技术上给予"智慧滴灌",进一步做好返贫帮扶工作,为大林村致富奔小康而努力奋斗!

三峡库区稻渔综合种养操作规范

周 亚

一、种养环境

(一)水源水质

水量充沛,排灌方便,水质应符合《国家渔业水质标准》(GB 11607)。田内水体溶氧24小时不低于3毫克/升,pH为6.5~8.5。

(二)土壤条件

稻田要求土壤质地为壤土或黏质土,保水、保肥性好,养分含量丰富,土温稳定,田埂坚实不漏水,适宜稻作生长。稻田环境和底质应符合NY/T 5361。

二、稻田分类

成鱼稻田:约占85%
鱼种稻田:约占15%
暂养稻田:约占5%

三、种养模式

种养模式有共作和轮作两种模式。

四、田建工程

（一）田埂

高宜 80～100cm，顶宽 50cm 以上，不漏不垮。

（二）进水排水

进、排水口位置

建设有独立的进、排水系统，进排水口开在稻田成对角的田埂上，使整个稻田的水流畅通。进排水口宽 10～20cm。进、排水口处理。进水口用 60 目网布包扎过滤，排水口用网布包扎防逃。排水量大的田块应增设能保持正常水位的排洪渠。溢水口宽 40～60cm（采用 304 不锈钢穿孔板），深度 40～50cm。

五、防逃设施

在排水口内侧埋设两道高 100cm 的弧形防逃网片。稻鱼防逃网采用 20～25 目的聚乙烯或不锈钢制作网片，长度为排水口宽度的 3～5 倍以上，分两排成弧形安置于排水口的迎水面，牢固插入田泥中，高出田坎 20cm 以上。排洪量大的田块，在拦鱼设施外再增设一道拦渣设施。

六、鱼溜，鱼沟

一般鱼溜、鱼沟水面积占稻田面积的 5%～10%，鱼沟水平距田埂 60～100cm，深 1.0～1.5m，宽 2～3m（两边加开宽 30～40cm，深 20～30cm 的二级砍），呈"口""日"或"田"字形；鱼溜分别设置在鱼沟交叉处（便于鱼在整块田中活动）、进水口、出水口（便于放水捕鱼），鱼溜深 1.0～1.5m，长、宽各 2～4m。

七、防洪工程

在洪水冲击的正冲田养鱼应修建排洪沟。

八、物联网智能系统

规模化养殖场宜安装物联网设备。

九、作业便道

靠近公路边宜设置作业便道，便于农业机械通行作业。

十、水稻种植

（一）品种选择

丰优香占，神农优228。株距、行距的确定：行距 = 0.309 × 秆高（cm），株距 = 0.191 × 秆高（cm）。优点：基本不减产、零施肥、零农药。投放饲料至水稻开花。

（二）育秧及栽插

1. 育秧

可选择工厂化温室育秧、小拱棚地膜覆盖保温育秧等方式培育机插秧、普通旱育秧、湿润育秧。日平均温度稳定通过10℃时开始集中播种旱地育秧；日平均温度稳定通过12℃时开始播种湿润育秧；工厂化温室育秧可根据当地情况自行调控播种育秧时间。

2. 栽插

在秧苗叶龄3.5～4.5叶时移栽，栽插方式可选择宽窄行规范栽插，发挥水稻边际效应，增大鱼类活动空间。应符合NY/T 5117。

3. 施肥

严禁使用对水产品有害的肥料，施肥时不能将肥料撒入鱼沟和鱼凼内。

4. 水位管理

栽秧前整平稻田，浅水栽秧，湿润立苗，水稻分蘖期间稻田水深保持在3～5cm；孕穗抽穗阶段水位加深至15cm；水稻收割后，保持稻田水质清新，稻田水深30cm以上；全程保持沟凼水深50cm以上。

十一、有害生物防控

（一）防治原则

预防为主，综合运用生态、物理、生物、化学等防治措施，将有害生物控制在经济阈值以内，并保证稻米、水产品中农药残留量符合相关规定。

（二）生态调控

灌深水灭蛹：在二化螟化蛹高峰期时，及时翻耕并灌5～10cm的深水，经3～5天，杀死大部分老熟幼虫和蛹。

（三）物理防治

诱虫灯诱杀成虫。利用害虫的趋光性，田间设置诱虫灯，诱杀二化螟、三化螟、大螟、稻飞虱、稻纵卷叶螟等害虫的成虫，减少田间落卵量，降低虫口基数。

1. 性诱剂诱杀

在二化螟每代成虫始盛期和稻纵卷叶螟始蛾期，放置二化螟诱捕器和飞蛾诱捕器诱杀。

2. 色板诱杀

秧苗移栽时开始使用，将诱虫色板悬挂于稻田中，有效灭杀稻飞虱、三化螟、稻纵卷稻虫等，并作水产品天然饵料。

3. 人工捕杀

螟虫可采取摘卵块、拔枯心苗捕杀；稻苞虫、稻纵卷叶螟、稻蝗、赤斑黑沫蝉等害虫可以采取人工捕杀的方式进行捕杀，减轻危害，减少施药。

4. 人工薅锄或拔草

人工薅锄或拔除杂草，同时拔除病虫危害植株。

（四）生物防治

通过田坎增种芝麻、豆科等农作物，结合农事活动，为青蛙、蜘蛛、蜻蜓等捕食性天敌和寄生性天敌提供栖息和迁移条件，充分发挥天敌的控害作用。优先推广使用苏云金杆菌、白僵菌、青虫菌、井冈霉素等生物农药。

十二、水稻收割

稻谷黄熟时选晴好天气收割。在机收适宜区提倡采用机械收割，收割前先将稻田的水位下降到田面上 5～10cm，然后缓慢排水，最后保持沟凼内水位在 50～70cm，待田面不陷收获机械时及时收割稻谷，减少落粒损失。

十三、稻谷质量安全

污染物限量应符合《食品安全国家标准食品中污染物限量》（GB 2762）的规定，农药残留量应符合《食品安全国家标准食品中农药最大残留限量》（GB 2763）的规定。

十四、渔业生产

（一）放养前的准备消毒与施肥

苗种放养前，对每 667m² 沟凼用 10kg 生石灰兑水均匀泼洒，7 至 10 天后放苗种。在放养苗种前 14 天左右，每 667m² 施发酵的有机肥 80～150kg，施入沟凼内，培育天然饵料。

（二）养殖对象

鲤鱼鲫鱼为主，黄颡鱼草鱼等为辅。鲤鱼占比 50%；0.25kg/尾以上；罗非鱼占比 20%；7～9g/尾以上；黄颡鱼占比 10%；1.8～2g/尾以上；南美白对虾占比 10%；淡化虾苗 1 寸（约 3.33cm）以上；鲫鱼和草鱼占比 10%。鲫鱼 0.2kg/尾以上；草鱼 0.5kg/尾以上；

（三）鱼类放养时间

一般为 3 至 5 月份。

（四）放养方法

放养前用 3%～4% 的食盐小苏打合剂（1∶1）或 10mg/L 高锰酸钾溶液，浸洗 5～10min。大规格鱼种于插秧前入凼，秧苗拔节（圆杆）后由凼中放入大田中。夏花鱼种应在秧苗返青后放入大田中。

（五）水位控制

水稻生育期间的水位管理按水稻栽培技术要求，在不影响水稻生长的前提下，尽量提高水位。水稻收割后，尽可能将田水加深。排水时先将稻田的水位下降到低于田面 5～10cm，然后缓慢排水，促使养殖水产动物顺水转移到沟凼中，最后沟凼内水位保持在 50～70cm。

（六）投饲技术

稻田养殖水产动物可根据需要选择投饲和不投饲方式。因稻田天然饵料有限，最好投喂一定量的饲料。养殖水产动物的日投饲量为其自身总重的 1%～3%，具体投饲量应根据天气和水产品的摄食情况调整。投料地点需固定在鱼凼（沟）内或虾池周边浅水区，饲料每天投 1～2 次。

（七）鱼病防治

坚持以预防为主，防重于治的原则，预防措施：苗种放养前，用生石灰等消毒沟凼，杀灭稻田中的病原体。运输和投放苗种时，避免堆压等造成苗种损伤。鱼病发生时要及时对田水消毒，并投喂药饵进行治疗，饲养期间饲料要投足投匀。加强水质管理。稻田定期加注新水，调节水质。

十五、日常管理

经常检查拦鱼设施，疏通排洪沟，加强巡视，经常检查吃食情况、有无病害、防逃设施并检测水质等，发现问题及时处理。

根据养殖品种不同，经常注意防范肉食性鱼、鼠、蛙、鸟以及水禽等敌害。禁止在稻田中沤麻、洗涤农药包装物及器械。

十六、鱼类捕捞

稻田鱼的捕捞一般在每年 11 月至翌年 3 月，采用网捕。

捕捞方法，抬网为主，清田为辅。

第三篇　扶贫"车间"一头猪

【编者按】 巫溪县天元乡是重庆三峡职业学院的定点帮扶单位之一。学院派出的第一书记谭鹏昊不断地寻找天元乡脱贫振兴的"密码",创办"扶贫车间",念好养猪"办学经",做乡村振兴的"点灯人"。2020年"产教融合打造'腊肉新乡村'"又获教育部精准扶贫精准脱贫典型项目。

脱贫影像：产教融合打造"腊肉新乡村"
——重庆三峡职业学院农林科技学院精准扶贫典型案例

赵福奎　谭鹏昊

2018年，巫溪县天元乡还是重庆市的18个深度贫困乡镇之一，距县城75公里，辖9个行政村。其中万春村是重庆三峡职业学院农林科技学院派驻第一书记定点帮扶责任区域，全村林地28883亩，耕地3392亩，共1091人，109户396人贫困。学院以习近平总书记关于扶贫工作的重要论述为指引，在重庆市教育帮扶集团的领导下，利用自身农业职业教育的专业人才优势，引导万春村创建腊肉"扶贫车间"，实施"产教融合"，带动一二三产业融合发展。2020年6月实现了全村脱贫"摘帽"奔小康。

一、产教三扶：创建"腊肉新乡村"

学院党总支全面落实教育帮扶措施，组建脱贫攻坚的"联合战队"，深挖"穷根"。针对万春村以养猪为主要创收来源的现状，以及玉米、马铃薯、红薯"三大坨"销售难题，寻求"村校同创""产教攻坚"之策。

（一）扶志：补足"精神之钙"，党建扶贫筑信念之基

学院党总支选派的"第一书记"谭鹏昊，在万春村创建"党建学院"，以"扶志"为抓手，推行"党建扶贫"。凭着"村民要致富'专家+支部'"信念，凭着"亏了是我的，赚了是你的"承诺，组建"顾大局、讲政治、爱农村"党建团队，积极探索"村组一体+合股联营"的生猪发展模式。带领教师进村开设党建专题讲座，大讲"'三农'思政"，实施文化强村，补足村民精神上的"负氧离子"。鼓励支部建在生猪产业上、党员干在腊肉车间上，用"脑袋鼓"之策促进村民的"口袋富"，不断消除村民"信心不足"问题。

（二）扶智：嫁接"致富基因"，赋能乡村亮使命之印

服务精准脱贫是学院的使命与担当。学院的老专业"畜牧兽医"，是教育部"双高"专业群，师资雄厚。派出专家团队与万春村联姻，注入"职教基因"创收脱贫。鼓励发展生猪产业，鼓励村民大力发展"粮食猪"，解决"三

"大坨"自产自销难题，解决腊肉原材料问题。开展养猪"思想活、讲科学、养得活、卖得脱"的实用技术技能培训，传授腊肉加工技术，每年1000人次以上的村民接受"技术武装"，为村民赋能"智造腊肉"。

（三）扶业：村校"光合作用"，产教融合促村貌之变

学院80余名师生与万春的村民融合，产生"光合作用"，创建"扶贫车间"，生产"生态腊肉"，实施"职教兴业"。2018年帮助村民改造年出栏生猪500头以上的养猪场3个，带动农户散养生猪5000头，创办"万春村腊肉加工厂"，以"农校对接"和"以购代扶"方式促销。2018年创净利润34万元，实现58户贫困户脱贫"摘帽"；2019年生产腊肉香肠制品50吨，创加工红利148万元；引领60余户村民车间务工增收。全村户均增收1万元以上，全乡贫困户受益脱贫，"腊肉新乡村"全县闻名。第一书记谭鹏昊多次受到重庆市委常委李静的表扬，成为天元乡的首位"腊肉达人"。

二、创客特色：书写"腊肉攻坚卷"

（一）"师民"抱团撮合，创"腊肉车间"

学院教师与村民一起探讨撮合，与陈棕森等400多位村民一起跳产业"双人舞"。鼓励村民"股份组团"创办合作社和腊肉加工厂，带领61户建卡贫困户开启创业之路。变"资源"为"资产"，变"资金"为"股金"，变"村民"为"股民"，改"单户独斗"为"抱团发展"。帮扶团队从发展养猪到腊肉加工、销售全程指导，教师数次在村上开办高素质农民培训。2018年生产腊肉香肠制品15吨，产值120万元以上，带动农户128户致富。2019年改扩建1700平方米腊肉"扶贫车间"，入股村民新增100余户，新发展协议养猪500余户。

（二）"村民"农学结合，创"腊肉学院"

学院30多名教师进入万春村共建"腊肉学院"，开设"院坝课堂"，办培训班12次/年以上，传授"饲料种植、生猪养殖、腊肉加工、电商销售"等方面的实用技能，使村民掌握高品质生态腊肉生产系列技术。开展"扶贫车间"育人，实行定点定向招生，让村民在家门口上大学。2019年学院在天元乡招收43名"畜牧兽医""食品加工"专业的全日制高职扩招生，采取"半农半读、农学交替、旺工淡学"模式教学，引领学员在网络空间线上学、在地头山间集中学、在创业基地实践学，改写了村民"人才短板、本领恐慌"的历史。

（三）"导师"教研契合，创"腊肉故事"

服务发展是学院一直以来的追求。两年多来，食品加工、畜牧兽医专业的

教师在天元乡积极开展"生猪产业协同创新研究",承担市级重点项目"巫溪县天元乡特色生态腊肉传统工艺产业化升级改造关键技术研究"课题,推广"低架网床+益生菌+异位发酵"的生猪集中养殖技术,完善"猪粪收集—有机肥生产—种植业利用"立体农业循环链。研制的腊肉生产配方、低盐腌制和熏制腊肉技术等研究成果在万春村得以转化。规划指导厂区建设和科学种养,开创"智慧+服务",搭建"三峡绿色农业电商服务平台"销售"微腊肉"。在重庆市教委帮扶集团的支持下,2019 年腊肉香肠销售额达 608 万元,再次刷新了万春村"一块腊肉的故事"。

三、脱贫经验:探索"生态腊肉链"

(一)帮建"绿水青山",铸"种养结合"循环经济链

万春村林地面积是耕地的 9 倍多,守住"绿水青山"就是守住乡愁。学院连续两年指导村民开展"爱绿植绿护绿"系列活动,处理好"三大坨"种植与"生猪"养殖的关系,依照"以种促养、以养带种"的循环发展理念,在万春村构建种养协调发展"新生态",促进万春村的"绿水青山"变成"金山银山"。支持鼓励村民们将养殖的畜禽粪污、垫料等废弃物,施用于山间和菜地,改良土壤结构,提升耕作地力。同时要求减少化肥用量,降低土壤污染风险,做到种养两增效、两不误,用"绿水青山"推动乡村循环经济发展。

(二)扶助"绿色治理",铸"接二连三"生态产业链

学院立足"绿色治理",强化"教学+产业"对接,鼓励教师"上山下乡"。在万春村构建起"学院+乡政府+合作社+基地+农户"多种生产经营帮扶模式,打造"科技+生产+加工+营销"产教融合的全产业链,助推"产加销""农工贸"一体化发展,形成具有乡村特色的生态产业发展新格局。建立起万春村的"学院全程技术指导、家庭农场负责生态种养、农业企业负责加工和销售、乡政府负责基础设施投入"的腊肉产业机制,促进与二三产业融合发展。市委常委李静对这种"产销共赢"的生态模式给予了高度赞赏。

(三)坚守"办学保障",铸"绿色教育"人才供给链

学院厚植"绿色教育"理念,坚持生态产业化、产业生态化,把"生态优先""绿色发展""人与自然和谐共生"根植到村民和学员头脑中。2018 年在万春村启动生态养猪"示范园"建设工作,申请"绿色腊肉"品牌,创建现代生猪产业教学资源库,为"腊肉产业"人才供给提供保障。创新"半农半学"人才培养模式,采取"育训结合、长短结合、内外结合"方式,围绕全日制学

历教育和非学历教育，开展"腊肉"经理人、青年农场主、高素质农民的创业就业培训，重点培育"养猪"大户和"腊肉"骨干。

四、推广攻略：构筑"腊肉共同体"

项目实施两年来，周边乡镇纷纷来天元乡考察学习。学院将在全县推广"腊肉脱贫"经验，做大"腊肉朋友圈"，构筑"腊肉共同体"，助力乡村振兴。

（一）共造"腊肉高地"，"产教一体"促振兴

学院将围绕乡村振兴办学，建设"新农科"，在天元乡共建"腊肉生产协同创新研究院"，创新"腊肉生产职教标准"，发展"腊肉"系列产品。延伸教育扶贫"产业链"，促进天元乡"腊肉"带动种植业、养殖业、加工业和服务业的发展。打造腊肉"接二连三"的"金专""金课"，主动服务"美丽乡村"建设。参与"文农旅"结合的休闲观光、文化传承等设施建设，大力发展教学与康养基地、休闲观光、乡村民宿相结合的教学产业。打造"科技＋种养＋加工＋营销"产教融合的全产业链，助推高山饲料生产、生猪养殖、腊肉加工与销售等"生产教学"一体化发展，筑起天元乡"腊肉"新高地。

（二）共创"数字乡村"，"智汇腊肉"促振兴

以天元乡"智慧农业"建设为目标，推行"产教融合"。学院将在天元乡共建"腊肉产业大数据中心"，引领乡村产业革命。利用"互联网＋"，举办"手机——新农具"培训班，探索"智慧大生产"。做大"网络教育"，创建乡村学员的"学分银行"，推行与天元乡腊肉产业相适应的"学历证书＋兽医员＋农技员"制度。开发适合天元乡的以"AVR互动教学资源、活页式工作手册、AVR智慧教学系统"为主要形式的"腊肉加工技术""生猪生产技术"等培训课程，探索"乡村创变＋职教创新"的智慧帮扶模式，打造能移动的"智慧教室"，将"翻转课堂"建在"希望的田野上"，为村民插上"数字翅膀"。用"智汇腊肉"引领"三大坨＋猪""果林＋家畜"的发展，促进乡村振兴。

（三）共建"职教体系"，"合作育人"促振兴

全面落实国务院《职业教育改革实施方案》，以服务发展为要义，扎根乡村办大学。在天元乡建立"村校共生"教改模式，探索"新农科"建设，创建适合腊肉产业链的职教体系。采取"大学老师进农院""村民家中上大学"等办法，创建"村民＋学院"培育模式。与腊肉合作社构筑"校企合作育人"联盟，办好"天元学历班""技能培训班"。开发"培训标准"，建设"培训模

块",形成"培训菜单"。组织编写通俗易懂、实际实用的"腊肉+"系列"土教材"和"新农民"培育精品教材。完善"学员+腊肉""学院+村民"的鼓励政策,培养"有文化、懂技术、善经营"的高素质村民,创"全国乡村振兴人才培养优质校"。

创办万春腊肉加工厂可行性分析报告

谭鹏昊

一、创办腊肉加工厂的背景及意义

(一)背景

天元乡位于巫溪县大宁河上游西溪河畔,面积213.29平方公里,户籍人口8302人。天元乡地处偏远、山高坡陡、交通不便,是重庆市18个深度贫困乡镇之一。全乡有建卡贫困户914户3280人,截至2018年11月,未脱贫341户1061人。

老百姓的主要收入来源是外出务工。当地没有农贸市场,农产品交易量极低,老百姓基本过着自给自足的生活。老百姓种植的土豆、玉米、红薯、蔬菜等,除了满足自己需求之外,剩下的基本全部喂猪,很少卖出。一般的农户家中的猪养大后也不会卖,做成腊肉以满足自己家庭一年的需求。随着改革开放和脱贫攻坚的持续推进,老百姓收入的提高,对美好生活的渴望愈来愈强。老百姓也不想天天只吃腊肉,但苦于自己做腊肉的手艺不好,卖不出去。在市教委帮扶集团倾情帮扶下,发挥高校智力优势和技术优势,引导开办腊肉加工厂,通过产业扶贫、消费扶贫模式,打破群众多年来保持的自己养猪、自己做腊肉、自己消费的封闭式循环系统。探索农特产商品化、农特产品牌化之路。

(二)意义

重庆市教育扶贫集团通过扶持腊肉加工业发展,带动农村养殖业发展,促进壮大农村集体经济。实现农户入股增利,养殖增产,加工增值,务工增收的目的,让贫困户脱贫奔小康!

二、创办腊肉加工厂的优势

(一) 产地优势

天元乡虽然山高坡陡、交通不便、产业发展薄弱,但是生态环境十分优越。好山孕好水,好水育万物。为生态养殖业提供了一个天然的生长环境。老百姓每家每户都养猪,这些猪吃的是天然主食,喝的是山泉水,生活在舒适的自然环境中。

(二) 产品优势

万春腊肉坚持高质量、高标准,走中高端农副产品路线。加工的原材料来自当地农户养殖周期在 9～13 个月的粮食猪肉。在保留传统工艺的同时,充分发挥高校的人才优势和技术优势,提高产品质量。高校的农产品加工专家现场培训指导原料检验修整—腌制—烘干—烟熏—检验—分割—包装等工序的技术,让更多消费者吃到来自大山深处的健康、美味、放心的优质腊肉。

(三) 市场优势

市教委帮扶集团有庞大的教师群体和学生消费群体。在全社会都高度关注脱贫攻坚的大背景下,消费扶贫能有效促进扶贫产业的快速发展。万春腊肉直接对接高校消费市场,不仅降低了市场风险,还降低了营运成本,现阶段只需要专注于把腊肉生产品质把控到位,为企业的发展、成熟、壮大提供了绝佳的机会。

(四) 价格优势

因为我们是直接对接高校市场,没有经过商超渠道,节约了大量的开支。在认真核算成本后,万春腊肉的销售价格要比市场上同类同品质的腊肉售价低 20%～30%。

腊肉价格对比明细表

产品种类	单位	包装形式	单价	同类同质腊肉市场价
五花肉	袋	真空包装	38 元 / 斤	48～58 元 / 斤
二刀肉	袋	真空包装	38 元 / 斤	48～58 元 / 斤
川味香肠	袋	真空包装	45 元 / 斤	58～68 元 / 斤

三、创办腊肉加工厂的思路

（一）定位

万春腊肉坚持高质量、高标准，走中高端农副产品路线。因为天元乡地处偏远、山高坡陡、交通不便，运输成本极高，运营成本也相对较高。又因生态环境十分优越，为生态养殖业提供了一个天然的生长环境。好山孕好水，好水育万物，所以最合适发展生态、健康、放心的高品质腊肉。

（二）发展原则

坚持以集体经济为主的原则；坚持带动贫困户的原则；坚持本地发展的原则；坚持市场化的原则。

（三）发展路径

依托高校技术支持，依靠高校消费市场，调动群众参与，不断发展壮大，最后走向市场，树立品牌，提升农产品附加值，带动农村产业发展，提升农户提供优质农产品的能力，实现农户增产增收，同步小康。

（四）发展规划

1.（试点阶段）2018 年

注册公司成立村办企业，组织发动贫困户入股，党员干部带头示范。建立生产、销售、质量管理等制度。

2.（起步阶段）2019—2020 年

筹集资金建成腊肉加工厂标准化车间。完成三变改革，站稳市场。

3.（发展阶段）2021—2025 年

产品品种与质量趋于稳定，品牌价值凸显，社会影响力得以提升。

4.（繁荣阶段）2026 年以后

创知名品牌，提升社会影响力。保持适度规模，坚持做健康、放心、优质的生态腊肉。

四、2018 年试运行情况

（一）腊肉加工厂运营情况

2018 年探索腊肉加工厂发展之路，通过干部带头、贫困户入股，采用股份制管理的模式集体创业。为降低风险，我们租用老百姓民房轻度改建变成生产车间，租用加工设备以减少固定资产投入，满足生产需要。回引本土乡贤吴先斌同志为生产技术总监，动员青年党员陈棕森、李俊同志共同创业。2018 年试运行生产腊肉、香肠约 3 万斤，销售额达 120 余万元，净利润 34 万余元。

（二）带动贫困户情况

1. 腊肉加工厂以每公斤高于市场价 1～2 元的价格收购农户养殖的毛猪 260 余头，产值 63 万元，带动农户 128 户（贫困户 57 户）增收。

2. 腊肉加工厂带动当地老百姓务工 760 人次（贫困户约占 360 人次），发放工资约 8 万元。

3. 腊肉加工厂入股分红约 34 万元，带动农户 54 户（贫困户 29 户）增收。

科技下乡才能引导土特产进城

赵福奎

重庆腊肉品质如何？腊肉产业前景怎么样？如何保证腊肉的食品安全？重庆日报记者就这些问题采访了重庆三峡职业学院副院长、"巫溪县天元乡特色生态腊肉传统工艺产业化升级改造关键技术研究"课题组负责人赵福奎教授。

重庆日报：请介绍一下重庆腊肉的特色？

赵福奎：腊肉是我国传统肉制品的典型代表之一，因多在农历腊月加工而得名。我国腊肉按产地可分为特色鲜明的四川腊肉、广东腊肉和湖南腊肉。重庆腊肉属于四川腊肉系列。它是在农历腊月将新鲜猪肉用食盐腌制后，再经过晾晒或烘烤、烟熏处理等程序加工而成。重庆腊肉色泽金黄、干爽易存、表里一致，煮熟切片透明发亮、色泽鲜艳、黄里透红，吃起来味道醇香、肥不腻口、瘦不塞牙、风味独特，素有"一家煮肉百家香"的赞誉，是人们喜爱的传统肉食。

重庆日报：吃腊肉对人体有哪些好处？吃多了对身体有害吗？

赵福奎：腊肉经过长时间的烟熏，脂肪的氧化及熏烟物质的附着，具有独特的风味，有开胃、驱寒和消食等功效。

腊肉相对鲜肉而言，营养物质并没有明显增加。相反，长时间熏制会让腊肉的酸价和过氧化值有所升高，这对肉的营养是有损的，同时熏烟中的酚类物质亦有抗氧化作用。

目前，尚未有腊肉对人体有害的证据被报道出来。食用在国家法规和标准监管内生产的腊肉对人体是无害的。但加工过程若未按照相关法规、标准执行，比如亚硝酸盐超标使用，则对人体会产生危害。因此，购买正规生产厂家生产的产品，是避免腊肉对人体危害的最基本方法。

另外，腊肉属于腌制食品，含盐量比较高，食用不宜过量。目前，低钠腊肉也是此领域一个重要研究方向。

重庆日报：重庆腊肉有何优势？腊肉的产业化发展有哪些"短板"？

赵福奎：城口、巫溪等地海拔高，生态环境好，猪肉品质好，当地冬季气温低且时间长，熏制腊肉的松柏枝丫及杂木资源丰富，熏制技艺成熟。现在各地开始组建加工技术研发团队，提高产品品质和种类，如城口腊肉已在西南片区形成品牌优势。

但由于产地区位偏僻，受到交通和人们市场意识缺乏的阻碍，重庆腊肉产品未能广为人知，且工艺落后，生产效率低，还不能完全满足市场需求。

重庆日报：一块腊肉的"革命"要破解哪些问题？目前课题进展如何？

赵福奎：两年来，我们致力于研究天元乡特色生态腊肉传统工艺的工业化改造、研究该产品特征主体香气物质、建立产品及工艺标准，保证其工艺在保留传统特色的前提下实现现代化和机械化，提高生产效率、产品品质和安全性，实现绿色生产、生态生产，助力腊肉产业稳定快速发展，以科技下乡引导土特产进城。

现在，我们完成了工艺设计及厂房布局，固化一套标准化生产工艺，提出一套成熟可用的现代化加工设备，采用GC-IMS分析天元乡腊肉和香肠的挥发性风味物质成分，为烟熏工艺的改进和质量控制提供了依据；建立腊肉制品养殖和原料收购标准等，基本完成课题计划任务。

党建扶贫出亮点

——谭鹏昊在2019年巫溪县驻村工作队工作总结会上的交流材料

我是天元乡万春村驻村第一书记谭鹏昊，来自重庆三峡职业学院。今年8月，我和刘运平、向全文两位来自县交委的同志到万春村驻村扶贫。我们都很荣幸能参加到国家三大攻坚战之一的脱贫攻坚战中。我们积极向同仁同行请教，力求尽快掌握驻村扶贫工作方法和要求，快速转换角色。在乡党委政府、驻乡工作队的指导帮助下，与村干部一起做了一些工作，现汇报如下。

一、加强党建工作，提高支部战斗力

九层之台，起于累土。党建工作是我们做好驻村工作的基础，通过上好党课、重温入党誓词等形式激发党员模范带头作用。同时，我们扎实推进"两学一做"，加强学习贯彻党的十九大精神。围绕脱贫攻坚，万春村党支部多次开展脱贫攻坚规划和产业发展规划的讨论。

二、心系群众，扎实开展脱贫攻坚工作

（一）熟悉情况，摸清家底

驻村两个月之内我们走访了村里所有贫困户。通过走村入户，使我们了解了村情民意，摸清了贫困户的家底。让我们感受到了村民的质朴和热情，也了解到了在大山深处人们的贫困状况，同时也感受到了一份沉甸甸的责任。

（二）花大力气聚焦贫困户，分析致贫原因，做到精准施策，形成了一户一策

2018年新发展中药材300亩、冬桃400亩、蔬菜400亩、中蜂300群、养殖及农产品加工等，做到家家都有产业规划，户户都有产业支撑。

（三）大力推进扶贫基础设施建设

2018年建成扶贫爱心桥1座；新建光伏发电站一个；硬化村级公路0.9公里；新建人畜饮水池9口；新建山坪塘一口；全村人畜饮水实现全覆盖；完成生态搬迁5户14人，危房改建4户8人。

（四）与村支两委一起制定了《万春村2018—2020年产业发展规划》

蓝图绘就，重在添彩。我们积极探索壮大农村集体经济，成立村办企业"腊肉加工厂"。2018年生产腊肉、香肠约3万斤，产值120万元，净利润约30万元，带动全村农户49户增收。

三、梳理几点体会，重振行装再出发

（一）在树立村干部威望上下功夫是村支两委的切入点

老百姓都说现在的政策好，就是村干部没干好。加上之前对村干部的成见，因此有的村干部经常会挨骂。我们要多给老百姓宣传村干部做的工作，树立村干部在老百姓心中的威望。充分发挥重庆市教委党建经费的作用，增强基层班子管理服务能力和创新能力，搞好村级党建阵地建设，促进与老百姓有效的沟通。

（二）在解决老百姓实际困难上下功夫是村支两委的着眼点

多和村民交流、拉家常，多关心村民的生产生活，落实好一户一策，因户

施策，解决好老百姓在生活生产中的实际问题，促进贫困户增收，增强老百姓的认同感、获得感。

（三）在志智双扶上下足功夫是村支两委的突破点

依托社会治理，发挥高校智力优势，针对性地开展各类活动，激发贫困户内生动力。根据万春村的产业发展，把我原单位的种植专家、养殖专家、农产品加工专家等引进村送到户。做好技术滴灌，充分利用好高校的人才优势和技术优势，培养一支本土技术人才队伍。

（四）在积极争取政府、帮扶集团投入上下功夫是村支两委的立足点

根据天元乡1135产业发展规划，结合万春村实际情况，努力争取乡党委政府和帮扶集团的大力支持。一是办好腊肉加工厂，壮大村集体经济。2019年计划建成年产10万斤的腊肉加工厂，年销售额突破300万元，实现万春村有基本劳动力的贫困户全覆盖。二是全力推动万春村产业结构调整。2019年计划种植中药材1000亩、冬桃400亩、辣椒300亩、蔬菜500亩，养殖中蜂1000群、山羊500只、毛猪1000头。三是紧紧抓住市教育帮扶集团庞大的教师和学生消费群体，提高提供优质农产品的能力。加快推动农村电商的发展，增强市场竞争力。实现贫困户脱贫致富、老百姓奔小康的目标。确保万春村能如期、高质量地完成脱贫攻坚工作，确保顺利通过市级和国家验收。

最后，感谢县组织部为我们搭建这个交流平台。感谢各位领导和同仁对我的支持和厚爱。以上发言，有不妥之处，敬请大家批评指正！谢谢大家！

一块腊肉带富一方百姓

——谭鹏昊在2020年巫溪县驻村工作队培训中的交流材料

尊敬的各位领导、亲爱的各位战友：

大家好！我是天元乡万春村驻村工作队队长、第一书记谭鹏昊，来自市教委扶贫集团重庆三峡职业学院的一名教师。队员刘云平和向全文两位同志来自巫溪县交通局。2018年8月，我们三人组成了万春村驻村工作队来到村里开展脱贫攻坚工作。今天我把在驻村扶贫工作中如何发展农村集体经济，创办腊肉加工扶贫车间的这一部分，给大家做个汇报，请各位领导、各位战友批评指正。

一、万春村基本情况

万春村土地面积 21.36 平方公里,最低海拔 827 米,最高 2630 米,属于典型的立体高寒山区。风景秀丽,全村共有 307 户 1091 人。建卡贫困户 109 户 398 人,贫困发生率 36%;现有未脱贫 6 户 13 人,贫困发生率降至 1.1%。其贫困现状主要表现在:一是地势偏远。距离县城 102 公里;山高坡陡,地质灾害频发,交通不便、区域闭塞。二是土地瘠薄。土壤中砂石较多,素有"九山微水一分田"之说。三是产业薄弱。传统农业局限于"三大坨"(土豆、玉米、红薯),经济附加值低;商贸流通差,产品无法变成商品,以自给自足为主;村级集体经济基本空白。

二、生产一块腊肉,带富一方百姓

(一)为什么创办腊肉加工扶贫车间

1. 初衷

我们原先想通过消费扶贫模式,一是把村民家的腊肉卖出去,让村民少吃腊肉,多吃新鲜肉。促进养成健康的饮食方式,打破群众多年来保持着自己养猪、自己做腊肉、自己消费的封闭式循环系统。但村民自己制作的腊肉品质参差不齐,城市里面烧洗腊肉也不方便,所以我们才想到创办腊肉加工厂,统一生产、统一销售,让消费者吃到大山深处真正的高品质腊肉。二是想通过发展腊肉加工业,壮大农村集体经济。三是想增加村民务工收入,带动农村养殖业发展。提高村民经济收入,实现依靠双手脱贫致富奔小康。

2. 充分调研

经过两个多月的走访摸底和市场调查,分析得出:一是这里家家户户都养猪,自然条件也好,很适合做腊肉加工。二是能依托高校的智力优势和技术优势,能把当地的粮食猪肉加工成高品质的腊肉。三是在"消费扶贫"的政策背景下,我们精准找到了高校教师、高校学生庞大的消费群体,凸显市教委扶贫集团的优势。

3. 领导支持

在万春村发展腊肉加工产业,有条件、有能力、有市场。创办腊肉加工厂、探索农特产商品化、品牌化之路的思路得到了市教委扶贫集团驻乡工作队、天元乡党委政府和派出单位领导的认可和大力支持。理清思路后说干就干了。

（二）如何创建腊肉加工扶贫车间

1. 党员带动，破冰前行谋发展

要想在大山深处兴办一个加工厂谈何容易。在腊肉厂筹备前期，由于当地很多老百姓因守传统观念，对创办腊肉加工厂缺乏信心，村干部也担心事情办不成，参与热情都不高。村民们都不相信真能干出成绩，不愿入股。为破解这个难题，我们从加强党建方面着手，依靠组织的力量，充分发挥党员的带头作用。在村民动员大会上，我带头出资2万元，帮助20户贫困户（每户1000元）入了股，并做出郑重承诺"赚了钱是你们的，亏了我出"，给村民吃下了一颗"定心丸"。如果缺资金，大家还可以"以猪入股"。在这种氛围下，村干部也都带头入股，慢慢地，通过干部带头、贫困户入股，最开始由54户村民集资了65万元启动资金成立了"万春腊肉加工厂扶贫车间"。为降低风险，我们租用老百姓闲置的民房，稍做改建变成生产车间，租用加工设备以减少固定资产投入。动员优秀共产党员陈棕森带头发展，动员青年党员李俊、吴勋奎等返乡发展，共同管理腊肉加工扶贫车间。

2. 发挥高校人才优势，提供技术支撑，树立信心

争取到四川美术学院包装设计专业团队，提供腊肉包装设计支持。争取派出单位重庆三峡职业学院的支持，充分发挥涉农职业教育特色，突出在生猪养殖、腊肉加工、企业经营管理等全产业链条提供技术支持和人才培训，学校帮助建起食品检测化验室，现场指导熏制腊肉、推行无害化熏烟技术、低盐腌制技术等，让腌制食品更安全、更健康。

3. 志智双扶，着眼长远

为了给腊肉加工提供技术和人才支持，同时助推天元乡本土人才的培养，通过人才的培养助力乡村振兴。积极推动派出单位重庆三峡职业学院在天元乡成立乡村振兴"田间学院"天元分院。结合国家高职扩招政策，让天元乡44名村民成了畜牧兽医、食品加工等专业的全日制大学生。学校采取"半农半读、农学交替、旺工淡学"模式教学，引领学员"在网络空间线上学、在地头山间集中学、在创业基地实践学"，改写了村民"人才短板、本领恐慌"的历史，为乡村振兴输送技术技能人才。学院设立"学分银行"，通过三年的学习，完成相应学分，即可毕业领取全日制大学专科文凭，成为本土的技术人才，实现摘掉"贫困帽"，带上"学士帽"。打造一只不走的工作队，为脱贫攻坚和乡村振兴提供人才支撑。

（三）效果如何

1. 厂区建设规范

由101户农户（其中贫困户61户）自筹股金135万元，"以猪入股"的贫困户有13户，生猪68头。村民共同创建的腊肉加工厂扶贫车间，占地面积4.65亩，现已建成1700平方米的标准化腊肉生产车间，2019年11月顺利获取了"食品生产许可证"。腊肉加工扶贫车间可以吸纳30名贫困户就近就业，具备日产腊肉2000斤的能力。

2. 带贫模式好

一是扶贫车间以每公斤高于市场价2元的价格收购农户养殖的毛猪，确保养猪多赚钱。二是为有劳动能力的贫困户提供就业岗位30余个。三是入股分红，缺资金的贫困户可以"以猪入股"。四是合作社以总收入的2%拿出来成立"扶贫济困基金"，实现村民互助。

3. 初见效益

2018年生产腊肉香肠约3万斤，销售额120余万元，加工净利润34万元。从养殖、就业、分红三个方面带动了农户增收，户均增收6000余元，村集体经济增收3.8万元。直接带动贫困户23户86人实现脱贫摘帽。2019年销售额突破600万元，实现了村集体经济增收6万元，全村农户通过生猪养殖、就业、分红三个方面可以实现户均增收1万余元。这不仅让当地贫困户感受到了集体经济带来的温暖，也树立了他们对腊肉加工厂未来发展的信心。

三、几点感受

1. 我之前是一名高校教师，面对农村工作，我想大多数"第一书记"跟我一样，都是"半路出家"，需要强化对脱贫攻坚政策文件、农村党建、农村治理、农业农耕等知识的学习，方可更好地履职。

2. 扶贫工作并不是一个人的单打独斗，要发挥好、用好派出单位、帮扶单位等的资源优势，加强政府、社会、行业企业等多方扶贫力量的整合，遵循村民意愿，因地制宜发展产业，精准施策，做好扶贫产业可持续方面的工作。

3. 强化党建，发挥好党员带头作用。党建引领的作用在脱贫攻坚中至关重要，提升党员凝聚力，真正让党员带起头来，党支部强起来，群众团结起来。我们在工作中要率先垂范、冲锋在前，拿出敢拼搏敢担当的魄力，融入群众当中，变成"自己人"。更要加强村内带头人的培养，防范形成过度依赖。

我们的扶贫故事只是全县脱贫攻坚的一个缩影。积极探索产业、就业融合发展，实现了农民变工人、农民变股民，贫困群众的脱贫质量显著提高。深入开展志智双扶、四晒活动，加强农村精神文明建设，有效激发了困难群众的内生动力。通过夯实基层党建、壮大特色产业，发展乡村旅游，农村面貌发生了天翻地覆的变化。

各位战友，我县的脱贫攻坚已进入攻坚决胜时刻，"行百里者半九十"。我们要在县委县府的坚强领导下，用足绣花功夫，齐心聚力，决胜脱贫攻坚。

谢谢大家！

2020 年 6 月 10 日

创新集体经济助推精准脱贫

——万春村驻村"第一书记"扶贫纪实

谭鹏昊

2018 年，是全市脱贫攻坚工作聚焦深度贫困乡镇的关键之年，重庆三峡职业学院积极落实市教育扶贫集团的工作安排，选派农林科技学院谭鹏昊同志到巫溪县天元乡万春村担任"驻村第一书记"。

2018 年 8 月，谭鹏昊同志到岗后，厘清工作思路，扎实开展工作。一方面加强万春村支部的党建工作，完善党支部制度、组织开展"两学一做"主题党日活动、定期召开村组干部会议和党员大会。同支部所有党员和村干部一起研讨万春村脱贫攻坚工作方案，一起制定了《万春村脱贫攻坚工作计划》和《万春村 2018—2020 年产业发展规划》促进脱贫。组织协调农业实用技术专家到农户家中、田间地头等场所，开展技术培训与现场指导 10 余次，培训 300 余人次。培训专家用简练的词语、通俗易懂的话语传授生产技术，很受老百姓欢迎。用心用情用力开展扶贫工作，扎实推进基础设施建设，为方便村民出行，修建"爱心桥"1 座。

另一方面及时完成对全村所有家庭的入户走访，摸清家底。仅用时一个多月就走访完全村 307 户家庭，并对走访的家庭情况进行一一记录，重点分析村里 109 户贫困户的致贫原因，制定"一户一策"脱贫措施。通过实地走访，发现万春村地处偏远、山高坡陡、土地贫瘠，导致老百姓食物匮乏；又因常住人口稀少，交通不便，没有一个农贸市场，农产品交易量几乎为零。老百姓都过着自给自足的生活,家里种植的土豆、玉米、红薯、蔬菜等除了满足自己需求外,剩余的全部喂猪。一般农户家中的猪养大后,也不会卖,做成腊肉满足自家一年的食用需求;一年里除了过年杀猪时节能吃到一点新鲜猪肉,平时都是食用腊肉,更有的家庭因为思想落后,省吃俭用,家里还储存着几年前的腊肉和腊猪油舍不得吃,影响着当地老百姓的身体健康。有些有健康意识的老百姓也不想天天只吃腊肉,但苦于自己做腊肉的手艺不好,卖不出去,每户都有"腊肉陈年累积"。

通过走访发现存在的问题,经过仔细的分析与研判后,谭鹏昊同志向上级组织申请,决定要带领全村老百姓创办腊肉加工厂,发展集体经济,帮助老百姓解决"腊肉累积"问题。同时希望通过腊肉加工厂优先为全村贫困户提供就业岗位,增加贫困家庭收入,带动贫困户劳动脱贫。在腊肉加工厂筹备前期,由于当地很多老百姓几十年的传统观念根深蒂固,对创办腊肉加工厂缺乏信心,村干部也担心事情办不成,导致村民参与的热情不高。通过反复召开党员大会、村民代表大会,谭鹏昊在大会上第一个带头集资2万元用于创办腊肉加工厂,"只入股不分红",并承诺"集资创办腊肉加工厂后,如果有盈利,盈利的全部利润将分给全村20个深度贫困户"。同时动员青年党员李俊同志和本土乡贤吴先斌同志回乡发展,投入到腊肉加工厂的管理工作中。在谭鹏昊同志和村干部的带领下,全村54户村民集资入股创建了"万春腊肉加工厂"。

2018年底万春腊肉加工厂正式成立,初次就完成生产腊肉、香肠约3万斤的加工任务,产值120余万元。从三个方面带动了农户增收:一是腊肉加工厂以每公斤高于市场价2元的单价,收购本村农户养殖的毛猪260余头,支出63万余元,让128户(贫困户57户)农户增收6.5万余元。二是安排当地村民务工760余人次(贫困户360余人次),按时发放工资约8万元。三是腊肉加工厂入股分红34万余元,带动农户54户(贫困户29户)享受分红福利。最多分红21900元每户,最少的也有上千元。在年底的全村腊肉加工厂分红大会上,谭鹏昊同志将他个人集资所得盈利10900元,全部分发给村里20户深度贫困户,令当地贫困户感受到了集体经济带来的温暖。谭鹏昊受到了当地老百姓的尊敬,也树立了他们对腊肉加工厂未来的信心。

谭鹏昊同志积极组织养殖专家到村里为村民培训和指导养猪技术,为万春腊肉加工厂的再生产做好充分的准备,让村民的生活越过越红火,让万春村脱贫奔小康的劲头越来越足。

2019年3月25日

播下"志智"种子

——重庆三峡职业学院乡村振兴"田间学院"天元分院纪实

谭鹏昊

重庆三峡职业学院是首批中国特色高水平高职专业群建设单位,学校坚持以现代农业为办学特色,以强农兴农为己任。在脱贫攻坚工作中坚持"扶贫与扶志、扶智"相结合的帮扶理念。

2019年重庆三峡职业学院在市教委扶贫集团的协调下在天元乡成立乡村振兴"田间学院",搭建"政校行企"合作平台,助力天元乡脱贫攻坚和乡村振兴的有机衔接。在一年多的时间里,乡村振兴"田间学院"通过培训新型农民、提供技术保障、扩招生学历教育的"三板斧",为贫困地区培养本土化技术技能人才,促进产业兴旺,推动文化强村效果初显。

一板斧:强化培训,转变观念。

重庆三峡职业学院乡村振兴"田间学院"天元乡分院第一任务就是做好农业技术的培训,传递先进的农业经营理念等。2019年学校组织谢必武、向邦全、吴琼等专家开展农业技术专项培训11场次,共计培训600余人次,有效提高了当地农民的农业科技水平。助推天元乡"1145"产业的顺利推进,实现了粮经比由原来的8∶2调整为1∶9,基本完成产业结构调整。

二板斧:技术支撑,壮大产业。

根据当地产业发展需要,做好技术支撑。在天元乡万春腊肉加工扶贫车间成立"重庆三峡职业学院教学实践基地"。学院食品加工专业教师崔俊林、李翔、付勋等几位教师开展培训指导8次,有效提升腊肉加工水平。在学院选派驻村"第一书记"谭鹏昊的全程指导和带领下,现已建设1200平方米的标准化生产车间,具备日产2000斤腊肉的能力,于2019年11月5日顺利获得市场监管局颁发的"食品生产许可证"。2019年生产腊肉、香肠约10万斤,销售额达600余万元。带动养殖户500余户,带动务工4600余人次,带动61户贫困户脱贫致富,带贫效果突出。

三板斧:培养人才,兴村惠民。

学院积极落实国家高职院校扩招的政策，加大宣传招生政策，鼓励当地村民提升学历。2019年天元乡村民考取我院43名。为降低学员学习成本，学校在天元乡设置了大专学历教学点，把大学办在了乡村。12月11日，首个由39名学员组成的食品加工类专业的大专学历班，在天元乡万春村正式开课。

学校采取"半农半读、农学交替、旺工淡学"的模式教学，引领学员"在网络空间线上学、在地头山间集中学、在创业基地实践学"，改写了村民"人才短板、本领恐慌"的历史。为乡村振兴输送技术技能人才。学院设立"学分银行"，通过三年的学习，完成相应学分，即可毕业领取全日制大学专科文凭，成为本土的技术人才，实现摘掉"贫困帽"，带上"学士帽"。为天元乡打造了一只不走的工作队，为脱贫攻坚和乡村振兴提供了人才支撑。

2020年3月25日

扶贫影像：访"第一书记"攻坚

吴 清

打赢脱贫攻坚战是党中央作出的重大决策部署。重庆市巫溪县天元乡万春村"第一书记"谭鹏昊，认真践行习近平总书记的扶贫重要论述，在重庆市教育帮扶集团驻天元乡工作队的直接领导下，围绕《巫溪县2018—2020年精准脱贫攻坚战实施方案》《巫溪县天元乡脱贫攻坚总体规划（2017—2019）》，紧扣"两不愁、三保障"突出问题，瞄准致贫原因对症施策，创办"扶贫车间"，探索产业发展之路，扎实推进脱贫攻坚工作。

一、村庄一角：挖"穷根"，寻求"对症施策"良方

巫溪县是重庆市四个深度贫困县之一，天元乡是重庆市十八个深度贫困乡镇之一，万春村是天元乡的"贫中之贫"。该村土地面积21.36平方公里，山高坡陡，其中山林28883亩、耕地面积3392亩，没有一块稻田。辖3个村民小组，307户，1091人。其中基本劳动力有522人，有低保户18户39人，有五保老人14人，残疾人49户52人。主要农作物有玉米、红薯、土豆"三大坨"和中药材等。

村民如何增收？怎样发展好村集体经济？怎样带动贫困户脱贫致富？一系列问题亟待谭鹏昊破解。他带着问题扎实开展走访调研工作，仅一个多月时间

就走访了全村307户家庭，并对每户走访家庭的情况进行了详细的文字记录，重点分析了109户贫困户的致贫原因，制定良方，对症施策。

万春村虽然产业发展薄弱，但是生态环境十分优越，为生态养殖业提供了一个天然的生长环境。老百姓每家每户都沿袭传统方法养猪，猪肉品质较高，村民家里常常还储有几年前的腊肉。谭鹏昊通过走访发现了这一问题，经过客观仔细分析后，将"带领全村老百姓创办集体经济的腊肉加工厂，帮助老百姓解决腊肉销售难题，同时腊肉加工厂优先向全村贫困户提供就业岗位，带动全村贫困户创业脱贫"的想法，及时向乡党委做了汇报，得到了乡党委在建厂规划、生产技术、经营管理等方面的大力支持和帮助。

二、党建布景：解"穷难"，推动"合股联营"发展

要想在大山深处兴办一个加工厂谈何容易。在腊肉加工厂筹备前期，由于当地很多老百姓固守传统观念，对创办腊肉加工厂缺乏信心，村干部也担心事情办不好、销不出，村民们都不相信真能干出"名堂"，不愿入股。要破解这个难题，谭鹏昊坚信"村子富不富，全靠党支部"，从加强党建方面着手，在大量的策划、动员工作后，组织召开支委会、党员大会充分讨论，大家统一思想，明确这件事的意义和价值。党支部大胆开拓，通过培养、帮带、回引乡贤能人等措施，组建腊肉加工厂的管理班子，创建一支能打硬仗"顾大局、讲政治、爱农村"的党支部队伍。鼓励村民们自愿入股筹资，建立健全村党支部、村委议事决策制度，财务管理公开与监督制度。在村民动员大会上，谭鹏昊第一个带头借出资金2万元，帮助20户贫困户（每户1000元）入股，并做出"赚的钱是你们的，亏的钱是我的"书面承诺，给村民吃下一颗"定心丸"。在这种氛围下，村干部也都带头入股，贫困户积极参与，筹集了65万元启动资金。创建"合作社+村民"模式，运行"合同+股份"机制，改"资源"为"资产"，改"资金"为"股金"，改"村民"为"股民"，改"单户独斗"为"抱团联营"。为降低风险，村民们先租用闲置的民房，稍做改建变成生产车间，租用加工设备以减少固定资产投入，满足生产需要。同时动员青年党员李俊同志和本土乡贤吴先斌同志回乡创业发展，投入腊肉加工厂的管理当中。在谭书记和村干部的带领下，由54户村民集资入股的万春村"扶贫车间"就诞生了。

三、本领透视：改"穷技"，激发"内生动力"致富

针对村民"人穷志短"和"科技弱势"的现状，谭鹏昊以培养"种养+"带头人和时代"新农人"为目标，邀请畜禽养殖、农业种植、产品加工等方面

的人才开展"志智双扶"工作,激发"内生动力"脱贫致富。近一年来,组织农业专家、"田保姆""畜保姆"到农户家中、到田间地头等开展技术培训十余次,培训300人次,提升村民生产技术。畜牧兽医专业的专家传授科学养猪技术,禽畜肉制品加工的专家现场指导熏制腊肉。联系高校专业技术人员到村指导,援建食品检测化验室,推行无害化熏烟技术、低盐腌制技术等。开发"贫困村+云课堂"的在线"田间微课"学习平台,利用手机"新农具",实现种植、养殖部分课程"培训内容视频化,培训方式网络化,服务方式终端化"。开展"送教材、建书屋"活动、"编节目,送歌舞"活动,尽力提升村民文化水平和脱贫技能。用市场机制倒逼优化腊肉产品链中"种养、加工、销售"各环节,推动一二三产业融合发展。

四、村民印象:摘"穷帽",鼓足"产业兴旺"信心

谭鹏昊以习近平总书记关于扶贫的重要论述武装头脑,指导实践,推动工作,取得了较好效果。在2018年,他带领村民们如火如荼地把腊肉加工厂运转起来了,共生产腊肉、香肠制品3万余斤,产值120余万元。从三个方面带动了村民增收:一是腊肉加工厂以每公斤高于市场价2元的单价,收购本村农户养殖的毛猪260头,让128户(其中贫困户57户)增收6.5万元;二是安排当地村民务工760余人次(其中贫困户360余人次),工资收入8万余元;三是腊肉加工厂入股分红34万余元,带动农户54户(其中贫困户29户)享受分红福利,最多分红21900元,最少也有1000余元,每户平均分红6296元。在年底的全村腊肉加工厂分红大会上,谭书记将他个人出资所得分红10900元,兑现承诺全部分发给村里20户深度贫困户。29户贫困户享受了"扶贫车间"带来的红利,全部达到脱贫标准,实现了贫困户"摘帽"。

"第一书记"谭鹏昊,带领村民走上了产业脱贫攻坚路,村民们信心十足,决心以此为起点进一步扩大"扶贫车间"的再生产能力,促进乡村产业兴旺发展。

高校智汇"6D"帮扶:天元乡脱贫振兴产教实践

赵福奎 吴 清

2020年以前,巫溪县天元乡是重庆市教委牵头帮扶的深度贫困乡,位于巫溪县西部,距县城75千米,东邻中梁乡,南接红池坝国家森林公园及文峰

镇,西与城口县厚坪乡、明中乡相连,北与土城镇接壤。全乡土地面积213.29平方千米,耕地面积2.69万亩,林地24.9万亩,辖9个行政村,29个社,总人口8302人,贫困户793户2931人,贫困发生率35.3%。全乡教育发展相对滞后,各类人员文化结构明显低于全市平均水平。重庆三峡职业学院以该乡为例,对照乡村振兴"产业兴旺、生态宜居、乡风文明、治理有效、生活富裕"总要求,深化教育教学改革,探索产教深度融合,强化师生融入,开展"6D"("D"代表"动")帮扶行动,助推精准脱贫与乡村振兴。

一、"D1"高校驱动:集"智库"下乡,补齐乡村"教育短板"

重庆高校全面贯彻党的十九大关于"坚决打赢脱贫攻坚战"的战略部署,深学笃用习近平总书记关于脱贫攻坚和乡村振兴的重要论述,"先手棋"是要帮扶天元乡补齐教育短板。

(一)跨界协同,编制"教育振兴"帮扶计划

下好乡村振兴这盘大棋,关键在人才。高校是重庆市教委帮扶集团的重要力量,要充分发挥自身在教育、科技、医疗、人才、智力、信息等方面的优势,以天元乡实施乡村振兴战略为目标,以补齐教育短板为抓手,有效利用政府、高校、农业行业及企业的深度融合,协同研究,集"教育专家+农业专家"深入实地调研"会诊",针对天元乡的基础设施、产业发展、公共服务、生态环境、集镇建设的人才需求实际,精心编制"天元乡教育振兴帮扶计划"及"'1135'产业发展规划"(即:打造1个"红池天谷"和1个"扶贫教育基地",培植"中蜂、中药材、特色经果"3大产业,建设"天元荣黄园、新华珍果园、万春桃李园、香源蜂蜜园、新田仙草园"5园),深度融合产教,分期分批帮扶。

(二)创建模式,激发"智库抱团"驻乡施教

高校是智库集聚之地,重庆三峡职业学院利用现代农业职教集团的优势和自身的专业特长,结合教学对天元乡的脱贫振兴开展"抱团驻乡"施教帮扶。从"基础设施、产业扶贫、生态保护、人口素质"提升方面改革教育教学方法,大力开展农技、电商等实用技能培训,力求做到"一人一技",深入推进教育扶贫、产业扶贫。在天元乡创新"职教集团+合作社+农户""高校+企业+贫困户""高校+基地+农户"等教学改革模式。从特色产业、乡村旅游、风情小村的打造上,培育人才和智力支撑。加强驻村实训指导教师、"第一书记"队伍建设,打造一支懂扶贫、会帮扶、作风硬的脱贫振兴师资队伍。

二、"D2"党建带动：送"保姆"进村，促进村民"生活富裕"

通过党建教育带动方式，处理好天元乡脱贫攻坚与乡村振兴的衔接，持续不断地推动天元乡经济社会发展和村民生活富裕。

（一）党建教育扶贫，扶基层"根基"，解决"人穷志短"问题

乡村富不富，关键看支部。以加强天元乡9个村的党支部建设为抓手，践行"党建+脱贫攻坚+乡村振兴"的有机结合，牢固树立"党建带扶贫、扶贫促振兴"的理念。扎实开展村民的理想信念教育，筑牢思想根基，从深层次解决各个村党组织软弱问题。师生党员帮助建立"党建+精准扶贫"工作台账，对标对表干。在教学实践过程中，瞄准制约天元乡精准脱贫的重点难点问题，列出清单，逐项明确党支部责任。强化村级党支部的考核，以突击检查、随机抽查、年终考评等方式，核查"问题清单""任务清单""责任清单"。对党建扶贫失职、渎职，履职不到位或当"甩手掌柜"的，实行"零容忍"。选派讲师团进村宣讲党的十九大精神，开设党建专题讲座，开讲"'三农'思政课"，力求解决天元乡村民"人穷志短"问题。帮助建设一支"顾大局、讲政治、爱农村"的党组织团队，提升党组织的凝聚力和战斗力。策划高校党支部与乡村党支部开展"心连心、手拉手"对接帮扶活动，扶持创建"优秀基层党组织"，充分发挥基层党组织的战斗堡垒、先锋模范作用，引导村民发展本土产业，"农旅"融合助农增收，带动整乡脱贫致富和振兴。

（二）师民结对帮扶，帮村民"长技"，解决"本领恐慌"问题

"科教兴农、人才强农"是教育帮扶的主要目的。积财千万，不如一技在身。对于贫困家庭来说，一个成员掌握一种实用技能，是实现脱贫迈向小康的关键。调整教学计划，持续开展送"保姆"进村活动，送教师下乡，送技术入户，送专家下地，与天元乡贫困户结对帮扶。定期组织"田保姆""禽保姆""果保姆"，针对村民的技术短板，开展农村实用技能培训，解决村民"本领恐慌"问题。在天元乡增设"乡村振兴分院"教学点，以服务现代农业产业发展和培育新型农业经营主体为导向，通过"培训指导、政策扶持、创业孵化和服务跟踪"等手段，培育新型职业农民的"领头羊"。创新新型职业农民"高校+贫困村+云课堂"培育模式。研发新型职业农民在线微课学习平台，开发在线课程，实现"培训内容视频化，培训方式网络化，服务方式终端化"，力争"扶志""扶智"结硕果，促使天元乡各村整村脱贫和生活富裕。通过产教实践，天元乡85%以上的贫困户脱贫，贫困发生率降到5%以下。

三、"D3"村民主动:激"要素"活跃,促进乡村"产业兴旺"

教育引导村民积极主动配合,激活9个村的资源性、经营性和非经营性资产,践行"三改"措施,发展天元乡的长效脱贫产业,促进特色产业兴旺发达。

(一)改"单户独斗"为"抱团发展"

"穷则思变"是贫困村脱贫振兴的根本途径。有效举措是改变懒惰习惯,大胆创新,结伴伙同发展。高校向村民灌输"产业振兴"的发展思路,积极引导"村组一体,合股联营",形成"联营脱贫+振兴产业"的发展范式。通过"合同+股份"机制带动,让村民志愿加入"腊肉加工、冬桃、百香果"等项目的村组合作社,改"资源"为"资产",改"资金"为"股金",改"村民"为"股民",改"单户独斗"为"抱团发展"。集中新华村1000亩林地,打造"百香果+林下鸡"教学特色产业;打造万春村1500亩冬桃"学生实训+村民创业"基地。

(二)改"传统生产"为"产教融合"

长期以来农民"一靠力气、二靠天气"的传统农耕方式很难改变农业落后状态。针对当地农业生产现状,结合高校"新型职业农民创业孵化中心",引导村民改变传统生产模式,开创"产学研"一体化研究和教学实践。高校选派农经类师生入村结对,帮助成立合作社,提升栽种技能,探索职业教育产教"深度融合"模式。在专业技术人员的策划下,在天元乡建立种植实训基地,引导发展山地种植业"两芋""三花"特色。"两芋",即洋芋(马铃薯)、魔芋;"三花",即仙草花、桃花(冬桃)、李花(青脆李)。

(三)改"单项生产"为"种养结合"

乡村振兴路漫漫,发展产业是关键。高校结合专业和课程建设,选派种植、养殖技术专家,重点支持天元乡生猪、山羊、蜜蜂的养殖及蔬菜、果树的种植。坚持"生态涵养+种养结合"理念,创新"林+鸡""果+猪"生态种养模式。实施"生猪+李子+仙草花"生态农业种养结合项目,帮助改造年出栏生猪500头以上的养猪场3个,带动农户散养生猪5000头,创办"万春村腊肉加工厂",以"农校对接"和"以购代扶"方式促销。师生们指导村民利用生猪粪便制作有机肥,发展青脆李2000亩、仙草花1000亩,创建"青脆李"绿色产品,打造高校牵引的"生态农业创新创业团队"。

四、"D4"村校联动:引"智慧"扎根,促进农村"治理有效"

在天元乡建立村校联动模式,把村组当成高校在校学生的教学实践基地,让"智力""智慧"在村里扎根开花，保障特色产业健康稳定持续发展，促进村庄有效治理。

（一）村校联办土特产电商平台

针对山高地远、农产品欠缺竞争力以及出现"增产不增收"的尴尬局面，高校在鼓励生产、帮助兜底销售农产品的同时，用市场机制倒逼优化产品链各环节，推动一二三产业融合发展。针对万春村的"青脆李"、新华村的"林下蛋"、香源村蜂蜜等特色农产品，师生们策划利用"大智物移云（大数据、智能化、物联网、移动互联网、云计算）"，创建高山土特产电商物流服务平台，用智慧点亮贫困村。

（二）村校联搭农场主培育平台

"三农"问题的核心可以归为"人"的问题。新型职业农民是推动农业产业转型升级的"发动机"，培育新型职业主体是让农民脱贫致富成为体面职业的根本途径。依托现代青年农场主孵化基地、农业经理人培训等，高校采取"送生入校""送教下乡""流动教室"和"田间课堂"等形式，践行"村民+"，分期分批在9个村"量身定培"一批现代青年农场主及高素质农民，带动全村的产业发展和脱贫振兴。

（三）村校联建常态化治理平台

瞄准农村法治"太硬"、德治"太软"、自治"太任性"问题，策划帮助建立完善村级治理制度和服务体系。以伦理、道德、村规民约、风俗习惯为重要载体，以"两个文明"建设为重要抓手，直面村组文化发展的现实，重塑和强化乡村的社会规范。采用"1115"模式（1个美丽乡村共建会，1个宣传文化阵地，1个新时代文明实践所，5个行动——自强励志行动、扶危济困行动、乡风文明行动、美丽农家行动、法德双治行动），展开乡村治理工作。分别定期开展法律知识和农民职业道德培训，配备专业老师担当村级法律顾问。开设"法治讲坛"，创办"村级法庭"，调解村级矛盾和纠纷。帮助完善《村规民约》，推行"村民自治、村庄法治、村院德治"，强化民主法治建设，弘扬农村正气，使9个村和谐安定有序，开启新时代新农村的新征程。

五、"D5"文化促动：推"移风"易俗，促进农村"乡风文明"

对于居住地较为偏远的村民来说，文化娱乐生活相对更"贫"，往往"看看电视""打打牌"就是他们的主要文化生活。高校充分汇集自身人才和文化资源，在产教融合中推行天元乡"文化强村"战略。

（一）教育推动乡村以"文"化人

一些贫困人员，身体健康，具备劳动条件，也有脱贫决心，但苦于缺乏一技之长，只能"坐以待贫"。帮找"穷根"、明确靶向，量身定做、对症下药，扶到点上、扶到根上，才是高校的帮扶方向。通过职业技术教育，让村民们掌握谋生技能"金钥匙"，是稳定脱贫的关键。在各村组开展乡村文化"字绘"行动、创新创业教育活动、"送教材、建书屋"活动、"编节目，送歌舞"活动，尽力提升村民文化水平和脱贫技能，遏制村民打牌、赌博、迷信等陋习，倡导文明新风，促动村民知行合一、情感合一。

（二）教育推动乡村以"文"育人

针对乡村农户，践行"心育心""人盯人""一帮一"，高校精准"号脉"、精准施策。提供更多的文化产品和服务，做到真扶"志"、扶真"智"，不断解决贫困户的精神"贫"问题，用"智汇"书写村民"心"篇章。教育和支持村民传承农耕文明，"教授进村"发掘本土文化，"院坝课堂"推行"土"课程，"高校智汇"培育"土"专家。帮助开展桃花、李花等"赏花节"活动，培育"文化村民"和"时代新农人"。对来高校培训学习的村民，免收培训费用，适当补发误工费用。建立弹性学制和"学分银行"，支持村民来高校进行学历提升，试行"1+X"证书制度，鼓励村民通过培训考评证书。

（三）教育推动乡村以"文"感人

同乡政府、旅游协会、合作社等创建"政校行企（政府、学校、行业、企业）"合作帮扶平台，利用9个村的特色产业，扩大乡村旅游影响力。保护乡土文化的"形"，守护乡土文化的"魂"，从乡村"卖产品"向"卖体验""卖风景"和"卖文化"转变。开展美育美德培训，支持创建村级道德模范评选，弘扬传统美德。新建便民超市、卫生所和老年活动中心，组建"山歌队""快板手"，增强文化感染力，彰显乡村群众求变的精气神和幸福感，促进乡风文明。

六、"D6"项目推动：建"别墅"庭院，促进农村"生态宜居"

高校践行"两山论"，以产教融合项目为载体，以"产业生态化""生态产业化"为抓手，打好"生态经济"一张牌，走好"绿色发展"一条路，尽力创建天元乡宜居环境。

（一）建设绿水青山，规划生态特色村庄

以乡村"绿水青山就是金山银山"为引领，以推进农业供给侧结构性改革为主线，把乡村绿色低碳生产、耕地轮作休耕、农业生物资源保护与利用、农

业投入品减量使用、秸秆和畜禽粪资源化利用、废旧农膜和包装物回收处理等政策落到村组,确定到责任人。打好"生态经济"牌,按照生态宜居要求,组织高校师生开展绿色环保教育,帮助天元乡完成美丽乡村建设总体规划设计,敦促分步实施。开展种养结合、产教融合,形成"林中菌""林地药"特色,创造"绿色食品""放心食品""良心食品",打造村庄"桂花院""桃花庭""樱花廊"等景观。特别是在民房四周开展"生态屏障绿化提升行动",把能种上树的地方都种上树,对长植被的地方尽量不破坏它原有的生态。

（二）争取优惠政策，打上宜居生态补丁

强化项目精准,组建项目团队主动争取和引导各级政府向天元乡倾斜投入,重点加强和完善9个村的生态基础设施建设,切实增强宜居的内生动力,打上村庄生态建设的"补丁"。以村庄"4改2治"（改厨、改厕、改圈、改线,庭院整治、房前屋后排水沟整治）为推手,布局建设一批垃圾分类处理、污水排灌管控、农村环卫设施建设项目,落实管护人员,斩断乡村环境"脏乱差"根源,改善农民居住环境。积极争取包括直接补助、政府购买服务、贴息、先建后补、以奖代补、资产折股量化、担保补助、设立基金等在内的生态补助政策,推动"林中村""别墅庭院"建设,实现"一院一景""一村一品"。

（三）倡导绿色行动，推动生态林院建设

党的十九大提出的"农业农村优先发展"政策,给农业插上了腾飞翅膀。抢抓发展机遇,创建"生态学院",派专人指导争取生态产业专项投入,打造"生态产品",是高校产教帮扶的必然选择。通过产教融合项目的实施,与9个村有效地进行"农校对接",师生入村指导绿色生产、建设美丽村庄,高校食堂销售村上绿色产品。科学发展果林业,创建"高山果文化长廊",结合果林技艺,打造以"和美+康养"为主题的高山旅游景观。统筹保护好9个村绿水青山和清新清净的高山家园风光,创"林下鸡""百香果""康养园"产教特色,立足美丽乡村建设与乡村旅游协同发展,推动天元乡原生态"林院"建设,推动各村向"小康示范村"转变,形成"产教振兴"特色。

高校智力引领腊肉产业

——巫溪县天元乡万春村腊肉加工扶贫车间案例

谭鹏昊

一、背景

2018年，巫溪县还是重庆市14个国家级扶贫工作重点区县之一，巫溪县天元乡又是重庆市18个深度贫困乡镇之一，是重庆市教委扶贫集团对口帮扶的贫困乡镇。万春村是天元乡的贫困村，是"贫中之贫"的贫困村。该村土地面积21.36平方千米，辖3个村民小组，307户1091人，其中有建卡贫困户111户398人，有低保户18户39人、五保老人14人、残疾人49户52人。主要农作物有玉米、红薯、土豆"三大坨"和中药材等，主要经济来源为外出务工收入。

二、腊肉加工扶贫车间的由来

（一）深入调研，摸清村情

如何让村民增收？怎样发展好村集体经济？怎样带动贫困户脱贫致富？如何让村容村貌变美？一系列问题呈现在市教委扶贫集团派驻的"第一书记"谭鹏昊的脑海里。谭鹏昊带着问题扎实开展走访调研工作，仅一个多月时间就走访了全村307户家庭，并对每户走访的家庭情况进行文字记录，重点分析村里109户贫困户的致贫原因，制定"一户一策"的帮扶措施。通过走访，谭鹏昊发现，由于万春村地处偏远、山高坡陡，导致老百姓食物匮乏，又因常住人口稀少、交通不便，没有一个农贸市场，农产品交易量几乎为零，老百都过着自给自足的生活。家里种植的土豆、玉米、红薯、蔬菜等除了满足自己需求之外，剩下的全部喂养生猪。一般农户家中的猪养大后也不会卖，而是做成腊肉以满足自己家庭一年的需求，一整年除了过年杀猪时能吃到一点新鲜猪肉之外，平时都是食用腊肉，更有家庭因为思想落后，省吃俭用，家里还储存着几年前的腊肉和腊猪油舍不得吃，直接影响着当地老百姓的身体健康。

万春村虽然山高坡陡、交通不便、产业发展薄弱，但是生态环境十分优越，为生态养殖业提供了一个天然的生长环境。老百姓每家每户都沿袭着传统的养猪方法，家里的猪吃的是天然粮食、喝的是山泉水，生活在舒适的自然环境中。猪肉品质很高，而且这里的气候十分合适做腊肉。

（二）厘清思路，寻求支持

经过一个多月的调查、分析，谭鹏昊带头撰写了《发展腊肉加工产业的可行性报告》。分析得出：1. 这里家家户户都养猪，自然条件也好，很适合做腊肉加工；2. 能依托高校的智力优势和技术优势，把当地的粮食猪肉加工成高品质的腊肉；3. 在"消费扶贫"的政策背景下，我们精准找到了高校教师、高校学生庞大的消费群体，凸显市教委扶贫集团的优势。

发展腊肉加工产业，我们有条件、有能力、有市场。谭鹏昊将创办腊肉加工厂的思路（带领全村老百姓创办集体经济腊肉加工厂，帮助老百姓解决腊肉问题，同时通过腊肉加工厂优先向全村贫困户提供就业岗位，带动全村贫困户劳动脱贫）及时向组织做了汇报，得到了市教委扶贫集团驻乡工作队和天元乡党委、乡政府的大力支持。厘清思路后说干就干，在重庆三峡职业学院、四川美术学院等高校的支持下，开始筹办全乡的第一个村办企业——万春腊肉加工厂。

三、一块腊肉带富一方百姓

2019年，巫溪县天元乡万春村腊肉加工扶贫车间顺利立项建设。村民入股十分踊跃，共计吸纳101户农户入股（其中贫困户61户），股金135万元，"以猪入股"的贫困户有13户，生猪68头。在重庆三峡职业学院、四川美术学院等高校的智力和技术支持下，以及市场监管局的指导下，于当年10月顺利建成1200平方米的标准化腊肉生产车间，可以吸纳30名贫困户就近就业，具备日产腊肉2000斤的能力。11月通过市场监管局评审，顺利获取了"食品生产许可证"，开启了探索农特产商品化、农特产品牌化之路。

2019年加工生产腊肉、香肠等产品10万余斤，通过"消费扶贫"，坚持线下和线上融合发展，当年销售额就达到了622万余元。从三个方面带动了农户增收：一是腊肉加工扶贫车间以每公斤高于市场价2元的单价，收购本村农户养殖的毛猪850余头，支出430万余元，让500余户（贫困户300余户）增收20万余元。二是安排当地村民务工3000余人次（贫困户1800余人次），按工时发放工资约38万余元。三是腊肉加工扶贫车间实现加工净利润约100.9万元，带动农户101户（贫困户61户）。从养殖、就业、分红三个方面带动农户户均增收 1 万余元。村集体经济也增收了 3 万元。一块腊肉很好地带动了农村养殖业发展，壮大了农村集体经济，让农户养殖增产，加工增值，务工增收，入股增利，实现贫困户脱贫奔小康！

四、经验与启示：发挥高校优势，做好智志双扶

重庆三峡职业学院充分发挥涉农职业教育特色，突出在生猪养殖、腊肉加工、企业经营管理等方面提供人才和技术支持，为做出优质腊肉提供支撑。为更好地开展帮扶工作，学院在天元乡成立乡村振兴"田间学院"天元分院，招收全日制扩招生，把教学点设置在腊肉加工扶贫车间，为脱贫攻坚和乡村振兴提供人才支撑。

2019 年 4 月 29 日，成立重庆三峡职业学院乡村振兴"田间学院"天元分院，组织协调专家到农户家中、到田间地头等开展技术培训十余次，培训 500 人次，提升农业技术，很受老百姓欢迎。学校畜牧兽医专业的教师教会村民科学养猪的技术；禽畜肉制品加工的教师到现场指导熏制腊肉技术；学校还支持万春腊肉加工厂建立食品检测化验室，推行无害化熏烟技术、低盐腌制技术等，以让腌制食品更安全健康。

2019 年 12 月 10 日，重庆三峡职业学院扩招生食品类专业天元乡大专学历班正式开班。天元乡这 39 名学生中，平均年龄 30.8 岁。食品加工专业学生 21 名，食品营养与检测专业学生 18 名，学校通过送教上门，帮助学生掌握专业技能，使他们不但可以在家门口完成大学课程，而且拓展了就业和致富的渠道，为乡村振兴工作输送技术技能人才。

一块腊肉的变迁

谭鹏昊

我叫谭鹏昊，是重庆三峡职业学院的一名教师，2018 年 8 月由市教委帮扶集团选派到巫溪县天元乡万春村担任"第一书记"。

刚去的时候，我们在一个贫困户家中搭伙吃饭。一是方便，二是为贫困户增加点收入。给我们做饭的阿姨天天给我们做腊肉吃，大家都知道巫溪腊肉品质好，很是喜欢。一周过去了，一个月过去了，就发现有点不对劲。怎么天天是腊肉，顿顿都有腊肉，但又不好意思开口问。告诉自己要习惯这边

的生活，要尽快地融入老百姓中去。

有那么一天，应该是2018年9月中旬，我看到一位60多岁的老大爷，提着一大块腊肉追着卖菜的车，喊着要买肉。怎么提着肉，又喊着要买肉？出于好奇，我们走上前探了个究竟。打听了才知道，原来这位老汉是因为腊肉吃腻了，想跟老板换点新鲜肉吃。老板又不愿意买他的腊肉，经过一番讨价还价，老大爷跟老板最后商量一斤腊肉换一斤新鲜肉。

为什么会这样？这件事情引发了我们驻村工作队的讨论。我们通过扎实的走访调查，找到了其中的缘由：一是因当地地势偏远、交通不便，没有农贸市场，农产品交易难；二是因产业薄弱，传统农业局限于"三大坨"，除了满足人的口粮外，剩下的全部用于养猪，猪养大了，就做成腊肉，只供自己吃。老百姓过着自给自足的封闭式生活；三是家庭收入主要是外出务工，不重视农业生产。

怎么样才能打破这种自我封闭的农业体系？怎么样才能带领贫困户找到脱贫致富的新路子？我们陷入了深思。

习近平总书记指出："扶贫不是慈善救济，而是要引导和支持所有有劳动能力的人，依靠自己的双手开创美好明天。"扶产业就是扶根本，扶长远。

结合万春村实际情况和市教委帮扶集团的优势，经过客观仔细的分析，在这里发展腊肉加工产业：有条件、有能力、有市场。创办腊肉加工厂，能够提高粮食猪肉的价值，帮助老百姓解决腊肉加工与销售问题，同时为贫困户提供就业岗位，带动贫困户脱贫致富。

我们的想法得到了市教委扶贫集团和天元乡党、乡委政府的认可和支持。在重庆三峡职业学院腊肉生产技术支持下，在四川美术学院包装设计的支持下，我们开始着手筹办全乡的第一个村办企业——万春腊肉加工厂。

可办一个工厂谈何容易？起初，村民们都不相信真能干出成绩，不愿意入股。贫困户本来就没有什么钱，也不敢入股。工作一度陷入僵局，怎么办？

我们就从加强党建着手，依靠组织的力量，发动村干部、党员带头，动员青年党员李俊同志和吴勋奎同志回乡发展。我在家里人的支持下，带头出资2万元，帮助20户贫困户入了股，并做出郑重承诺"赚了钱是你们的，亏了是我的"，给大家吃了颗"定心丸"。如果缺资金，还可以"以猪入股"。就这样不到一周，就积累起了35万元启动资金。为降低风险，我们租用村民闲置的民房改建成生产车间，租用加工设备以减少固定资产投入，吸引有多年腊肉生产经验的技术人才1名、管理人才1名一起创业。2018年11月22日，小雪节气那天，腊肉加工厂正式投产了。

我们积极争取派出单位重庆三峡职业学院的支持，发挥好学院的涉农专业特色和人才技术优势。组织专家到农户家中、到田间地头、到腊肉加工厂等开展技术培训十几次，培训500人次，提升生产技术，包括传授科学养猪技术，现场指导熏制腊肉，推行无害化熏烟技术、低盐腌制技术等。学校还支持建起食品检测化验室，让腌制食品更安全更健康。

2018年生产腊肉约3万斤，通过巫溪县年货节、农校对接等形式，销售额达120多万元，净利润34万元，村集体经济增收3.8万元。从三个方面带动了农户增收：一是以每公斤高于市场价2元的价格收购农户养殖的生猪；二是带动当地村民务工增收；三是入股分红。春节前，我们给大家热热闹闹地分了红。

2019年，我们带领78户农户，自筹资金135万元，顺利申请到扶贫车间50万元的财政支持，建成了1200平方米的标准化腊肉加工车间，具备了日产腊肉3000斤的能力，在市教委帮扶集团成员单位的"消费扶贫"支持下。合作社又新拓展了网上销售和线下展销等，2019年销售额已达450万元。

通过创办腊肉加工厂的事情，大家都评价"谭书记，是个为老百姓干实事的人"。有了这个好印象，后面的工作开展起来就顺畅多了。通过一块腊肉给村里带来了显著的变化。一是村集体和老百姓的收入明显提高了，2018年户均增收6000余元。覆盖全部的未脱贫户，让每个贫困户都有希望。直接带动7户17人实现脱贫摘帽。二是村干部的威信提高了，村民们也更加团结了，村里排名也上升了。大家都很支持配合工作，乐于参加各类培训，内生动力显著提升。顺利推进"两扩大一适度一减少一特色"的产业发展思路，实现粮经比由"2∶8"向"1∶9"的转变。村规民约推行顺利，乡风文明新风尚正在形成，130余户农户完成"五改两治"，全村的环境卫生情况大幅改观，农村面貌发生了天翻地覆的变化。三是乡贤返乡，带动发展。2019年吸引了3名优秀青年党员、4名有志青年回乡创业，带领大家一起发展。四是我本人及重庆三峡职业学院、四川美术学院参与的师生都得到了很好的锻炼。我相信"农村是一个广阔的天地，在那里是可以大有作为的"。

我将不忘初心，勇担责任，不断前行。以"乌蒙磅礴走泥丸"的精神、"不破楼兰终不还"的狠劲，将青春的诗篇写在万春村的大地上，不负韶华。

十余位大学教师与一块腊肉的"革命"

彭 瑜

2020年8月22日,巫溪县天元乡万春村腊肉加工厂2019年分红方案出炉:留足发展资金,70万元用于分红,村民每股可分红500多元!

万春村地处海拔1000多米的大山深处,山高谷深、路险坡陡。当地人只能种植"三大坨"(红薯、土豆、玉米),除了填肚子,就是喂猪。"生猪不好卖,只好杀了腌成腊肉吃。"

2018年8月,重庆三峡职业学院教师谭鹏昊担任万春村"第一书记"后,立足实际锁定了标准化腊肉加工。

两年来,谭鹏昊与十余位大学教师开始了一块腊肉的"革命"。现在,万春村腊肉加工厂被巫溪县确定为农业龙头企业。

1. 一块腊肉

刚到万春村,谭鹏昊碰到一件怪事,一位村民提着一块腊肉找到屠户换新鲜肉吃,并且是一斤抵一斤。

"这不是亏本买卖吗?"谭鹏昊从这位村民处了解到,他家里每年要养两三头猪,因为山路崎岖,生猪不方便运下山,只好杀了做成腊肉自己吃。"村民说,一年到头把腊肉吃腻了。"

这样的情况在当地很普遍。后来,谭鹏昊走访发现,万春村常年种植"三大坨",年产量达2000多吨,喂养生猪1000余头。绝大多数生猪育肥后,村民都会宰杀做成腊肉,以满足全家人一年的肉食供应。村里几乎家家户户都挂着几十斤甚至上百斤的腊肉,有的人家还存有两三年前的腊肉。

万春村的猪,吃的是粮食、喝的是泉水,腊肉味道好、猪肉品质高。谭鹏昊是农产品质量与安全教师,经过一个月的调查研究,他带头撰写了《发展腊肉加工产业的可行性报告》。谭鹏昊认为,依托高校技术支撑和市教委帮扶集团,以及高校师生庞大的消费群体,万春村非常适合把粮食猪肉加工成高品质的腊肉。这个提议很快得到了驻乡工作队和乡党委、乡政府的支持,但村干部和群众一时还接受不了。

"赚了是你们的,亏了是我的!"动员会上,谭鹏昊拿出2万元现金,帮村里20户贫困户（每户1000元）入了股。在谭鹏昊的带动下，7名村干部、在村的5名党员也各自拿出2万元入股。最后，54个股东以现金或生猪形式入股，共筹集65万元启动资金。返乡创业的陈棕森、李俊等人主动站了出来，承担腊肉加工管理工作。陈棕森说："谭书记这么用心用力，作为本村人更应站出来带个头。"

2018年10月，天元乡第一个村办企业——万春腊肉加工厂成立。为赶时间和节约成本，加工厂租用闲置民房改建成生产车间。随后，加工厂以每公斤高于市场价2元的价格收购村民的粮食猪。

就在当年，万春腊肉加工厂生产腊肉、香肠制品约1.5万公斤。2019年春节，所有产品全部销售一空，实现销售收入120万元，净利润达34万元，村集体经济增收3.8万元，按股本1000元一股计算，每股分红545元。

据统计，整个腊肉加工项目从养殖、就业、分红三个方面带动农户户均增收6000余元，直接带动贫困户23户86人实现脱贫摘帽。

2. 一次试验

"大家都觉得腊肉加工的路子走对了。"入股2万元，不到4个月就分红1万多元，村民们过了个高兴年。陈棕森却说："其中的辛酸只有谭书记和我们少数几个人知道。"

陈棕森介绍，腊肉加工厂的第一批香肠，消费者反馈是酸的！谭鹏昊立即召开会议要求，这一批1000公斤香肠，一不准卖，二不准送人，三不准待客。同时经多方协调，与消费者达成换货协议。

随后，谭鹏昊又带上发酸的香肠连夜返回重庆三峡职业学院，找食品科学与工程专业的教师崔俊林支着。崔俊林解释，腊肉加工熏烤密度大、通风不好，以致含水量与温度偏高产生酸败，引发乳酸发酵变酸，从而导致风味变劣、保质期缩短。

"腊肉的标准化制作与传统工艺需要磨合。"其实，早在腊肉加工之初，谭鹏昊就邀请崔俊林到现场做过技术培训。崔俊林坦言，很多村民因为文化、观念局限，一时难以接受，甚至抵触标准化腊肉生产。在他们眼里，腊肉制作没那么多条条框框，甚至认为标准生产就是个麻烦事。崔俊林认为："腊肉制作需要一场'革命'。"

这样的磨合的确不少。有一次，谭鹏昊品尝到一块腊肉咸淡不均。一查取盐记录，发现村民在腌制腊肉时，前面大把抹盐，结果盐用完了，肉还没腌好，只得又去取盐，完全没按照50公斤肉用1.5公斤盐的要求做。

粮食猪皮糙肉厚，腌制时需要按摩，盐才能渗透到肉里面。结果也有村民只把盐抹在表面,根本就没有按摩,导致100公斤猪肉变臭。还有刚杀的生猪,要冷藏排酸24小时,降温到0℃～4℃才腌制。但村民说,他们做了几十年腊肉,从没听说过排酸。结果,腊肉又变味了。

……

"这是一次试验,唤起了群众的信心,也试出了村民的技术、观念方面的'短板'。"重庆三峡职业学院领导多次到万春村调研后决定,要发挥在畜禽养殖、农业种植、农产品加工等方面的人才优势和技术优势,组织协调专家到农户家中、到田间地头等提供技术培训。"从观念到技术,都要努力改变,推动'志智双扶'工作。"

2019年4月29日,重庆三峡职业学院乡村振兴"田间学院"天元乡分院在万春村成立。一年多来,学院畜牧兽医专业的教师教会村民科学养猪的技术;畜禽肉制品加工专业的教师到现场指导熏制腊肉技术,推行无害化熏烟技术、低盐腌制技术等,让腌制食品更安全健康。

3. 一座工厂

第一年的腊肉加工,让万春人看到了腊肉的市场前景,大家都想大干一场。但在谭鹏昊与陈棕森看来,再不能搞坊式加工腊肉了,必须痛下决心建标准化厂房。

"一提到建厂房,有人就打'退堂鼓'。"陈棕森说,他们一是认为厂房投资大,担心本钱一时半会儿收不回来;二是第一次加工就出了那么多问题,害怕标准化生产问题更多。第一年的股东走了20多个,连两位村干部也退了出去,甚至集体的资金也不让入股。

2019年3月,37岁的谭鹏昊所承受的压力非常大,甚至出现了白头发。他曾想过放弃,好在在帮扶集团、学院、驻乡工作队、乡党委、乡政府的全力支持,还有陈棕森、李俊、吴勋奎等几位致富带头人的坚持下,最后共组织了101户农户(其中贫困户61户),共筹集股金135万元,其中"以猪入股"的贫困户有13户,生猪68头。按约定,入股5万元占股3.69%,入股2万元占股1.48%。

同时,腊肉加工厂项目在巫溪县扶贫办和发改委立项,得到了天元乡政府50万元资金的支持。同年4月,万春村标准化腊肉加工厂启动建设。重庆三峡职业学院教师李翔前往万春村,蹲点培训厂房建设和布局。与作坊不同,在李翔的指导下,新的厂房设置了预处理车间、腌制车间、灌肠车间、风干房、烟熏房、包装车间等,整个工艺流程顺畅、卫生、环保。

6个月后,1700平方米的标准化腊肉生产车间建成投用,日产腊肉1000

公斤。同年11月，万春腊肉加工厂通过评审，顺利获取食品生产许可证。

厂子建起来了，购买生猪的钱却没了。5个致富带头人二话没说，分别拿出自家的房产证抵押贷款，再找亲友东挪西借，共筹集到资金430多万元，买回了850余头生猪。记者问："你们哪来那么大的胆子借这么多钱？"李俊坦言："一是股民的信任，二是有这么多大学教师的技术支持，三是有这么多高校销售市场，我们必须努力、必须成功！"

就在腊肉加工厂投产的同时，重庆三峡职业学院十余名教师进入万春村共建"腊肉学院"，一边指导腊肉加工，一边采取"半农半读、农学交替、旺工淡学"的模式教学，开展腊肉加工、电商销售等实用技能培训，生产出现什么问题就培训什么问题、解决什么问题。

产品还没有下线，学院教师付勋就前往万春村培训腊肉安全检测技术；四川美术学院教师曾敏、杨寒带着几位学生也赶到村里，为万春腊肉提供产品及包装设计，同时多次对万春腊肉创业团队进行创业辅导和演练。

谭鹏昊的妻子程育希，也是重庆三峡职业学院的教师。除了帮助腊肉加工厂建立健全的企业管理制度，在销售腊肉时，她还天天带着万春村10多位村民在万州城区"扫街"营销，他们的家成了腊肉临时仓库和村民们的落脚点。

……

有10多位大学教师在万春村蹲点技术守护，新建的腊肉加工厂生产顺利，当年共加工生产腊肉、香肠等产品5万余公斤，通过"消费扶贫"，坚持线下和线上融合发展，销售额达到622万余元，实现利润100.5万元，带动了60余户村民在车间务工增收。

谭鹏昊表示，村里正打算开学前举行分红大会，好让孩子们上学无忧。

4. 一项课题

"一要思想活，二要讲科学，三要养得活，四要卖得脱。"2020年2月14日，一堂关于"科学养猪六诀窍"的课在万春村开讲。授课的是重庆三峡职业学院养殖专家向邦全，他从圈舍、品种、饲料、喂养、管理、疾病防治等六个方面给村民传授养猪诀窍。

"腊肉'革命'并非仅限于一块猪肉。"重庆三峡职业学院副院长赵福奎称，学院承担了市级重点项目"巫溪县天元乡特色生态腊肉传统工艺产业化升级改造关键技术研究"课题，在天元乡开展"生猪产业协同创新研究"，从土壤结构改良、饲料作物种植、猪儿品种培优、圈舍选址建设、喂养疾病预防、腊肉加工生产、包装设计销售等环节，探索"生态腊肉链"的全链条创新研究。

两年来，重庆三峡职业学院的教师们在天元乡推广了"低架网床＋益生菌＋异位发酵"的生猪集中养殖技术，帮助村民改造年出栏生猪 500 头以上的养猪场 3 个，带动农户散养生猪 5000 头；完善了"猪粪收集—有机肥生产—种植业利用"立体农业循环链，腊肉生产配方、低盐腌制和熏制腊肉技术等研究成果在万春村得以转化；搭建了"三峡绿色农业电商服务平台"，创新"智慧＋服务"销售"微腊肉"，建起了"科技＋生产＋加工＋营销"产教融合格局，形成了"学校全程技术指导、家庭农场负责生态种养、农业企业负责加工和销售、乡政府负责基础设施投入"的腊肉产业机制。

2019 年 12 月 10 日，重庆三峡职业学院扩招生食品类专业天元乡大专学历班正式开班。39 名学生在家门口分别学习食品加工、食品营养与检测等专业。

"大学老师进农院，村民家中上大学。"赵福奎称，学院创新推出与天元乡腊肉产业相适应的"学历证书＋兽医员＋农技员"制度，开发以"AVR 互动教学资源、活页式工作手册、AVR 智慧教学系统"为主要形式的"腊肉加工技术""生猪生产技术"等培训课程。"打造能移动的'智慧教室'，用'智汇腊肉'引领'三大坨＋猪''果林＋家畜'的发展，来一场真正的腊肉'革命'。"

谭鹏昊、向邦全、程文超、崔俊林、李翔、付勋、程育希、曾敏、杨寒……一块腊肉的"革命"，凝聚了十余位大学教师两年的心血和智慧。四川美术学院党委副书记、市教委帮扶集团驻乡工作队队长左益称，他们改变的不仅仅是一块腊肉，也为天元乡培育了产业、培养了人才，促进了脱贫攻坚工作，更为乡村振兴夯实了基础。

第四篇　游在"乡间"一堂课

【编者按】重庆三峡职业学院利用自身专业和人才优势,派出338名教师不断地在"乡间游教","教授军团"以"专业对产业"方式,实施"精准滴灌",践行"造血式"扶贫。创办多所乡村振兴分院,赋能乡村亮"职教使命",以"流动课堂"形式把大学办在田间地头,在脱贫攻坚战中书写"奋进之笔"。

"农民+学院"精准育人模式探索
——重庆三峡职业学院培训农民的实践

赵福奎

重庆三峡职业学院在重庆市万州区农业行业和相关职能部门的大力支持下,充分发挥"农业职业教育"办学特色与优势,针对重庆市及三峡库区农村,创建"农民+学院"育人模式,长期开展"种、养、加、管"技术、农村电商技术、农机化技术的传授,培育了数以万计的高素质农民。

一、基本做法

(一)"继续教育学院"与"田间学院"共揽任务

学校在开展全日制学历教育的同时,把高素质农民的培育当成"半边天"工作。校内由"继续教育学院"负责统筹管理,校外增挂数个"乡村振兴'田间学院'"。"田间学院"按统一的《培训管理办法》,长期以"移动教室"的形式开展高素质农民的培育。近五年来,开展了青年农场主、农村电商、农业经理人、新型职业农民和返乡农民工等多种类型的培训,累计培养高素质农民15170人次。

(二)主要措施是"产教融合"与"送教下乡"

在培训中我们组织专家送教入镇(乡)进村,根据本地主导产业、优势产业和特色农业发展实际,到产业基地以"产教融合""送教下乡"方式"手把手"地传授"种养加"技术。2014年以来,完成上级职能部门下达的新型职业农民925人的培育任务;每年200余名师生开展"三下乡"送教活动,每年派教师30余次进村培训和实地指导生产。

(三)利用信息化手段开辟"田间微课"远程送教

结合农民的实际需要,针对培训学员的不同需求,学校除选取通俗易懂的实用教材、自编特色教材外,还在农村推行"互联网+",开辟"田间微课"250余门,村民们可扫"二维码"利用手机终端在田间、林园、院坝在线远程学习,将农民教育培训的课堂建在"希望的田野上"。

二、模式特色

学校重点立足三峡库区发展特色农业、高效农业,利用"农民+学院"育人模式,精准培养"有文化、懂技术、善经营"的高素质农民。培育特色如下。

(一)职教抱团"协同培育"

自 2014 年以来,学校联合重庆市涉农本专科院校、中高职院校、行业协会、企业等,组建成立了"重庆市现代农业职教集团",2019 年被市教委批准为重庆市示范职教集团。各成员单位优势互补、资源共享、协同联动,共同承担市、区(县)的高素质农民培训任务,打造"命运共同体"。学校根据农民的需求,"配送"到库区中职校、农广校、企业、合作社进行"定向培育",高达 1000 余人次。

(二)校企合作"基地孵化"

学校在校外与合作紧密的 100 余家企业,建立了"合作育人基地"。根据专业的不同,分期分批地把新型职业农民送入基地"跟岗培育",原则上是为期 15 天的"基地孵化"。送学员去重庆家建合作社、闽万公司食用菌基地、同鑫公司蝴蝶兰基地、大山农业有限公司猕猴桃基地等,派导师与企业一起共同孵化"新型职业农民"。授课方式主要采取"学院授课+基地观摩实践"。近 3 年孵化的现代青年农场主 200 余人,大多已成为当地的"新农人"和"领军人"。这种观摩培训的模式用时短、效果好,受到了广大学员的一致好评。

(三)师徒奋进"研育结合"

学校在参与高素质农民培育的同时,还承担了重庆市农业农村委"重庆市现代青年农场主社会涵养行动模式研究""新型职业农民培育制度创设研究"等的委托课题 3 项。在培育过程中"师徒奋进",不断总结和"边育边改",为市农业农村委提供了新型职业农民培育制度和模式的"高职版"。还组织专家编写了"全国农业经理人培育标准"和培训教材,组织培育"农业经理人"100 余人,成为农业农村部知名的"边培训、边研究"的几所院校之一。

三、典型案例

(一)"扶贫车间"育人——学员陈棕森的"一块腊肉的故事"

陈棕森,中专学历,家住巫溪县天元乡万春村二社。曾在深圳中兴通讯务工,2009 年返乡务农。2014 年带头成立巫溪县万春农业开发专业合作社,但经营情况一直没多大起色。2015 年以来,多次来学校参加新型职业农民培训,学习到了"种、养、加"方面的很多实用技能。2017年学校派教师实地指导帮助他创办"扶贫车间"——天元乡腊肉加工厂，不断改进科学养猪技术、低盐腌制和熏制腊肉技术等。2018年，在学校派驻教师实地培育下，陈棕森带领本村村民约60余人，生产腊肉、香肠制品约3万斤，产值120万元，净利润约34万元，带动农户54户（其中贫困户29户）致富。2019年，正在扩建腊肉生产厂房1000平方米，计划年产出10万斤高品质生态腊肉，销售额破400万元。

（二）"稻鱼项目"育人——学员黄清平的"鱼米之村的故事"

2015年和2016年两次来学校培育的新型职业农民黄清平，白土镇大林村人，回村后创建"稻渔专业合作社"。在学校"教育扶贫"的资助下，鼓励120余户村民（其中建卡贫困户83户）以稻田资源入股，变"村民"为"股民"，改"单户种田"为"抱团种养"，现已形成500余亩的"稻渔综合种养"核心示范区，使万州区白土镇大林村成为"鱼米之村"。目前已建成"零化肥＋零农药"的"稻渔共生"模式，每亩稻田增收2000元以上。2018年的稻鱼米以每千克30元的价格远销浙江30吨。学校与合作社一起争取获得了重庆市科技局支持的"三峡库区乡村振兴视野下稻渔综合种养模式集成与推广"项目（经费40万元），10余名专家教授、30余名教师参与组建"智慧稻渔"产业研创工作。

四、有关建议

"农民＋学院"精准育人模式一直在不断地探索中，为更好地服务现代农业发展，特提出如下建议。

（一）完善"农民＋"的激励政策，提高农民参训积极性

长期以来，农民"文化程度低，对学习的需求不高，参加培训的积极性不高，已成为乡村人才振兴的短项。建议出台激励政策，让"农民减负"，提升培训的积极性，支持"农民"参加培训，进而与"二三产业、智能、电商、技术与服务"等有机结合，做大"现代农民"的"朋友圈"。

（二）完善"学院＋"的配套政策，提升企业参育积极性

实施"校企双元育人"一定离不开企业的高度融合与参与，但当前"产教融合、校企结合"总停留在表层，特别是农业企业参与育人的积极性不高，总觉得"育人"是企业的分外之举。建议完善企业参与"高素质农民"培育的鼓励政策和实施配套政策，让"学院＋企业"深度融合、长期友好、互利互惠、相得益彰；让"学院＋企业"跳好"育才双人舞"，让"专业"精准对接农业"产业"，助力乡村人才振兴。

抢抓机遇 重构体系 破解培训求变的"关切题"
——重庆三峡职业学院技能培训工作调研报告

赵福奎

根据学校党委《关于开展"不忘初心、牢记使命"主题教育实施方案》〔三峡职院委（2019）64号〕中的调研检视安排，重庆三峡职业学院继续教育学院等部门，在校内外开展了技能培训工作调研。召开了二级学院调研座谈会；组织发放问卷370份（有效问卷271份，有效率73%）；对万州大周、白土、长滩、龙驹等4个乡镇进行网络电话调研，走访万州区农委、区就业局、区水利局、农广校等部门及专家等。现将调研的基本情况报告如下。

一、当前机遇与现状

（一）党和国家高度重视，培训面临"黄金期"

1. 党的十九大报告指出要完善"双体系"

党的十九大报告指出要"完善职业教育和培训体系"，就是要构建产业人才培养培训新体系，完善学历教育与培训并重的现代职业教育体系，推动教育教学改革与产业转型升级衔接配套。

2. 高质量培训亟待践行"职教20条"

国务院《国家职业教育改革实施方案》（国发〔2019〕4号，简称"职教20条"）要求：落实职业院校实施学历教育与培训并举的法定职责，按照育训结合、长短结合、内外结合的要求，面向在校学生和全体社会成员开展职业培训。自2019年开始，围绕现代农业、先进制造业、现代服务业、战略性新兴产业，推动职业院校在10个左右技术技能人才紧缺的领域大力开展职业培训；深化复合型技术技能人才培养培训模式改革，借鉴国际职业教育培训普遍做法，制订工作方案和具体管理办法，启动"1+X证书"制度试点工作等。

3. 培训工作即将成为学校"半边天"

2019年国务院《政府工作报告》提出实施职业技能提升行动方案，要求地方各级政府要加大资金支持和筹集整合力度，将一定比例的就业补助资金、地方人才经费和行业产业发展经费中用于职业技能培训的资金，以及从失业保险基金结余中拿出的1000亿元，用于1500万人次以上的职工技能提升和转岗转业培训；3年内培训5000万人次以上。培训重点面向职工，兼顾就业重点群体和贫困劳动力。企业尤其是小微企业的职工技能培训、困难企业的职工转岗培训，以及高危行业从业人员安全技能培训等，将获得重点支持。技能培训工作将成为职业院校的"半边天"。

4. 政府明确提出守住失业"底边线"

2019年5月13日召开了全国就业创业工作暨普通高等学校毕业生就业创业工作电视电话会议，强调"面对十分复杂严峻的形势，要坚持就业优先政策，实施好大规模职业技能培训，大力促进创业创新带动就业，守住不发生大规模失业的底线"。职业院校理应承接这一历史使命，主动担当底线的"守护人"。

（二）重庆市级任务繁重，急需培训"担当者"

市政府"渝府办发〔2019〕86号"《重庆市职业技能提升行动实施方案（2019—2021年）》明确提出：2019—2021年，持续开展职业技能提升行动，3年开展各类政府补贴性职业技能培训150万人次，其中2019年培训40万人次。到2021年底技能劳动者占就业人员总量的比例达到25%以上，高技能人才占技能劳动者的比例达到30%以上。到2022年市农业农村委计划培养新型职业农民25万人，市就业局分配给万州的任务是2019年培训1.8万人次，培训经费2850万元。2020年培训2.26万人次，培训经费3600万元；2021年培训2.7万人次，培训经费4250万元。因此，市级技能培训任务繁重。

（三）学校培训工作现状，亟待高扬"奋战鞭"

我校的技能培训工作由继续教育学院牵头实施。近三年来，在各部门的配合下，开展了农业实用技术培训、青年农场主培训、电商培训、新型职业农民培训、就业培训等，做了一些工作，离新时代校党委的要求、职工的希望还有较远的差距。扯下"遮羞布"一看，近三年年均培训量2079人次，年培训项目经费121.82万元；2017年度市教委绩效考核中社会培训工作为0分。2018年度市教委绩效考核中对外培训工作为9分，位于全市公办高职高专学校五个档次中倒数第二档。

二、存在问题与原因

（一）培训项目运行机制不畅，职工参与积极性不高

凡学校承担的培训任务，其课时津贴的发放受绩效工资总额控制的影响显得艰难；任课教师的课时也得不到晋职的认可，职工积极性不高。有的培训项目，学校会委托给第三方组织实施，以规避课时占总绩效问题。有的部门也只能把争取到的项目划转到其他社会培训机构或实施报账制。继续教育学院负责技能培训招生宣传、教学管理、学生管理、职业技能鉴定、各类职业资格证书办理，还有农村帮扶、专衔本等工作，人手不足。同时在课程管理、校企沟通等方面要依托教务处及二级学院，还要在合理开支、师资调用、教室使用等方面受相关部门的制约，缺乏相应的统一协调，显得一些工作难以顺畅开展。究其原因是学校没有健全与技能培训相适应的管理体系。

（二）培训项目来源渠道狭窄，主动出击争取的不多

学校培训项目的主要来源渠道是原万州区移民局（现万州区水利局）的移民培训、市农委及区农委的新型职业农民培训、现代青年农场主培训和农业经理人培训、万州区商务局的农村电子商务人才培训等。培训任务多通过招投标方式获得，每个项目竞争激烈。民办培训机构多，区级相关部门存在照顾情结，于是学校获得的培训量一般也不多。究其原因是有"守株待兔"的思想，"上门求食"显得有难处。在本次问卷调查中，对于培训项目的主要来源渠道，30%的人认为应来自水利局、扶贫办、就业局、商委、残联等政府部门；55%以上的人认为应来自农业农村委；63%的人认为国办职业院校才是培训的"主力军"。

（三）基层"神经末梢"力不足，培训质量有待提升

社会培训不等同于学历教育，其侧重点是技术技能培养，需要有较强实践经验的教师团队。而部分教师来自"学校—学校"，缺乏社会实践经验，难以胜任实践技能培训任务；培训使用的教材多数为高职高专教材和自编内容，针对性不强。有的培训学员感觉"培训收获不大，耽误了时间，投入不值得"等，形成了"一传十"的恶性循环。有的基层一线人员根本不愿参加培训，培训生源组织有些困难。究其原因是学校双师型教师甚少，要么教师"技穷"，输出的技能"供不应求"；要么教师"技高一筹"，学员"消化吸收"难；"质量求生存"的培训理念淡薄，有时不愿花高价请校外大师面授；培训方式创新不够，培训内容与时俱进不够等。

（四）对"X证书"研究不够，校内培训亟待破冰

在深化复合型技术技能人才培养培训模式改革方面，还做得不够。针对全日制在校学生，学校如何践行"职教20条"，如何搞好校内学生的技能培训，探索职业技能等级证书（即"X证书"，分为初级、中级、高级）方面没有开始试行。因此，让在校学生拥有"X证书"，是学校下一步教育教学改革的重点内容之一。

三、破解思路与对策

学校要充分发挥农业职业教育的办学优势，以习近平新时代中国特色社会主义思想为指导，深入学习贯彻党的十九大和十九届二中、三中、四中、五中全会精神，全面贯彻落实习近平总书记对重庆提出的"两点"定位、"两地""两高"目标、发挥"三个作用"和营造良好政治生态的重要指示要求，围绕打好"三大攻坚战"、实施"八项行动计划"，坚持需求导向，大力推行终身职业技能培训制度，面向职工、就业重点人群、建档立卡贫困劳动力等城乡各类劳动者，开展职业技能培训。培训思路要转到服务乡村振兴战略上来，培训方式要转到产教融合校企合作上来，培训定位要转到技术技能人才上来，培训目标要转到提升学员就业能力上来。

（一）党建统领，持续改进，重振行装"再出发"

1. 坚持研学"打头"，拟出培训规划，分步实施

要坚持党建统领"筑基石"，深化改革"强思路"，合力攻坚"破壁垒"；要坚持学习提高，认真研读和践行《国家职业教育改革实施方案》《职业技能提升行动方案（2019—2021年）》及配套文件精神，抢抓当前政策"机遇期"，促进学校的技能培训工作上档升位。注重加强职业技能、通用职业素质和求职能力等综合性培养，将道德规范、工匠精神、质量意识、法律法规、安全环保和健康卫生、就业指导等内容贯穿培训全过程。拟出学校培训发展和问题整改的实施规划、年度计划，绘制"努力奔跑"的路线图、时间表、任务书，分步分期组织实施，让"培训的春天"尽早产果。

2. 争立时代"潮头"，多引培训项目，量上做大

学校正赶上了"培训发展"的好时代，要以"赶考"的清醒和坚定，答好新时代"问卷"。要组织专门人员去市内外院校取经学习，多跑社会相关部门进行专题汇报，争取获得更多的培训项目支持。靠重庆三峡职业学院的"信誉和名师"吸引更多的学员。特别要立足于农业职业教育的培训特色，为地方经济建设培训更多的乡村人才。同时，还要做大校际合作"朋友圈"，将培训任务分解"配送"到库区中职校、农广校、企业、合作社进行"定向联培"。

（二）建章立制，强化管理，打造绩效"指挥棒"

1. 重构培训体系，筑牢整改的"四梁八柱"

重搭副校长牵头、继续教育学院统领、各部门积极参与的培训架构，打造各方参与的"联合舰队"，有效实施"1+X证书"和"培训+鉴定"系列举措。适当增设培训管理人员。争取和落实培训学员的补贴政策，争取提高培训教师津贴补助，争取增大学校绩效工资总量。根据培训内容的不同落实责任部门，实施部门负责制、经费包干制、效益评价制、后续跟踪服务制、培训联席会议制。完善培训津贴占用学校绩效工资总量的管理办法，按项目绩效额不超过培训经费的30%控制，提高教职工参与培训项目的积极性。凡对外争取项目经费者（继续教育学院专职人员除外），按到账额的适当比例计取个人的奖励绩效。

2.完善督查体系，筑牢培训的"廉政之基"

探索建立多元化培训监管模式。绷紧廉政"一根弦"，筑牢防腐"一张网"。学校与主要实施部门及工作人员签订培训项目廉政责任书。创建"培训专账"，强化培训资金管控，加强廉政风险防控，保障资金安全和效益。创建培训项目验收制度、报告制度、审计制度和绩效评估制度，形成"倒逼式"评价机制。要完善培训管理办法，包括教学管理、培训考核、师资管理、培训预算及开支管理、档案管理制度等，做到有章可循，更有利于对培训的各个环节进行监督管理。

（三）产教融合，校企合作，构筑培训"联合体"

1.校地共创"产教学院"

把培训"半边天"工作做好，先手棋是尝试"产教融合"，促进"校地共赢"协调发展。选择长期友好合作的乡镇，结合精准扶贫中的产业帮扶，增挂"产教学院"（含"乡村振兴分院""田间学院""乡村大学"等），签订合作培训协议，按统一的培训办法予以管理。根据当地主导产业、优势产业和特色农业的发展实际，以"移动教室""送教下乡"的形式，"手把手"地培训"种养加"技能，培养"大国农匠"。与市农业农村委共建"新型职业农民示范基地"，让学校的农类"专业"精准对接乡村"产业"，助力乡村人才振兴。

2.校村共建"院坝课堂"

学校重点立足三峡库区发展特色农业、高效农业，在乡镇、村庄特别是贫困村创建"教育兵团"，利用"夏天中午茶""夜间闲聊时"，开创"院坝课堂"，开设"夜校课程"。采取"大学老师进农院""村民家中上大学"等办法，创建"村民+学院"培训模式。集"高校智汇"培育，施"产教兴村""生态振兴"之策，精准培养"有文化、懂技术、善经营"的高素质村民。

3.校企共造"孵化基地"

学校继续与合作紧密的企业，共破"产教融合"难点，共建"实训基地"，打造"校企共育"场所，开启"双元模式"，推进培训资源共建共享。送学员入基地"跟岗培训"，采取"学院授课+基地观摩实践"方式，实施"基地孵化"。

支持鼓励"学院+企业"深度融合、长期友好、互利互惠、相得益彰,让培训促成学校与企业真正意义的"校企通",让学校与企业跳好培训"双人舞"。

4.校校共演"抱团合唱"

利用学校成立的"重庆市现代农业职教集团",咬定"农训"不松口,做大合作"朋友圈",联合重庆市农广校、各区县农广校、渝东北中高职院校等,抱团承担市、区(县)的各类培训任务,打造资源共享、师资共派的"培训共同体"。面向各区县企业职工、农村转移就业劳动者特别是新生代农民工、城乡未继续升学初高中毕业生、下岗失业人员、退役军人、就业困难人员开展培训,提升培训学员的职业技能。

(四)智慧教学,质量至上,书写求变"新答卷"

1.创建教学模块,"菜单化"培训,实施质量"满意度"工程

各二级学院均可围绕技术技能篇章,开发"培训标准",建设"培训模块",形成菜单。瞄准学员"强筋壮骨"的需求,切实做到培训内容"有的放矢",培训学员可根据菜单按需自主选训。要强化菜单的"精准性",围绕市场急需紧缺的职业如电商、汽修、电工等建菜单开展就业技能培训,围绕现代服务业、循环农业、智慧农业、智慧城市建设等建菜单开展新产业培训,还要加大人工智能、云计算、大数据等新职业新技能培训力度。完善培训与晋职挂钩办法,选送教师多到企业实战锻炼,提升"双师"数量和能力,让教师在施培路上"练内功""著传奇""出精彩"。还要多吸取企业、行业、管理生产第一线的专业技术人员、业内人士、专家及教授组成一支高水平和高素质的培训专家队伍。同一内容的培训,二级学院可安排2~3名有实战经验的教师集体备课、集体答疑,切实解决学员带来的现实困难和问题,提高培训的实用性和满意度。

2.实施远程互动,"智能化"培训,建设农科"微平台"工程

利用"农学一体化""技能培训包""互联网+"等先进培训方式,利用人工智能、云计算、大数据、网络手段,创立互联网培训农科"微平台",建设远程互动培训系统,实施跨地区、跨学校同课程、同技能培训。围绕"新农科",策划能下乡的"培训大篷车",建设能移动的"智慧教室",将"翻转课堂"建在"希望的田野上",为农民插上科技的翅膀。以产教融合、校企合作的"共生共建"为主线,以"课证共生"为重点,探索建立职业教育与培训的个人学习账号,完善"电子档案",加快推进"校企间""校校间"的学历证书与"X证书"互通互认的"学分银行"建设。

3. 开启课程变革,"特色化"培训,打造教育"影响力"工程

瞄准"痛点"深化改革,下好培训工作全校统筹的"一盘棋",牵住培训项目责任落实的"牛鼻子",切实加强组织领导,落实具体措施,营造技能培训良好环境。组织编写通俗易懂,实际实用的培训"土教材"和新型职业农民精品教材。实施"春潮行动""求学圆梦行动"、新生代农民工职业技能提升计划和返乡创业培训计划,以及劳动预备培训、就业技能培训、职业技能提升培训等。课堂上"指导式""体验式""案例式""研讨式""参与式"交替进行。深化"1+X证书"教学改革,组建"培训效果"宣讲团队,健全"协同培育"管理体系,开辟"田间微课"远程送培,探索"人机共生"智能培训,完善"学员+"和"学校+"的配套鼓励政策,彰显"技能培训"的"卖点",创"全国乡村振兴人才培养示范校"等,以"特色撬动,共生育人"扩大学校培训的社会"影响力",着力打造学校职业技能培训的"实力派"和"金招牌"。

让贫困群众走上脱贫致富路
——重庆三峡职业学院精准扶贫纪实

黄礼岗

该文发表在专著《尽锐出战,精准发力——职业教育决战贫困县脱贫攻坚报告》(全国职业院校精准扶贫协作联盟组编)中,重庆三峡职业学院从2018年起结对帮扶巫溪县天元乡万春村,选派骨干力量组成驻村帮扶工作组,并挑选得力干部担任驻村第一书记,扎实推进了精准扶贫工作,取得了显著成效。

一、摸清情况,找准脱贫致富路

2020年前,巫溪县是重庆市十四个深度贫困县之一,天元乡万春村又是当地"贫中之贫"。该村面积21.36平方公里,3个村民小组307户1091人。其中低保户18户39人、五保老人14人、残疾人49户52人。村里有基本劳动力522人、山林28883亩、耕地3392亩,没有一块水田。主要农作物有玉米、红薯、土豆"三大坨"和中药材等。全村由于山高坡陡,不利耕种,农作物产量低,一直未能走出贫困。

如何改变万春村贫穷面貌?如何让村民增产增收?如何发展村集体经济?

这一连串问题，从时任第一书记谭鹏昊驻村的第一天开始，就在他的脑海里打转。带着这些难题，他和工作组成员走访调研一个多月，访遍全村307个农户，对每户情况做了详细记录，重点归纳了村里109个贫困户的致贫原因，在此基础上，工作组开始寻求万春村脱贫致富之路。

万春村地处偏远，山高坡陡，物资匮乏，常住人口少，交通不便，没有农贸市场，农产品交易几乎为零，村民过着自给自足的生活，种植的土豆、玉米、红薯、蔬菜等，除了满足生活需求外，剩下的全部喂养生猪。一般农户家中的猪养大后也不会卖，做成腊肉以满足家庭一年的食用，一年到头除过年杀猪时吃到一点新鲜猪肉外，平时只能吃腊肉。但万春村却有着十分优越的自然环境，为生态养殖提供了良好的基础，村民每家沿袭传统养猪方法，生猪吃天然饲料、喝山泉水，猪肉品质高，当地的气候又十分适合加工腊肉。谭鹏昊眼睛一亮，"开办腊肉加工厂，应该是这里脱贫致富的可行之路。"他将创办腊肉加工厂的想法向学校汇报，得到了学校领导的大力支持，学校立即组织相关专业教师和专家赶赴万春村指导建厂。

二、党建引领，开通脱贫致富路

万事开头难，在腊肉加工厂筹建初期，当地老百姓对办腊肉加工厂缺乏信心，村干部也担心事情办不成，热情不高。村民不愿入股办厂，干部没有积极性，怎么办？谭鹏昊决定从抓党建入手，提高村"两委"骨干及党员的认识和信心。通过召开村支委会、党员会充分讨论，明确办厂的意义和价值，激发党员的热情；健全制度，抓好"三会一课"，严肃党组织生活，建立健全村支部村委会议事、财务、村务、党务公开等制度，并监督落实；用好阵地，建设完善并用好村级组织活动场地，观看党建等视频，让活动室成为村里的议事中心、文化中心、教育中心；带好队伍，通过培养、帮带、引贤能回乡等措施，提升现任村干部能力。一系列工作的开展，让村里骨干们的精气神发生了很大变化，党员成了对口帮扶工作的宣传员和监督员。

通过教育引导，村民们对办腊肉加工厂的认识有了提高，在村民动员大会上，谭鹏昊掏出2万元现金，帮助20户贫困户（每户1000元）入了股，并做出郑重承诺：赚了钱是你们的，亏了算我的，盈利不分红，如果缺资金，大家可以用生猪入股。在这样的氛围下，村干部带头入股，贫困户积极参与，很快筹集了65万元启动资金。为减少固定投资，降低风险，帮扶工作组租用村民的闲置房，改建成生产车间，租用加工设备，满足生产需要。同时动员青年党员李俊、乡贤吴先斌回乡发展，参加腊肉加工厂的管理。在谭鹏昊和村干部的带领下，54 户村民入股的"万春腊肉加工厂"成立了。

三、志智双扶，拓宽脱贫致富路

要真正把腊肉加工厂办起来、办好、办成品牌，养好猪是关键。学校组织专家下到帮扶村，到农户家中指导养猪，还举办专门培训 10 多场，培训村民 300 多人次，大大提升了当地村民养殖技术。学校还组织禽畜肉制品加工专业教师，现场指导腊肉加工厂员工熏制腊肉。学校还支持该村建设了食品检测化验室，推行无害化烟熏技术以及低盐腌制，让腌制的腊肉更安全，成为健康食品。

2018 年，腊肉加工厂生产腊肉、腊肠 3 万余斤，产值 120 余万元。加工厂的创办，有效带动了村民增收：通过腊肉加工厂，以每公斤高出市场价 2 元的价格，收购本村农户养殖的肉猪 260 多头，支出 63 余万元，让 128 户（其中贫困户 57 户）增收 6.5 万余元；安排村民进厂务工 760 余人次（其中贫困户 360 余人次），按时发放工资约 8 万元；加工厂入股分红 34 余万元，带动农户 54 户（其中贫困户 29 户）享受分红福利，每户最多分红 21900 元，最少的也超过了 1000 元。在年底全村的腊肉加工分红大会上，谭鹏昊将他个人集资所得盈利的 10900 元，全部分给了村里 20 户深度贫困户，让他们感受到了集体经济带来的温暖，增进了他们对腊肉加工厂未来发展的信心。

"我家妻子病重，女儿还在上学，自己在村里做会计，没有多余的劳动力发展产业。我们相信谭书记，相信学校的技术，东拼西凑找了 4 万元入股，年底就分得了 21800 元。"贫困户李邦知高兴地说，"我们这里山高路远，腊肉也不好卖出去。现在好了，谭书记带领我们办腊肉加工厂，又有高校的技术加入，腊肉好吃了、好卖了，我们手里有钱了，可以经常买新鲜肉吃了。"

"教授讲的养猪六字诀厉害。养了几十年的猪今天才明白，猪生病不是我财运不好，是自己没掌握养猪诀窍。"贫困户戚发富说。去年他因缺乏养殖技术，饲养的 14 头肉猪全部病死，损失惨重。"现在懂养殖防瘟技术，又有腊肉加工厂，不愁卖猪卖肉，价格也好，还有学校专家的支持，今年养 20 头猪，把去年的损失捞回来。"戚发富信心满满地说。

"学校肯办实事，谭书记也帮扶有方，他跑这么远来帮助我们致富，我们从心底感激！"贫困户熊明芝激动地说，"今年我在腊肉加工厂打工收入 3600 元，入股分红 3270 元。明年我还要多养点猪，多入点股呢。"

百万扩招与乡村振兴

——新时期职业农民学历教育的理想愿景与实践路径

谢欣妍

一、引言

自 2012 年中央 1 号文件首次明确提出了大力培育新型职业农民,此后连续 7 年的中央 1 号文件都对此进行了安排部署。在 2014 年 3 月,教育部办公厅、农业部(现农业农村部)办公厅关于印发《中等职业学校新型职业农民培养方案试行》中首次将"一线务农"农民纳入正规学历教育,要求职业院校积极承担培养职业农民的重任,探索和实践有效的培养模式。而在 2019 年 3 月,《政府工作报告》中提出"高职扩招 100 万"的战略要求,并将农民工等列为招生对象,从而对农民实施学历教育。2020 年中共中央国务院发布的 1 号文件,依然把"三农"放在首位,针对如何调动农民积极性,帮助农民增产增收,保障农村经济高质量持续发展做出了重要决策。在这样的背景之下,我们不得不思考:为什么新时期国家高度重视职业农民的学历教育?其应然功能如何?如果要充分发挥职业农民学历教育的应然功能,则有哪些路径可以实施、实践以及需要哪些保障机制?基于以上问题,本文力图在厘清新时期职业农民学历教育理想愿景的基础之上,努力探寻职业农民学历教育的实践路径和保障机制,以求为新时期职业农民学历教育的落实落地提供参考意见。

二、新时期职业农民学历教育的理想愿景

国家乡村振兴战略的实施和"三农"发展工作中农民是主体地位,是最重要与最核心的要素。农业经济生产的可持续发展和农村精神文明的有效建设,要以广大农民群众为中心,最终实现农民增收致富。因此,各地方各高校均需要承担起新型职业农民的培训工作,大力促进传统农民向职业农民的新转变,解决青年劳动力不足问题,培育农村经济发展新动能。职业农民学历教育,就其本质而言是农民现代化的实现过程。只有激活农民的积极性,才能为乡村振

兴服务。而作为职业农民学历教育的承担者——高职院校，也将在实施过程中被驱动与重构。

（一）助推乡村振兴战略深度推进

2019年中央1号文件的发布对农村职业农民的文化、素质、技能等提出了更高的要求。当前就农村整体情况来看，现有的主要劳动力的教育程度普遍偏低，绝大多数还处于九年义务教育阶段，均未接受过高等教育，从长久看来这势必对农业经济发展、农业技术创新有着巨大的影响。与此同时，当前农村农业生产的主力军来自大量的老人和高龄妇女，这类劳动力人群文化程度很低，对新知识和新技术的接收能力很有限，很难跟上当前农业新技术更新的速度，自然成为乡村振兴传统农业向现代农业转型发展的重要阻碍。因此，要想更好地推进和实施乡村振兴的前提是必须对传统农民进行有效的培养，通过建立完善的教育体系，让他们能够进入高校接受高等教育，通过学校系统的教育培养可以提高他们的文化素养、知识水平和专业技能，从而使得传统农民具备职业农民需要的农业知识和技能，这样农村的大多数劳动力逐渐从传统农民转变成职业农民，农业生产力远超从前，生产种植能力大幅度提高，从而可以有效地激发农民积极投入农业生产。各高校将农民纳入学历教育的招生范围，可以培养出更多高素质、高能力的职业农民，同时也发挥了职业农民在农村的示范带头作用，让越来越多的传统农民向职业农民学习与看齐，农村传统农业逐渐向现代农业方向发展。

农村经济结构单一是制约农业现代化建设的一大因素，也是我国农业劳动力老龄化发展的重要原因。乡村振兴战略的实施是将农村传统农业向现代农业方向发展，同时也就需要一大批懂科技、会技术、擅经营的职业农民，因为只有拥有知识、技能的高素质农民才能推进农村新经济的可持续发展。而职业农民和普通农民的差距在于，前者是一种主动选择的"职业"，后者是被动印上的"身份"。职业农民是需要学习掌握科学的种植、养殖技术的，他们以农业为长期的稳定职业，这不仅是从身份到职业的巨大转变，更重要的是在农村人口持续萎缩的情况下保证了劳动力的长期稳定，因此职业农民学历教育的意义重大。

（二）撬动高职院校"办适合的教育"

农村劳动力不足是推进乡村振兴战略面临的一大难题。目前我国农村经济水平落后，农民年收入普遍较低，农民收入的主要来源是依靠种田，收入的来源单一。以至于农村越来越多的年轻人逐渐向城市转移，而继续留在农村的大部分剩余劳动力都是年龄较大、未受过高等教育的人群。大部分接受过高等教育的青年脱离农村，使农村农业在这一现实问题下后继无人，而高职百万扩招建立职业教育新体系让农民进行高等教育学习正好解决了农村劳动力不足的问题。

《高职扩招专项工作实施方案》指出，中央财政加大支持力度，引导地方落实生均拨款制度、奖助学金、学费减免等资助政策。农民工等考入高职院校，按照现行规定享受资助政策。"高职扩招100万"的优惠政策更大程度地吸引了更多农民主动参加学历教育，越来越多的农民学历得到提升的同时可以让高中教育普及水平得到大幅度提高，进一步解决了高职教育目前在高等教育中的薄弱地位，最终将高职教育发展为新型的普及化教育。这很好地体现了《国家职业教育改革实施方案》的"三个转变"，职业教育将不再参照普通教育办学模式，而是要有自己鲜明的专业特色。例如部分涉农高校应该更加清晰地找准自己的定位，明确学校培养职业农民的重要任务，根据农民的需求因地制宜地招收学生，将国家政策有效惠及更多应届高中毕业生和退役军人、下岗职工、农民工等，从根本上解决农民学历提升问题，让农民认识到学历教育对于再就业和增加收入的重要性。

三、新时期职业农民学历教育的实践路径

扩招100万对高职教育发展是重大机遇，也是重大挑战。由于下岗职工、农民工以及退伍士兵等群体从生活经验、实践经验、专业经验等方面均早于应届高中毕业生，学情的变化必然导致教学目标、教学内容、教学评价甚至教学模式的变化。因此各高校需要积极探索科学有效、灵活多样的职业农民学历教育实践路径，才能实现新时期职业农民学历教育的理想愿景，有效为乡村振兴服务。

（一）"学院+平台"：职业农民学历教育的主体联动

多数涉农高校在地方农业行业和相关职能部门的大力支持下，在开展全日制学历教育的同时充分发挥自身"农业职业教育"办学特色与优势，在农民培育过程中为了满足其学习与生产需求，根据本地主导产业、优势产业和特色农业发展实际，到产业基地以"产教融合"的方式或者将教学班办到有产业基础的乡村，以"校村合作"的方式进行农民学历教育的培育。

例如三峡库区以柑橘为代表的特色农业资源具有得天独厚的优势。重庆三峡职业学院属于三峡库区众多高职院校中的一所，本次扩招100万，学校录取人数为558人，录取专业35个。从生源上看，农民工405人，占73%；退役军人94人，占17%；下岗失业人员20人，占3%；新型职业农民39人，占

7%。扩招生源主要来源是农民工。针对农民学历教育,学校搭建了"农村+学院"平台,把培育高素质农民作为学校的一项重点工作。在校内成立乡村振兴"田间学院",校外增挂数个"乡村振兴分院""田间学院",按照统一管理办法,依托"互联网+"信息平台(智慧职教平台)和"移动教室"的形式积极开展高素质农民的培育。

(二)"线下+线上":职业农民学历教育的空间拓展

职业农民进入学院进行学习将掀起农民学历教育工作的热潮。各高校根据农忙季节和农闲季节创新适合农民的教学组织方式,采取"集中+分散""线上+线下"有效结合的方式让农民在农闲季节集中线下面授完成课程,农忙季节可以通过在线网络自主学习。

"线上"网络教学要求高职院校充分利用相关企业的资源,根据各高校特点构建职业农民学历教育网络教学平台。选用适合的网络教学平台进行授课,一方面要求授课教师充分做好课程设计,利用平台开发适合农民生产需要的网上教学资源库,使资源库中的教学内容和教学形式适合职业农民生产需求;另一方面平台可以提供在线资源学习、资源下载、在线师生互动、在线作业提交、在线模拟操作、在线考试等一系列服务,让学习更有选择性和自主性。

为了更好地实现"线上+线下"混合式教学方式,高职院校可根据农民特点,结合农民的实际需要和不同需求,一是可以在农村开通网络通过互联网实现授课老师和学生之间的学习互动。同时学生也可以通过网上介绍自己的企业或者农场,这样既可以实现学生之间的相互交流与相互学习,又可以在丰富教学内容的同时实现资源共享。二是学校组织教师开辟"田间微课"等网络精品课程,将其投放在网络教学平台上,村民们可扫"二维码"或者利用手机终端在田间、林园、院坝在线远程随时随地学习,将农民教育的课堂建在"希望的田野上"。三是线下课堂集中面授,利用学校寒暑假或者农民农闲季节由授课教师在指定的教学点采取"线下"授课,集中现场教授基本知识和学习专业理论课程。还可以组织学生在农业生产期到示范性的现代农业园区、农业企业、现代家庭农场等参观学习,现场指导学生进行实践操作,让学生将在线学习和线下操作有机结合,保证教学质量得到有效提升。

(三)"公共+个性":职业农民学历教育的课程开发

职业农民中绝大多数是文化程度较低、年龄偏大的农民,传统的教育模式并不适合这一学生群体。因此扩招100万后,高职院校在教学过程中应该有针对性地在课程体系、课程标准方面进行适当调整,量身设计出适合职业农民层次水平的教学模块。同时各高校可以根据农民需求与农民所从事的本职工作构建职业农民课程体系，结合农民所选择的专业，搭建专业群平台。将教学模式由普适性向个性化、专业化转变，针对特定行业设定不同的授课内容，对某一行业内的从业人员进行个性化的指导。将公共课程与个性课程有效结合，由此开发出更多能够满足农民个性化学习需求的课程以便高质量地提高农民教学的实效性。

以重庆三峡职业学院职业农民"现代农业"学历教育班为例，从课程体系的设计与构建、课程的设计与构建等方面开展个性化人才培养方案的制订。在课程时间上，学校充分考虑农民农业生产周期以及农民的实际情况，淡化传统的在校学习三年的学期概念；在课程内容的设置上，结合农民需求，按照"实际、实用、实效"原则，量身制订教学方案，系统培养职业农民。例如在"现代农业"专业群中设置了"思想道德修养与法律基础""毛泽东思想和中国特色社会主义理论体系概论""信息技术"等公共课程，同时在校内或实训基地进行蔬菜生产、果树生产技术、植物病虫害防控、休闲农业创意、花卉栽培技术、农作物生产技术等个性课程的学习与生产活动，充分地将思想道德、素质教育、职业能力提升贯穿于整个教学过程中。通过公共和个性课程教学的学习与生产过程的实践，积极引导学员主动参与到生产和教学活动中，掌握先进实用的生产技术，培养学员的职业能力和职业道德。

（四）"学习＋生产"：职业农民学历教育的教学创新

职业农民学历教育在教学组织形式上充分利用农闲季节的专业理论线上学习和农忙季节的生产实践循环组织，使教学环节与农业生产环节紧密结合，有效实现"学习＋生产"的教学创新。由校内外专家教授和企业技术人员等组成教学团队，采用"课堂教学＋基地教学＋现场教学"相结合的方式，将课堂教学点设在学校，基地教学结合乡村农业生产期，现场教学可以安排在长期合作的企业，充分实现校园基地、家园基地、田园基地三者的有效结合。例如现代农业专业群校园基地有土壤肥料实训室、植物生理实训室、农药实训室、园艺植物栽培实训室、花艺室、植物组织培养中心、植保无人机实训室、种子实训室、作物栽培实训室、植物标本室和病虫害标本室等实训室和现代化智能温室。校外有长期合作的企业，涵盖农资经营、现代农业生产管理、现代农业技术研究与推广、农产品营销、农产品储藏与应用等行业，乡村基地有数个"乡村振兴分院"均可以满足专业群扩招学生的各类教学需求。

在教学内容安排上，根据农业生产周期合理分段安排教学，一年集中培养时间原则上不少于20天（包括理论教学和实践教学）。形成职业农民培养的优质教学资源成果和品牌课程，其中包括技术技能理论知识、"三农"服务指

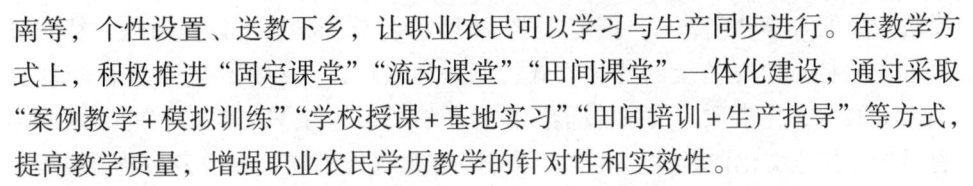

南等，个性设置、送教下乡，让职业农民可以学习与生产同步进行。在教学方式上，积极推进"固定课堂""流动课堂""田间课堂"一体化建设，通过采取"案例教学+模拟训练""学校授课+基地实习""田间培训+生产指导"等方式，提高教学质量，增强职业农民学历教学的针对性和实效性。

（五）"评价+追踪"：职业农民学历教育的评价导向

职业农民学历班学生大多数都有着一份固定的工作或者在从事农业生产，为了避免他们参加学习的时间与工作时间相冲突，教学上会采取农学交替、半农半读的学习方式。学校在对学生的管理方面存在着一定的难度，要想真正地调动学生学习的积极性和了解学生的学习成果，不能单单依靠传统的考试，应该针对这一部分学生建立相对完善的教学质量评价体系。

农民等学生群体以前有过学习培训经历和从业经历，因此教师不论是在进行理论集中授课还是线上授课时都应该多与其互动交流，多了解其本职工作的特点、多掌握其实践和创新能力的情况，才能对其学习过程做出正确的评价考核。学生的考试应综合运用笔试、线上考核、技能考核、任务考核、业绩考核、总结报告等多种方式对其学习成果进行考核。除了常规的学生评教，更需要创新多元教学评价，适当地引入社会评价机制，建立社会、企业、学校多方参与的人才培养质量评价体系，科学评价学生的学业成果。除此之外，学校应该为学生单独建立一套完整的学习档案，明确记录学生信息、专业信息、师资信息、考试考核信息、学习满意度测评、学习期间视频照片、学习成果等内容。在学习结束后对每一个学生进行跟踪服务，了解其学用结合和就业情况，帮助学生实现增收致富。

四、新时期职业农民学历教育的保障机制

新时期职业农民学历教育是一项系统工程，其有效开展是推动乡村振兴和解决"三农"问题的客观需要。而职业农民学历教育的保障机制则是开展和提升职业农民学历教育的根本保障。在高职"百万扩招"的背景下，要构建立体化多层次的职业农民学历教育保障机制，必须在录取机制、学分认证机制、教学管理、学制机制等方面有所作为。

（一）规范职业农民学历教育的招收录取机制

"高考"是目前考生进入高等院校学习的唯一通道，农民工群体纳入高职院校生源范畴后，"高考"这种方式显然无法满足农民工的实际需求。因此在扩招背景下，高职院校面对退役军人、下岗职工、农民工等非传统且多元化生源结构，必须转变传统的招生思路。为此，高职院校首先要深化改革招生考试

策略，降低入学"门槛"，拓宽入学"门道"。首先学校可以针对这一特殊群体考生的特点改变传统的考核方式，例如学校可以在知识性考核方面降低要求，采取"文化素质+职业技能"的评价方式，考生只需参加技能考试而不需要参加其他文化课考试。其次，学校应完善宣传机制。通过多元融合媒体平台、教育主管部门等积极进行招生宣传，以扩大高职院校招生的影响力，吸引社会考生的注意力，以实现高职院校招生宣传信息输出与非传统生源信息摄入的有效对接。最后，高职院校要保证招生过程的规范运行。一是要指导好社会考生网上报名，因为这一批扩招考生等于是放宽了高考门槛，学历水平比较低，因此一定要认真做好指导网上报名的工作，避免填错信息；二是要认真进行资格审查，严防考生身份弄虚作假；三是规范组织自主招生考试，严防违纪作弊现象，确保考试公平公正；四是根据高职扩招相关政策，对每位考生做好志愿填报的指导工作，确保志愿填报的正确性。

（二）搭建职业农民学历教育的学分认证机制

《教育部关于在职业学校逐步推行学分制的若干意见》中提到："高等职业院校应加快学分制改革，构建更加灵活的学籍管理制度，为个性化、多样化学习提供制度基础。可根据各校实际情况，适时打破学年制，试行半日制、完全学分制、弹性学制。有序推进证书学分互通互认，可免修部分课程，3~5年达到人才培养标准。"

由于非传统生源的背景、年龄、经历以及学习能力、学习偏好的差异，必然带来多种学习需求和多元学习过程。高职院校必须打破传统的人才培养模式，构建"柔性化"的教学模式。采用"集中+分散""线上+线下"相结合的方式进行学习，从而保证教学时间、教学空间、教学形式的多元化、个性化与灵活性。为实现这一全新的人才培养形态和模式，必须在制度上进行创新突破，而这必然依赖于学校学分制度的改革。非传统学生只需修完本专业群所有课程学分即可，针对一部分实践性很强的课程或者跟学生本人的工作密切相关的，可以采取学分互换。本人可以凭工作单位技术等级评定、企业行业技能大赛、企业行业认定的解决企业生产的技术科研成就等相应的证书，通过提交原件、电子版和复印件，由学校专业群人才培养领导小组根据资格证书及技能培训所涉及的专业知识，核定可转换的课程和认定学分，证书学分可以累计。例如现代农业专业群中"农产品及农资营销""果树生产技术""植物病虫害防控""植物化学保护"等课程采取的教学手段是短期集中在校教学和线上学习结合，学生可通过项目实施过程证明材料、职称、技能证书等进行课程的学分互换。

（三）建立健全职业农民学历教育的弹性学制

高职院校学制的建立要立足于学生的基础和特点，适应学生的个体差异。针对职业农民的特殊性，学校应该打破传统的3年制学习，实行弹性学制，允许学生采用半农半读、农学交替等方式，设置有效学习年限为2～6年，分阶段完成学业。例如现代农业专业群学历班在进行人才培养方案的制定时首先考虑的是如何淡化学期概念，针对3年学制不做硬性要求，只要求学生完成专业群所有课程即可正常毕业。一是根据学校优势对这类型的学生进行因地制宜的专业培养，根据专业群的不同特点开设多样专业个性课程。二是让职业农民可以自由选择学习与自己从事的行业、产业有关，并对自己的经济增收有帮助的知识、技能，如病虫害防治，种养殖技术等课程。三是合理安排上课时间，招收的学生大多数从事农业生产，因此学校应该充分考虑农忙农闲的季节性，合理安排农民学习时间，做到让这一群体的学生做农活的同时又能学习。四是合理采用弹性学时，从职业农民的实际需求出发，实现学分互认来调动学习的积极性。

（四）完善职业农民学历教育的教学管理机制

在推进职业农民学历教育教学模式改革的过程中，亟待更好地聚焦教学质量体系的建立以及教学管理运行机制的改革，以确保完成扩招类农民学历教育的人才培养。一方面，高职院校应坚持宽进严出，把好培养质量关。质量是高职教育的核心问题，确保质量不滑坡是高职扩招的基本导向。一是加强师资队伍建设。针对扩招人群的生源、招生及录取的特殊性，培养"双师型"队伍，整合教师资源，组建由校内授课教师、企业生产、管理一线的能工巧匠组成的专业教学师资库。同时有目的、有计划、有步骤地安排在职教师到校外进修学习，提高教学团队的教学创新能力。二是高职院校应搭建教学管理信息化平台，深化多元利益主体合作教育，构建"校企""校村"人才培养质量体系，整合社会办学资源，建立人才培养理论与实践基地，为培养高素质农民提供平台，真正与行业、企业、乡村结成发展共同体、利益共同体。另一方面，高职院校以本校学生的教学管理等制度和办法的实施为基准，优化和实施扩招人才培养方案。例如学院可以执行院、二级学院两级教学管理，建有校院（系）两级的教学管理机制。学院教务处负责全院的日常教学工作协调和公共教学资源调配，二级学院负责人和教学秘书负责日常教学管理和教学资源分配，各专业群教学活动由教研室具体负责开展，以保障和提高教学质量为目标，形成任务、职责、权限明确，相互协调、相互促进的教学质量管理的有机整体。

"四间"赋能"产教"攻坚——乡村振兴"田间学院"教学探索与实践

重庆市现代青年农场主"五维涵养"模式研究

赵福奎　黄礼岗　卢文风　张恩广

现代农业是重庆农业发展的重点,自 2015 年重庆市启动青年农场主培育工作以来,已经涌现出了一大批以农业龙头企业、农民专业合作社、家庭农场、种养大户等为代表的现代青年农场主,初步建立了"政府主导、多方参与、需求导向、模式创新"的工作格局。但同时也存在着学历结构普遍偏低、政策环境不完善、技术水平薄弱、管理和营销能力不适应市场、土地流转不畅、财政支持资金分散、使用效率低下、农产品市场运作较难、大市场与小农业的矛盾很难缓和等现象,现代青年农场主及现代农业的发展仍面临着严峻挑战。如何瞄准重庆现代农业发展瓶颈,探索现代农场"掌门人"的涵养新模式,引导鼓励青年人回农村、留农村、扎根农村"开花结果",让现代青年"农场主"示范引领的"星火"燎原重庆,是当前重庆农业发展亟待破解的难题。

一、一维：以人本管理为关键,强化顶层设计,构建配套政策体系

从政府的角度来讲,破解现代"三农"问题,解决现代农业发展瓶颈,解决人才问题是关键。现代青年农场主作为现代农业的领军人物、行业领袖,以培育现代青年农场主为抓手,将为全力推进农业供给侧改革、完善引领体系起到至关重要的作用。如何让现代有为青年投身于现代农业,让农场主安心、放心,解决其后顾之忧,是政府首先要解决的难题。这便需要政府树立"以人为本"的思想,努力建设各项长效政策机制,通过系统化、科学化的顶层设计来为农场主稳定军心,成就梦想。

第一,设立"农场主"发展资金。统筹整合当下各类强农、惠农资金,争取从中按照一定比例抽取部分资金,设立"农场主"发展资金,为确保资金有效、合理的使用,必须整理资金管理委员会,通过制定《重庆市现代青年农场主发展资金管理暂行办法》,进一步明确资金渠道来源,扶持对象,扶持原则,资金使用方法,资金申报、审批与分配,拨付与监督,管理绩效考评等。

第二,构建重庆市现代青年农场主资格认定激励措施。一方面各区县农

委以授信的方式,加大对现代青年农场主的信贷支持力度。根据认定的等级,分别对初级、中级、高级农场主,提供不超过20万元、30万元、50万元,为期2年的创业扶持全额贴息贷款,采用"先缴后补"方式。如农场主成功晋升等级,则可申请差额部分的贴息贷款。另一方面,摸索制定适合"农场主"的养老保险补助政策。政府应鼓励通过认定的"农场主"以个体身份购买城镇职工养老保险,解决其老无所养的后顾之忧。其具体的缴纳方式可参考全市在岗职工月平均工资的60%为缴费基数,缴费费率为20%,其中个人缴费8%,其余12%,从"农场主"发展资金中列出专项补贴,同样采取"先缴后补"方式。

二、二维:以标准化培育为前提,创建职业资格,构建考评晋级体系

为了进一步发挥重庆现代青年"农场主"的示范引领作用,明确"农场主"晋级评判标准、行业考核标准,为现代青年"农场主"树立一个"为人标准"便显得尤为重要。重庆市现代青年"农场主"职业资格标准分别从职业素养、专业技能、农场规模、管理效益、市场拓展、"云端"运用等方面入手,设计规划了"农场主"由初级到高级的成长路线,采取定性与定量相结合的方式,设置"初级、中级、高级"三个层次,实施精准指导、精准扶持、精准培育和精准考评的准则。依照《重庆市现代青年农场主职业资格标准》帮助"农场主"寻梦、筑梦、圆梦。

三、三维:以年轻化培育为重点,引领创业孵化,构建先进课程体系

"种地一年不如打工一月。"这是坊间流传的一句话。当前农村青年大多选择走出乡村、进城务工。"靠谁种地、谁来种地"成为摆在我们面前的一个重要问题,也成为制约现代农业发展的重要因素。在2013年底召开的中央农村工作会议上,习近平总书记也强调了要吸引年轻人务农,系统解决"谁来种地"的问题。鉴于此,培育现代青年"农场主"并借此带动广大农村青年返乡,培育现代新型职业农民便显得尤为重要。与此同时,解决了"谁来种地"的问题后,还需全面提升返乡青年种植、经营等技术,还需要践行"院校联动",构建先进的进修课程体系,引领"农场主"创业孵化,为返乡现代有知青年铺设一条通往现代青年"农场主"的"光明大道"。

第一,创建现代青年"农场主"创业孵化园。借力重庆市农业类高校、中等职业院校,打造现代青年"农场主"创业孵化园。以公益性、开放式、低成本、便利化的创业孵化园为载体,结合现代青年"农场主"职业素质要求,构

建适用、先进的课程体系，完善经常性培育制度，对"农场主"家庭成员采取轮训制度，使"农场主"社会涵养工作向更深层次发展。

第二，鼓励院校联动选培"准农场主"。充分利用全市范围内涉农高等及中等院校志愿，为现代青年"农场主"开展学历教育及短期培训。首先，对于培训，在选配对象的选择上可以向新型农业经营主体倾斜；在培育的形式上，可以创新性利用"中、高职衔接""半工半读""学分银行"等形式，为现代青年"农场主"学历、学识提升搭建"直通车"。其次，对于学历教育，如针对"水产养殖技术""农场管理""作物生产技术""畜牧兽医"等纯农专业的中职、专科、本科学生，农委部门可以在"农场主"发展资金中通过设立专项的方式对该类学生发放生活补助，学生毕业5年内从事农业相关工作者，并经认定成为现代青年"农场主"的，还可享受"农场主"发展资金中的本、专科阶段学费全额返还的专项补贴政策。

四、四维：以专业化培育为核心，杜绝本领恐慌，构建专家服务体系

构建现代青年"农场主"培育的专业化服务体系，不仅需要政府引导、院校的参与，还需要充分调动社会的力量，践行"社会育人"策略，强化社会在现代青年"农场主"涵养责任中的社会担当职责。

第一，推行导师捆绑合作服务模式。由政府牵头，各区县农委具体负责，一是大力宣传并鼓励有意向的农业类、管理类等专家采用资源、信息、技术、资金入股合作等方式（股额不超过49%）融入农场，鼓励各类专家利用各自所擅长的领域为农场服务，帮助"农场主"做活、做强、做精。二是开展"送名师进农场"项目，各区县根据本区县现代农业发展情况，组建专家资源库，将专家资源库中的专家与农场采用定点、精准的方式进行"多对一"的帮扶。确保"稳固扶助"和"技术灌溉"的顺利推进。

第二，创建"社会涵养专家库"，打造专家咨询服务平台。在重庆市范围内的高等院校、科研院所中采用部门推荐，农委审批选聘的形式选拔教学、科研名师，技术能手等优秀人才组建"社会涵养专家库"，依托现代农业青年农场主"创业孵化园"，搭建专家"坐诊型"的"农场主"公共服务咨询平台。

五、五维：以信息化培育为手段，填平数字鸿沟，构建新型智慧平台系统

伴随着现代信息技术的发展，物联网时代已然来临，现代农业的发展也必

将借力"信息化"东风,通过搭建"智慧平台体系",使现代青年"农场主"与"物联网"相结合,碰撞出"大数据"时代下的新型"农业4.0"升级版,才是现代青年"农场主"与时俱进,不断发展之根本。

第一,创新"农场主+"的农产品销售联盟。借力电商发展东风,改进传统农产品销售模式,以"公司+农场主+网店"模式,搭建新型农产品销售联盟,共建农产品营销公共服务与展示平台。同时通过引入淘宝大学、京东大学等培训机构,结合本地化服务,进行"精准化"农村电商扶持。

第二,创新"农场主+"的"云课堂"涵养模式。探索"农场主+互联网"的拓展教育方法和培养方式。探索"农场主"大规模在线"慕课"教学与翻转课堂教学相结合的方式,创建"慕课农场""智慧农场",努力实现"资讯数据化""生产数据化";结合农业技术传播特点,创新"园校、场校、企校"合作涵养模式,共建智慧云课堂,鼓励让农业课堂进田间、进大棚、进果园、进畜禽圈舍,全力办好"田间课堂""流动课堂"。

第三,加强现代信息技术运用,开辟现代农业"三微一端"。"三微一端"即微视、微信、微博、客户端,通过"三微一端"的运用,做大"农场主"的"朋友圈",并委托第三方机构进行信息化管理和维护。

重庆市现代青年农场主社会涵养行动研究

赵福奎　黄礼岗　张恩广

2015年,重庆市自启动青年农场主培育工作以来,已初步建立了"政府主导、多方参与、需求导向、模式创新"的工作格局;近500名青年农场主在职业素养、专业技能、经营水平、管理能力等方面得到了显著提升,为重庆现代农业发展注入了新鲜血液,起到了较强的示范带头作用。但重庆市现代青年农场主(后简称"农场主")培育工作还处于起步阶段,存在"农场主"数量严重不足、技术水平薄弱、管理和营销能力不适应市场等现象,其发展仍面临着严峻挑战。如何瞄准重庆现代农业发展需求,探索现代农场"掌门人"的涵养模式,引导鼓励青年人回农村、留农村、扎根农村"开花结果",让"农场主"示范引领的"星火"燎原重庆,是当前重庆农业发展亟待破解的难题。

为突破重庆现代农业发展瓶颈、补齐短板,激活现代青年创业"基因",

培育农业经济发展新动力,根据重庆市农委的委托,结合相关文件的贯彻落实,在组织调研和瞄准重庆现代农业发展"新常态"的基础上,我们开展了重庆市现代青年农场主社会涵养行动研究。

一、国外农场主职业发展现状

目前,全世界的农业经营方式仍然以家庭经营为主。美国主要以大中型家庭农场主为主。经营规模比较大,形式多样。美国联邦政府农业部门设置农业推广局,各州推广站,同时与各州的农业院校深度合作,以课题研究为中心,建立农业部与农业院校为中心的农业教育、研究与推广"三位一体"的管理局面。鼓励创建各种农业合作组织,市场化程度高,为家庭农场主提供了较好的后续发展。

法国以中小型家庭农场主为主,建立农民创业培训资金。规定农民必须接受职业教育,取得合格证书后才能获得国家资助,补贴和优惠贷款。面向中小型家庭农场主的培育,讲实效,重视短期和长期培训的有机结合,从而获得一定的等级或晋级,培养专业人才。

日本以小规模家庭农场主为主。日本采用以农协为中介扶持农业创业的模式。农协提供各项服务,从产前、产中、产后提供专业技术指导和销售指导,并提供一条龙服务。

二、重庆市现代青年农场主发展现状

现代农业是重庆农业发展的重点,涌现出一大批以农业龙头企业、农民专业合作社、家庭农场、种养大户等为代表的现代青年农场主。现代农业的快速发展对专业人才的需求与日俱增。农业组织管理人才匮乏成为当前阻碍现代农业发展的瓶颈。家庭农场总体规模偏小。根据调研显示,重庆市家庭农场平均经营土地面积67.7亩,平均有劳动力4.67人,其中家庭成员3.18人,长期雇工1.49人。现代青年农场主学历结构普遍偏低,其中初中毕业占15%～30%,高中及中职毕业占50%～60%,大专或高职毕业占10%～20%,本科以上毕业占的比例较少。年龄结构主要分布在20～60岁,20～35岁占有的比例为15%。初中毕业的人员一般只能从事体力劳动,高中或中职以上毕业的一般主要从事企业简单的专业技术劳动,大专或高职毕业的人员从事销售业务、生产管理业务等。从经营性家庭农场的人才结构分析,从业人员大部分是初中以下人员,高中及以上人员比例较小。

三、重庆现代家庭农场主发展中存在的问题

（一）政策环境不完善是现代农场主产业发展瓶颈

首先，农场的市场主体依附于其他组织，相关政策扶持不到位，项目扶持缺乏持续性，导致经营者的利益很难充分保护。其次是新型职业农民培育具有普惠性，培训人员、培训内容针对性不强；现代青年农场主的综合能力较弱，农业从业人员的素质较低，对农场的政策经营影响很大。再次，融资比较难。家庭农场初期一次性投入成本过高，农业资产变现能力差，资产评估较难，与银行贷款政策脱节，融资能力较差。银行业务办理程序较烦琐、周期长，与现代农业生产发展短期性存在较大差异，无法适应现代农业的生产需要。最后，农业保险品种项目过少，扩大规模，生产风险较高，不利于现代化农业风险投入。

（二）经营管理不善是家庭农场发展隐患

一是盲目性强，缺乏长远规划，后劲不足。赶时髦、争项目、逐利益，缺乏科学论证，无法形成产业支柱，造成社会资源浪费。二是经营管理、成本核算、成本控制比较薄弱。三是农业经营管理人才稀缺，特别是既懂科技又懂管理的复合型人才更为缺乏。

（三）土地流转不畅是家庭农场发展滞后的原因

由于市场化快速发展，土地流转成为制约家庭农场现代化发展的重要影响因素。主要表现在审批难、流转费用高、建管理用房难、复垦费高等。

（四）财政支持资金分散，使用效率低下

由于支农扶农重点不突出，资金归口较多，资金在使用上存在平均分配、高度分散情况，造成财政支持资金使用效率低下。

（五）农产品市场运作较难，大市场与小农业的矛盾很难缓和

主要表现在农产品销售平台欠缺、信息匮乏；品牌打造困难；互联网营销搞不懂；相互杀价严重；农产品销售时节规模集中，没有销路。

（六）现代青年农场主的培训缺乏系统性

对新型职业农民进行社会普适性培训，提高其职业素养是必要的。但，青年农场主培训应与新型职业农民培训有所区分，青年农场主培训应该从农业职业经理人角度出发，从技术、生产、成本、营销等多方面开展。目前，新型职业农民培训缺乏系统性、针对性。应对青年农场主培训进行细分，而非大而全地培训，否则会造成一定的财政压力。

四、行动建议

"重农固本"是安民之基,"深化改革"是兴农之要。践行"农场主"的社会涵养,"牛鼻子"就是坚持不懈地推进体制机制创新,实现多要素联动,向改革要动力,以创新增活力,让"农场"成为现代青年大有作为的广阔天地。

（一）以"农场主"标准化培育为前提,践行"行业带动",构建完善的考评晋级体系,创建"农场主"职业资格

"农场主"是一类新型职业农民。建立健全"农场主"的职业资格标准,探索"涵养"量化考评指标,是行业考核、晋级评判和示范引领的需要,是创建"农场主"的"为人准则",彰显重庆特色的需要。

1. 设置三级职业资格标准

建立"农场主"三级职业资格标准。从职业素养、专业技能、农场规模、管理效益、市场拓展、"云端"运用等方面入手,规划"农场主"成长的"线路图",以定性、定量结合方式,构建"初、中、高"三个职业资格等级标准,帮助"农场主"寻梦、筑梦、圆梦。

2. 推行资格准入申报制度

"资格"是"农场主"从业条件,是实施精准指导、精准扶持、精准培育和精准考评的准则。依照《重庆市现代青年农场主职业资格标准》,申请人在自评的基础上提交申请,区县农委资格初审后报重庆市农委和市人社局进行复核,审定后颁发《重庆市现代青年农场主职业资格证书》。

3. 建立健全考核评价机制

市农委、市人社局委托第三方（中介机构）,于每年9—11月份对"农场主"资格申请人的职业素养、规模、业绩、效益等进行综合考评。对考评合格者,纳入"农场主"人才库进行分类管理,并建立诚信档案和继续教育"学分银行";符合晋级条件的及时升级。同时对上年晋级的"农场主"进行抽查复评,对复评不合格者降级对待,直至纳入"农场主"备选库,成为"准农场主"（即"农场主"的备选人）。

（二）以"农场主"人本化管理为关键,践行"改革驱动",构建配套的政策引领体系,创新"农场主"顶层设计

破解当前的农业瓶颈难题,治本在得人,源头在政府。"农场主"是现代农业的"领军人"、农村的"新舵手",全社会要以"农场主"的涵养为关注焦点,强力推进农业供给侧结构改革,完善引领体系,政策不断开闸,构建长效政策机制,让"农场主"吃上"定心丸"、成就"农业梦"。

1. 设立"农场主"发展资金

统筹整合各类专项资金,从扶持现代农业发展的强农惠农资金和其他资金中,提取一定比例资金,创设"农场主"发展资金。重点围绕"农场主"的教育培训、课程及教材开发、师资队伍建设、土地流转、信贷、基础设施建设、农业新技术应用与推广、生态循环农业、智慧农业、专家帮扶等方面支持"农场主"的创业发展。

成立"农场主"发展资金管理委员会。由市农委、市财政局、人社局、国土资源管理与房管局等部门人员组成。其办公室设在市农委,负责发展资金的计划、使用、监管等日常工作。

制定《重庆市现代青年农场主发展资金管理暂行办法》,明确发展资金的资金来源,扶持原则与对象,使用方法,资金申报、审批与分配,拨付监督、管理绩效考评等措施。

2. 配套资格认定激励措施

(1) 加大对"农场主"的信贷支持。以各区县农委授信方式,凡经认定的"初、中、高"级"农场主",可分别申请总额不超过20万元、30万元、50万元的2年期的用于创业扶持的全额贴息贷款;晋级后,可申请差额部分的贴息贷款。贴息资金在发展资金中列支,实行"先缴后补"方式。

(2) 探索"农场主"养老保险补助政策。鼓励经认定的"农场主"以个体身份购买城镇职工养老保险,解决后顾之忧。以上年度全市在岗职工月平均工资的60%为缴费基数,缴费费率为20%,其中个人缴费8%,发展资金中专项补助12%。实行"先缴后补"方式。

(三) 以"农场主"年轻化培育为重点,践行"院校联动",构建先进的进修课程体系,引领"农场主"创业孵化

当前农村青年大量涌入城市,"靠谁种地、谁来种地"将成为现代农业发展的瓶颈。引导和鼓励现代青年回到农村、留在农村、建设"美丽乡村",践行"院校联动",构建先进的进修课程体系,引领"农场主"创业孵化,为农场"CEO"铺设一条成长的"阳光道"是当务之急。

1. 创建"农场主"创业孵化园

依托重庆市涉农高校、中职学校,打造"农场主"创业孵化园。建立健全进修课程体系,完善经常性培育制度、"农场主"家庭成员轮训制度,使"农场主"社会涵养工作向更深层次发展。

2. 鼓励院校联动选培"准农场主"

全市涉农本、专科院校和中职学校,开展"农场主"学历教育和短期培

训,选培对象重点向新型农业经营主体倾斜。创新"中、高职衔接""学分银行""半工半读"等形式,架设"农场主"学历提升"立交桥"。"农场管理"专业的中职、专科、本科学生,每生每年可分别享受发展资金中的等级专项生活补助。"农场管理""畜牧兽医""作物生产技术""植物保护"等纯农专业的大中专毕业生,毕业5年内从事农场管理工作,并经认定成为"农场主"的,还可享受发展资金中的本、专科阶段学费全额返还的专项补贴政策。

(四)以"农场主"专业化培育为核心,践行"社会推动",构建有效的专家服务体系,杜绝"农场主"本领恐慌

众人划桨开大船。构建"农场主"培育的专业化服务体系,杜绝"农场主"本领恐慌,一定要践行"社会育人"举措,强化"农场主"涵养责任的社会担当,彰显涵养发展"新举措"。

1. 创建"社会涵养专家库"

部门推荐,农委选聘,由重庆市高校、科研院所的教学科研名师、岗位专家、行业专家、乡土优秀人才组成社会涵养专家库,负责"农场主"的教育培训、技术帮扶、创业指导等。注重专家资源的专业跨度、年龄梯度建设,建立健全专家申报、考评、激励和退出机制。

2. 推行导师捆绑合作服务模式

探索现代农场的"股份合作制改革",采取"保底收益+按股分红"等方式,鼓励专家以技术、资金、信息、资源入股合作的方式融入农场(股额不超过49%),鼓励专家争当"田保姆""禽保姆""果保姆",帮助"农场主"盘大、盘活、盘强。

由各区县农委牵头,落实对"准农场主""扶上马",对"新农场主""送一程"的"名师引领"制度。各区县可申请由四名专家(1名科技特派员,3名导师)组成的帮扶团,对"准农场主"进行"精准辅导""定向帮扶",对初级"农场主"认证后的第一年进行"稳固扶助"和"技术灌溉"。每个团队帮扶的"农场主"不得低于10人,每团每年可享受发展资金中的5万元专项经费补助。

3. 创建专家咨询服务平台

实施"社会涵养"专家咨询服务工程。依托"创业孵化园"或"培训基地",在专家参与的基础上,创建"农场主"的公共咨询服务平台。主要服务内容:项目咨询、农业政策、金融保险、科普宣传、技术推广、动植物疫病防控、产业扶持、农产品品牌推广等。综合应用"三微一端"(微博、微信、微

视、客户端），做大"农场主"的"朋友圈"，并委托第三方机构进行信息化管理和维护。

（五）以"农场主"信息化培育为手段，践行"电商促动"，构建新型的智慧平台体系，填平"农场主"数字鸿沟

"农业"是产业互联网的又一个"风口"。加快推进农业现代化，必须加快"生物农业""智慧农业"建设，为农业现代化按下"快进键"。以"信息化"培育为手段，构建智慧平台体系，使"农场主"与"物联网"缔结良缘，借"大数据"出海取经，跨越"农场主"数字鸿沟，打造"农业4.0"升级版，才是与时俱进之壮举。

1. 创新"农场主+"的农产品销售联盟

以"农场主+网店+公司"模式，搭建农产品销售联盟，共建农产品营销公共服务平台和展示平台。引入淘宝大学、京东大学等培训机构，结合本地化服务，进行"精准化"农村电商扶持。"十三五"期间，共建立多家"农场主"电商示范中心。

2. 创新"农场主+"的"云课堂"涵养模式

为适应"山地农业"发展，采用适宜成人学习和农业生产规律的"分段式""参与式""菜单式"培训模式，按"农场主"需求，因地制宜、因势利导开展特色培训。教学课堂泛式化、田间化、流动化，全力办好"田间课堂""翻转课堂""流动课堂""泛式课堂"，将课堂搬进田间大棚、畜禽圈舍、农场果园，共建智慧云课堂，创新"园校、场校、企校"合作涵养模式。

实现教学内容视频化，教学方式网络化，学习过程碎片化，服务方式终端化。探索"农场主+互联网"，拓展教育方法和培养方式。强化"云端"自学，远程互动，精准答疑。探索"农场主"大规模在线的"慕课"教学与翻转课堂教学相结合的方式，创建"慕课农场""智慧农场"，努力实现"资讯数据化""生产数据化"。

五、保障措施

（一）提高认识，抢抓机遇，为"农场主"社会涵养行动提供思想保障

农业是安天下、稳民心的战略产业。加快培育新型职业农民是《中共中央关于制定国民经济和社会发展第十三个五年规划的建议》和中共中央国务院"中发〔2016〕1号"文件的最大亮点之一。大力涵养发展"农场主"，是着力解决"谁来种地""如何种好地"问题，破解当前的农业瓶颈难题，最终

实现城乡一体化统筹协调发展的又一明智之举。各区县、各部门要认清形势，深化认识，牢固树立"农场主"是农业第一资源和核心竞争力的理念，把"农场主"社会涵养行动作为一项长期又紧迫的任务来抓，不断增强责任感、使命感、紧迫感。进一步解放思想，抢抓机遇，优化环境，全面提升"农场主"人才队伍的思想水平和能力水平。培育"我是'农场主'，我骄傲"的意识，强化"农场主"的创新创业教育，践行生态文明战略、食品安全战略，彰扬"农场主"憨厚、诚实品质，着力解决社会担心的绿色食品不"绿"的问题，确保农业产业的健康发展、绿色发展。各类媒体要抓好典型示范，广泛宣传"农场主"，不断扩大"农场主"的影响力，营造良好的发展氛围；积极弘扬热爱农业、服务农业、献身农业的精神，激励青年回农村、留农村、建设"美丽乡村"，激励"农场主"大胆创新、勇攀高峰。

（二）强化领导，优化机制，为"农场主"社会涵养行动提供组织保障

"小康不小康，关键看老乡""老乡富得快，全靠示范带"。涵养发展农业"领军人"，促进"农场主"示范引领，带领老乡奔小康，是我们的头等大事。各区县、各部门必须切实加强领导，成立"农场主"社会涵养领导小组，优化工作机制，精心谋划，细化管理措施，注重沟通协调。各区县、各部门党政主要领导为"农场主"社会涵养的第一责任人，分管领导为主要责任人。强化责任担当，明确层级责任，传递压力。着力牵头解决"农场主"遇到的"土地荒芜与流转难问题，信息来源不对称问题，电网、数据网到位难问题，信贷担保难问题，农畜保险难问题，丰产不丰收问题，农场周边环境整治问题"等。各级领导干部要做到心中有责、心中有民，要多到农场走一走，了解"农场主"的诉求和期盼，争当"农场主"的"解难人""贴心人"。

（三）建章立制，依法管理，为"农场主"社会涵养行动提供制度保障

实施社会涵养行动，必须推进体制机制创新，激发"农场主"的创新创业活力，释放"农场主"新动能。各区县、各部门要建立健全社会涵养行动的责任制和责任追究制，建立健全相应的管理体制和推动涵养行动的运行机制，强化协调配合、依法治农，为"农场主"的健康发展提供坚实保障；将"农场主"纳入现有强农惠农政策的重点扶持范围；定期召开联席会议，研究、探讨、解决"农场主"社会涵养过程中遇到的困难和问题。各区县农业部门要加强对"农场主"的指导服务和组织协调，制定地方发展规划；教育部门要创新涵养模式，优化课程体系，实施"定向"涵养；财政部门要落实对"农场主"的财政支持政策；工商税务部门要支持"农场主"办理相应资质材料和税务登记等；人社局要做"农场主"的证书认定工作；国土资源部门要做好"农场主"用地审批服务工作等。通过建章立制，引导有志投身于现代农业建设的农村青年、返乡农民工、农技推广人员、农村大中专毕业生和退役军人等加入"农场主"队伍。

（四）上下联动，多元筹资，为"农场主"社会涵养行动提供经费保障

"不让种粮农民在经济上吃亏"是党的一贯宗旨。然而，现实中"亏"和"栽"似乎成为"农场主"的"代名词"。各区县政府一定要上下联动、多渠道筹措资金，将党的强农、惠农政策落地到位。按照分级负责原则，加大扶持力度，在基础设施建设、农田水利基本建设、农业机械装备配套建设、市场营销体系建设、农产品初加工能力建设、自身能力建设等方面，对"农场主"予以重点倾斜。加强与有关部门的沟通协调，推动落实涉农财政补贴、税收优惠、信贷支持、抵押担保、农业保险、设施用地等相关强农惠农政策。

（五）真抓实干，细化考评，为"农场主"社会涵养行动提供督导保障

农村土地集约化经营是大势所趋；"农场主"的龙头带动和考评促动，势在必行。市政府将配套完善考核评价细则，将"农场主"社会涵养行动成效纳入对区县政府、农委的年度考核内容。对考核不合格或成效不明显的区县、部门，严格追究责任；对弄虚作假、欺上瞒下、骗套项目资金的区县、部门或"农场主"，予以党纪、政纪处罚，甚至追究法律责任；对考核优秀的区县、部门予以表彰。市政府将建立督导组，对区县或部门进行督促指导。贵在坚持，贵在促改。以突击检查、随机抽查、年终考评等方式，核查"问题清单""任务清单""责任清单""定向培育指标"完成情况。对"农场主"社会涵养行动实行监控"全覆盖"；对失职、渎职、履职不到位或当"甩手掌柜"的实行"零容忍"。不断完善"农场主"社会涵养的持续改进体系，为"农场主"的涵养发展装上"新引擎"，促进涵养行动取得实效，让"农场主"真正成为受尊重、得实惠、被向往的好职业，让重庆农业真正成为充满希望的"朝阳产业"，开创重庆农业现代化的新局面。

精准扶贫　强农兴农　造福于民
——重庆三峡职业学院扶贫工作纪实

"以立德树人为根本,以强农兴农为己任",这是党和国家对全国涉农高校发出的动员令。近年来,重庆三峡职业学院积极响应党和国家的号召,以立德树人为使命,以强农兴农为己任,依托自身优势,牢固确立精准扶贫、造福于民的科学发展观,引导扶持帮助库区农民和农户走上了小康之路,将职业教育智力扶贫的种子播撒在库区人民群众的心坎里,为当地百姓送去了福祉。

重庆三峡职业学院是重庆市政府部门创办的一所全日制普通公办高等学校,位于重庆市万州区。经过85年的创新发展,重庆三峡职业学院成为一所历史悠久、文化厚重、设施现代、环境优美的高等学府。学校先后荣膺全国毕业生就业典型经验50强高校、全国第三批现代学徒制试点院校、重庆市首批优质高职立项建设单位、市示范性高等职业院校等多项荣誉称号,成为一颗立足库区、饮誉西南、面向全国、造福于民的高等职业教育明珠。

1. 甘当三峡库区人民群众实现小康的"孵化器"

什么是职业教育?什么又是精准扶贫?重庆三峡职业学院党政一班人给出的答案是:充分发挥"六大基地"作用,全面贯彻落实国家精准扶贫战略,想库区人民群众之所想,帮库区人民群众之所需,甘当库区人民群众脱贫致富奔小康的"孵化器"。

近年来,学院紧紧依托全国特有工种职业技能鉴定站、计算机信息高新技术培训考试站、重庆市农机高端应用人才星火计划培养基地、市三峡库区移民劳动技能培训基地、万州区农村劳动力转移培训基地、区农业职业经理人培训基地等六大基地的优势,持续向贫困发力,问鼎脱贫致富之道。

以科技攻坚为例,这所学院变"输血"为"造血",充分发挥人才、科技、学科优势,与所承担的帮扶村缜密配合形成发展共同体,送科技下乡、送致富秘籍入户,探索出了高等院校精准扶贫新模式。

据学院领导介绍,6年前,白土镇大林村的村民还是一个守着很少的土地靠天吃饭的贫困村。2015年7月学院对口帮扶这个村,从此,这里村民的生活发生了根本的改变,昔日的贫困村一跃成了幸福村。当年,进驻这个村时,学院党委书记陈章任组长，副校长赵福奎任副组长，带领11名帮扶责任人组成工作领导小组，经过调研、走访、论证、研讨，选派了"驻村第一书记"和两名驻村帮扶工作队员，制定出了《2015年精准扶贫帮扶实施方案》，确立了发展"生态农业"脱贫攻坚新思路，创造性地开发出了"稻渔综合种养"新模式。

这一模式，就是由学院技术专家对稻田进行科学的改造，将稻田10%的区域开挖鱼沟和鱼溜放养鱼类，建立稻渔共生生态循环系统，提高地力的附加值和经济价值。鱼在田里啄食杂草和害虫，产出的粪便成了水稻的天然肥料，水稻的茁壮生长又引来了昆虫为鱼提供充足食物，以此循环往复，经济效益成倍增长。2017年大林村200亩稻田全部实现了规模发展，村民们尝到了甜头，个个喜笑颜开。2018年这个村成立合作社，向立体化、规模化、集约化的方向发展，并成功申报"三峡职院稻田鱼""三峡稻鱼米"两大商标。2019年重庆三峡职业学院创新了"稻渔生态种养"模式又在全白土镇推广，已经发展到500亩的养殖规模。大林村已顺利通过了国家脱贫的验收。

截至2018年，重庆三峡职业学院帮扶发展了"生态青脆李产业"300亩，"生态黄花产业"100亩，"优质车厘子产业"150亩，创新出了"资源变资产、资金变股金、村民变股民"的"三变"模式。

2.甘当三峡库区人民群众奔向富裕的"播种机"

高铁跑得快，全凭车头带。对于一个贫困村来说，一名党员就是一面旗帜。2018年，重庆三峡职业学院选派农林科技学院党员教师谭鹏昊到巫溪县天元乡万春村担任"驻村第一书记"，他的到来让陈年腊肉异常火爆。

原来，当地家家户户都有腌制腊肉的习俗，于是，谭鹏昊决心带领村民创建腊肉加工厂，他自己拿出两万元给20户农民当本金，并承诺赢利了就分红，亏了自己承担。几个月之后，加工厂生产出腊肉、香肠制品约1.5万公斤，产值120万元。年底腊肉加工厂举行了分红大会，贫困户最多分到了两万多元。而谭鹏昊将个人所得盈利1万多元，分给了村里20户深度贫困家庭。

如何带动村民顺利奔向小康？重庆三峡职业学院扶贫工作组深刻地认识到"扶贫先扶智"，科学技术才是第一生产力。于是，一所真正的"田间学院"——重庆三峡职业学院乡村振兴"田间学院"白土分院和天元乡分院，正式在万州区白土镇大林村和巫溪县天元乡挂牌成立，它开创了重庆市职业教育办到田间地头的先河，打造出了"政校行企"的合作平台，全面实施"产教融合、校企合作"运行机制，全面助力乡村振兴和脱贫攻坚。

乡村振兴"田间学院"的建立，将进一步促进当地农民运用科学技术改变家乡面貌，也将培养出更多的三农创新人才。仅2018年，重庆三峡职业学院组建的"三农"专家服务团和培训讲师团，就完成田间微课21次，培育现代青年农场主两人、职业经理人两人，完善现代青年农场主孵化基地1个。先后15次邀请种养专家到现场结合稻渔、青脆李、畜禽养殖等帮扶项目，进行技术指导和种养实用技术培训1000余人次，极大地提升了村民们运用实用技能转化经济效益的创新力和发展力。

近年来，重庆三峡职业学院积极响应国家号召，通过精细制定帮扶方案、精心选派扶贫人选、划拨专项资金扶持、精准实施科技帮扶等举措，让帮扶村甩掉了贫困帽，在乡村振兴和实现小康的道路上迈出了坚实的步伐。以万春村为例，"驻村第一书记"谭鹏昊带领村民入股创办"万春腊肉加工厂"，让128户农户和57户贫困户增收6.5万元，安排当地村民760余人次就业，发放工资约8万元，54户入股村民分红达34万元，最多的拿到两万多元。

学院还为帮扶的多个贫困村建立了"互联网+"的营销联盟，综合应用"三微一端"帮助贫困户销售农村特色产品。可以说，重庆三峡职业学院的精准扶贫犹如一粒粒充满幸福的种子，在古老的巴渝大地上生根、开花、结果，绽放出了耀眼夺目的光彩……

3. 甘当三峡库区人民群众走向幸福的"铺路石"

2018年春节刚过，重庆三峡职业学院的养殖专家向邦全教授来到了巫溪县天元乡，课堂就设在贫困户戚发富的家中，为农户开展生猪饲养实用技术培训。

培训中，向教授通过经验交流、答疑解惑等通俗易懂的方式向农户传授生猪养殖技术知识，分享生猪养殖经验。为方便农户记忆，他还将养猪技术总结成了"六字诀""三做好""四个要"，让村民们赞不绝口。

同样得益于专家指导的万州区大林村村民黄青平深有感触地说："多亏学院吴琼老师等果树栽培专家给我们的指导，现在，我家果园种出的青脆李口感好、个头大，特别受消费者的欢迎。"

据不完全统计，2015年至今，重庆三峡职业学院已为大林村捐款100多万元，在为建卡贫困户购买合作医疗保险、向深度贫困户发放救助资金、为就读学生提供助学经费等方面提供资助，到2017年大林村全部实现了脱贫。近两年，该校还为新华村贫困户送去大米、食用油等慰问品，为每户每年送去3000元以上的产业发展资金，搭建了更加广阔的精准扶贫舞台。

重庆三峡职业学院院长杨和平说："让更多的人民群众享有美满的幸福生活，就是我们的奋斗目标。"近年来，学院还创办了"田间微课""流动课堂"

等平台，采取"送教下乡"的形式，向1000多名村民进行了养猪、脆红李栽培等方面的现场培训，只有更多的村民掌握了实用技术，实现增收、奔向富裕、达到小康，才是从根本上实现脱贫的有效途径。

为真正激活乡村发展的内驱力，重庆三峡职业学院还打造出了"鱼+稻"产业项目、腊肉加工厂等项目，帮助村民发展生猪、百香果、冬桃、脆红李、核桃等产业链，创新出了"农业职教集团+合作社+农户""高校+企业+贫困户""高校+基地+农户"等帮扶新模式，为乡村产业发展提供了非常精准的智力支撑。

学院还将巫溪县天元乡、红池坝镇、土城镇及万州区白土镇大林村的脱贫攻坚工作，作为自选特色子项目，列入"重庆市优质高等职业院校建设"项目中，与"优质校"同步规划、捆绑建设。结合贫困户的致贫原因和当地产业结构、基础条件等，制定了《重庆三峡职业学院脱贫攻坚实施方案》，针对各个乡镇的扶贫计划，让扶贫行动更精准、更有力、更有效、更深入。

长风破浪会有时，直挂云帆济沧海。总结重庆三峡职业学院精准扶贫的成功经验，它就像是一块块铺路石、一个个孵化器、一台台播种机，为帮扶的村和帮扶的人民群众，打造出了"稻渔综合种养基地""生猪饲养基地""冬桃生产基地""腊肉加工基地""电商服务基地""互联网+基地""人才培养基地"，铺就了一条条脱贫之路、富裕之路、小康之路、幸福之路……

技能培训的"乡村探索"

——重庆三峡职业学院职业培训促进就业创业经验交流材料

赵福奎　黄礼岗

重庆三峡职业学院是一所底蕴深厚、长期坚持以现代农业为特色、多专业群协同发展的全日制普通高校，是重庆市新型职业农民培训基地、重庆市农机高端应用人才星火计划培养基地、农村劳动力转移培训基地、农业职业经理人培训基地、现代农业培训基地等。长期以来，学院坚守"为乡育人，为农育才"理念，积极探索"送教下乡"，以做大"农训"为目标，为脱贫攻坚和乡村振兴提供了坚实的人才支撑。

一、促进就业创业的"三式"培训

（一）培训教师"嵌村式"

学院立足三峡库区发展特色农业、高效农业，在乡镇、村庄设置"教育兵团"。派出30余名科技特派员和3位"驻村第一书记"，长期"上山下乡"，以"移动教室""送教下乡"的形式，以"生态+智能"为主攻方向，"手把手"培训"种养加""产供销"技能。利用"夏天中午茶""夜间闲聊时"，开创"院坝课堂"，开设"夜校课程"，努力培训"大国农匠"。学院的教师因此获得了"2018年重庆市教书育人楷模""2019年全国绿化奖章""2019年重庆市乡村振兴贡献奖先进个人"等。

（二）教学模式"半读式"

学院派出160余名脱贫攻坚帮扶人员，在巫溪天元乡、万州白土镇等地，开展畜牧兽医、食品加工、稻渔综合种养等"产业小班"培训。采取"半农半读、农学交替、旺工淡学"的教学模式，引领学员"在网络空间线上学、在地头山间集中学、在创业基地实践学"，致力于改写乡村"人才短板、本领恐慌"的历史。学生李上国、尹天珍等，其创业成果获"重庆市2017大国工匠职教之星"称号。巫溪县天元乡"腊肉新乡村"、万州白土镇"稻渔新村"培训等，分别多次受到市委常委李静、莫恭明的表扬。

（三）技能传输"靶向式"

学院根据乡村主导产业、优势产业和特色农业的发展需求，对准乡村产业"靶标"实施精准"滴灌"，开展"志智"双培，助力乡村人才振兴。学院牵头成立的"重庆市现代农业职教集团""中国生猪产业职业教育产学研联盟""'万达开'川渝统筹发展示范区职业教育联盟"等，数次"抱团"开展"需求式"培训。还与市农业农村委共建"高素质农民基地"，多次开展农业经理人、青年农场主、农村电商和"智慧农机"等专项培训。近5年来，累计开展各类乡村培训3万余人次。

二、职教改革引擎的"三训"体会

（一）技能培训是"就业+创业"的有效途径

培训要以就业和创业为目标，要引导村民和学员进入基地"跟岗培训"，采取"授课+观摩+实践"方式，实施"基地孵化"，培训"有文化、懂技术、善经营"的高素质村民，提升村民的就业创业能力。学院的优秀毕业生代表养猪大户潘冬月、葡萄种植大户张勇等已成为乡村知名人士，受到重庆市农业农村委、区县党委政府的表彰；学生马刘洋创办了重庆猪太郎农业股份合作社，2015年荣获"全国十佳农民"称号，2019年入选"重庆十大乡村振兴领军人才"。

（二）技能培训是"专业+产业"的融合渠道

作为涉农院校，要集"高校智汇"，结合专业特色，在"带"上著文章，施"产教兴村"之策，促进乡村产业振兴。近年来，学院因地制宜开展田间扶贫、车间扶贫、生态扶贫，打造"专业带产业""产教融合"样板。国务院、教育部网站和新华社、中国教育报等媒体数次报道；在教育部组织的脱贫攻坚座谈会、全国涉农高职院校校长班、"云贵川渝职教论坛"等会议上分享项目经验20余次。2019—2020年，连续两届入选教育部"省属高校精准扶贫精准脱贫典型项目"。

（三）技能培训是"村民+学院"的共赢方式

涉农院校要把培训"半边天"工作做好，先手棋是尝试"村校共生"，促进"校地共赢"协调发展。近年来，学院在乡村设置"乡村振兴分院""田间学院"，开展"学院+农企"深度融合，致力于学校与乡村跳好培训"双人舞"，实现"村校"互利互惠、相得益彰。学院的培训每年让5000余人次的村民受益，学院2020年获重庆市扶贫办的"重庆市脱贫攻坚工作先进集体"、2020年获重庆市教委"集体嘉奖"、2017年获万州区"脱贫攻坚工作成就显著集体"奖等。

三、创培训高地下的"三牌"路径

（一）打好川渝联培的"双城牌"

尽力走出重庆，利用"万达开"联盟，拓展"乡村振兴分院"，开展"川渝协作"，推广"稻渔共生""腊肉新乡村"等专项创业培训。

（二）打好服务乡村的"库区牌"

立足"三峡库区"，争取首批入围教育部、农业农村部的乡村振兴人才培养优质校。与农业龙头企业合作，打造集实践培训、技术展演、创业孵化等功能于一体的"村校共同体"。

（三）打好村民培训的"智慧牌"

以就业为导向，咬定"农训"不松口，聚焦智慧农业、生态农业，与科技园区、产业示范园等合作，创乡村高素质农民"孵化基地+上云下地"的"重庆训法"。

把"大学"办到田间地头

——看巫溪县天元乡如何培养高素质农民助力脱贫攻坚和乡村振兴

"比如大家熟悉的熏制腊肉,并不是熏制得越久越好,熏制时间过长容易导致过氧化值超标,那就不能卖了……"2020年1月26日,巫溪县天元乡万春村村会议室,一堂大学课程正在进行。

这是重庆三峡职业学院农产品加工、农产品质量与安全专业高职扩招生班。授课教师是重庆三峡职业学院派驻万春村的第一书记谭鹏昊,讲台下的学生有村干部、致富带头人、种养大户……他们都是地地道道的农民,在完成3年的课程并修满学分后,他们可以和在校高职生一样拿到大专文凭。

天元乡位于巫溪县西北部,曾是当地贫困程度最深的乡镇之一。2014年,全乡9个行政村共识别出6个贫困村、建卡贫困户612户2212人,贫困发生率高达28.59%。外出务工是当地农民主要的经济来源方式,在家的农民没有能力和心劲儿改变家乡。

扶贫必扶智!要实现脱贫攻坚和乡村振兴,不但要富村民的"钱袋",更要富村民的"脑袋"。被确定为市级深度贫困乡镇以来,天元乡在改善基础设施、发展产业的基础上,依托市教委扶贫集团,打响了一场以提高农民素质、提升农民技能为目的的攻坚战,为脱贫攻坚和乡村振兴培养了一批本土人才和中坚力量。

如今,天元乡累计减贫733户2577人,贫困发生率由2014年建档之初的28.59%下降为零。

1. 把大学办在乡村——熏好腊肉也是一门学问

天元乡距巫溪县城75公里,海拔在625～2280米之间。全乡土地面积213.29平方公里,耕地面积仅2.69万亩,山大坡陡、土地零碎,当地村民靠种植苞谷、洋芋、红苕"三大坨"为生,在石头缝里"刨"饭吃。

通过改善基础设施、因地制宜发展产业,天元乡也一天天变得更美好。

但与改善基础设施相比,更难改变的是村民的"脑瓜子"。谭鹏昊所在的万春村,依托当地农民养猪的习惯和重庆三峡职业学院的技术优势,发动村民入股成立了万春腊肉加工厂扶贫车间。

为了调动村民的积极性，车间在生产前就先拿到了几十万元订单。谭鹏昊本人是食品营养与检测专业的教师，理论和实践经验都有。按理说只要按订单生产就稳赚不赔，但在生产过程中，他们遇到了意料之外的困难。

"这里的老百姓家家户户都做腊肉，大家都觉得自己有手艺、有技术，根本不接受用标准工艺搞生产。"谭鹏昊告诉重庆日报记者。例如，村民们普遍认为腌制腊肉就得多放盐，腊肉熏制时间越长就越香。村民们对于低盐、排酸、风干等健康理念和标准工序不理解也不接受，总是按自己那一套来操作。

一开始，谭鹏昊要求大家按照50公斤肉用1.5公斤盐的标准腌制腊肉，但有的村民仍旧按照习惯大把抹盐，盐不够还自己花钱买来补上。按车间要求，腌制后的鲜肉要风干到一定程度后再进炕房，但负责烘干的技术员认为这纯属多此一举，悄悄将没风干好的鲜肉送进炕房，导致生产出来的1000多斤香肠后来出现返酸，被消费者全部退货。

腊肉太咸没人买、香肠返酸要被退货……几次"事故"后，村民们才意识到祖辈留下来的传统工艺要与消费者的需求衔接，"山货"才能变成商品，不少人有了"本领恐慌"。而谭鹏昊也意识到，只有全面提升农民综合素质和技术技能，才能帮助他们转变理念，对接市场。

2019年4月，重庆三峡职业学院乡村振兴"田间学院"天元分院正式成立。学院根据天元乡9个村的产业发展情况，针对性地开展培训，把"学校"开设在天元乡的田间地头，不但教农民种养技术，也传递先进的农业经营理念。

在此基础上，依托国家高职院校扩招的契机，重庆三峡职业学院鼓励当地村民提升学历。2019年，43名天元乡村民通过考试，成为重庆三峡职业学院的学生。由于其中39人报考的是食品加工类专业，因此，该学院专门在天元乡设置了大专学历教学点，把大学办在了乡村，采取网上教学和送教上门的模式方便学员半农半读。2020年，天元乡又有11名农民通过考试成为在读的大学生。

经过系统培训后的村民，开始严格按照标准化工艺来生产腊肉，无害化熏烟技术、低盐腌制技术等标准生产工艺被村民接受，万春村的腊肉品质越来越好，生意一天天红火起来。2020年，万春村销售香肠腊肉9万多斤，销售额530余万元，实现村集体经济增收6.3万元，全村农户通过生猪养殖、就业、分红实现户均增收1万余元。

2.中药材育苗亩产上万元——石头缝里也能"刨"出小康来

课堂上有个30来岁的年轻人，坐在第一排，上课时总是一笔一画地记着笔记。他是新田村的村主任刘明，2020年考上了这个高职扩招生班，是班上的"新学员"。

刘明是新田村人，16岁就外出务工。"没得学历，在外头只能干苦力。"刘明告诉记者，他打工期间进过矿山、搞过旧房拆除，还在建筑工地搬过砖。2013年，刘明觉得一直在外干苦力活也不是个办法，便回到家乡发展，后来被选为村干部。

新田村是天元乡海拔最高、最偏远的村庄，虽与城口县的厚坪乡接壤，却不通公路，是个"断头村"。村民靠一条挖出来的毛公路出行，大货车根本进不去。

刚任村干部时，刘明立下个心愿：争取十年内出村的毛公路能硬化，这样村里发展产业就有了希望。没想到新一轮脱贫攻坚开始后的第二年，出村毛公路就变成了水泥路，之后，这条水泥路又进行了拓宽和油化，公路社社通畅、户户通达，村民们有了发展产业的愿望。

天元乡党委书记林永介绍，依托当地特点，天元乡着力调整产业结构，将农特产品定位为"多品种、小规模、高质量、好价钱"，因地制宜发展中药材、特色水果、中蜂、草食牲畜4个万级产业，并根据每个村的不同特点，打造了8大扶贫车间、9个扶贫基地，实现了"一村一品"。同时，市教委扶贫集团组建了161人的专家库，涉及养殖、种植、建筑等专业，根据需求在天元乡开展培训，为每个村的产业发展培育一批有文化、懂技术、会管理、善经营的高素质农民，使其成为未来乡村振兴的中坚力量。

依托当地有中药材种植的传统和海拔较高的特点，新田村重点发展中药材产业。过去，新田村家家户户都种独活。这种中药材每年2月打个窝，栽棵苗，当年11月份便能收获，管理比较粗放。但商品独活的价格受市场行情影响大，附加值不高，天元乡便通过产业扶持办法，鼓励村民进行独活育苗，提高附加值。

一开始，村民不愿意，因为育苗是个技术活，对于管护的要求比较高，种植前必须把土块一块块敲碎，锄草只能靠人工一根根拔……稍有不慎，便没有收成。农技专家针对村民生产过程中存在的实际问题，多次现场教学，为大家消除后顾之忧。2020年，新田村的独活育苗发展到400余亩，商品独活发展到1000多亩，新田村仅独活产业一项产值就达到500余万元。

产业的发展有力带动了贫困户脱贫增收。二组贫困户王孝忠一家5口，妻子陈安培一个人在家照顾母亲和两个小孩，原本在外打工的王孝忠因患肺病不得不返乡，一家人日子过得捉襟见肘。自从村里开始发展产业，王孝忠一家种了3亩商品独活，5亩独活育苗，还养了50桶中蜂，2020年光是卖独活苗就收入5万多元，一年下来两口子收入近10万元。

眼见村里的产业发展了起来，刘明等3名新田村的村干部一起报名参加了高职扩招生班，并顺利通过考试被录取。过去刘明的愿望是十年通公路，现在他有了新愿望——通过学习掌握食品安全和加工知识，在村里发展中药材加工，提高独活的附加值。

"依靠科学种地，石头缝里也能'刨'出小康。"刘明说。

3. 电商赋能乡村振兴——山货变成抢手网货

随着电商的触角延伸到农村千家万户，一批有创业精神和技能的农村电商带头人正在引领乡村新变化。

2020年1月24日晚上10点，李美好发了个朋友圈："24个小时，干了12万！"喜悦之情，溢于字端。

那天，入驻京东电商平台两个多月的"中国特产·巫溪扶贫馆"迎来单日最高销量：当天成交2700余单，成交总金额12万余元。

26岁的李美好是重庆天谷元乡商贸有限公司（以下简称天谷元乡公司）负责人。该公司成立于2019年6月，由天元乡9个村集体各出资30万元入股，采取"公司+村集体+合作社+农户"模式经营。天元乡万春村的腊肉、宝坪村的香菇、香源村的蜂蜜等农特产品，便是依托天谷元乡公司走向全国各地。

"'天谷元乡'是天元乡着力打造的农产品区域公用品牌，成立天谷元乡公司的目的，一是为了畅通农产品销售'最后一公里'，二来通过公司化运作，逐步提高天元乡农产品商品化率，推进天元农业产业向规模化、市场化、品牌化发展。"林永介绍。

天谷元乡公司成立后，围绕天元乡特色产业，共开发了蜂蜜、腊味、干货、生鲜、五谷杂粮等38个特色商品。同时，公司也负责电商平台建设。2020年4月，"天谷元乡特产店"在淘宝正式营业，第一个月销售额仅13万元左右，当时的产品以天元乡的腊肉、香肠、萝卜干、香菇、木耳、蜂蜜等农特产品为主，推广方式主要靠花钱买流量。年轻的李美好只有短暂电商从业的经历，心里很着急。

针对农村电子商务在脱贫攻坚和乡村振兴中发挥的作用，当地多次开设针对性的电商培训课程，并组织李美好等一批农村电商带头人去万州、重庆主城、山东等地学习电商平台运营知识。慢慢地，这个原本只有两个人的公司壮大到11个人，还先后入驻了善融商务、京东、淘宝等电商平台，运营方式也从一开始的购买流量变成了带货直播等多渠道推广。

由于采取的是"公司+村集体+合作社+农户"的模式，公司的收益与村集体和农户挂钩。为了保证商品品质，天元乡健全农产品质量认证体系，自主开发了农产品溯源系统以及手机 App 客户端,为全乡农产品逐一定制二维码,实现"从田间到餐桌"全过程监管。各村集体负责生产和监管产品质量,天谷元乡公司负责销售和售后服务,以此实现专业化、市场化运作。

2019 年,天谷元乡公司还得到巫溪县扶贫办授权,运营京东"中国特产·巫溪扶贫馆""中国社会扶贫网重庆馆巫溪县贫困户专区",目前各类平台月销售额 50 万元以上。

2019 年,天谷元乡公司线上线下销售额达 1900 余万元,销售商品也从天元乡特产扩大到巫溪县的扶贫产品,其中线上销售近 400 万元,有力助推了当地脱贫攻坚。

51 岁农民家门口上大学

李炯光

2020 年 2 月 9 日,重庆日报记者在巫溪县天元乡采访时看到,51 岁的向吉贵正拿着手机上网课。向吉贵是天元村的致富带头人,也是重庆三峡职业学院农产品加工与农产品质量安全专业高职扩招生班的在读大学生,今年已是他上大学的第二个年头。

向吉贵的父母生了 6 个子女,他排行老五,一家人生活过得捉襟见肘。向吉贵从小爱读书,但因家里穷,读完初中后,父母便不再让他上学。少年向吉贵冒着危险翻山越岭,靠在悬崖峭壁上挖药材攒下学费,硬是读完了高中。后来,他在巫溪本地一家水电企业工作,2018 年回到天元乡成立了仁贵农业专业合作社,并流转了几百亩土地,发展中药材、猕猴桃、魔芋等产业。

生在农村、长在农村,种地有什么难?向吉贵信心满满。但很快,他便遇到了难题:2018 年 7 月,他在天元村流转 100 亩土地种下的魔芋突然出现了叶片腐烂的现象,成片的魔芋倒桩。他自己找来书看,判断为软腐病,还照书上的病虫害防治方法买来农用链霉素杀菌。但最后还是没救回来,投入的 30 多万元血本无归。

天元乡是重庆市 18 个深度贫困乡镇之一,自脱贫攻坚以来,当地着力改善基础设施、发展产业,但现代农业产业需要一批有文化、懂技术、会经营、能创新的新型职业农民。如何为乡村振兴战略和美丽乡村建设培养一支新型职业农民队伍?2019 年 4 月,重庆三峡职业学院在天元乡成立乡村振兴"田间学院"天元分院,根据当地 9 个村的产业发展情况,有针对性地开展培训。后来，依托国家高职院校扩招的契机，重庆三峡职业学院又在天元乡设置大专学历教学点，鼓励当地符合条件的村民报考读大学，旨在运用现代科技教育手段，对农民及农村从业者实施系统教育，提高其职业素质和技能。

2019年，天元乡43名村民通过考试被录取，向吉贵就是其中之一。学院设立了"学分银行"，村民通过3年的学习完成相应学分，即可毕业领取全日制大学专科文凭。

这批农民学生大多二三十岁，都是天元乡的村干部、本土人才和种养大户，向吉贵年龄最大。最初几节课要在位于万州区的学校本部上，一把年纪的他穿着西服、背着书包、拿着书本，和十八九岁的年轻娃娃一起走在校园里，颇有点格格不入。进到教室后，他特意选了个后排不起眼的座位坐下，认认真真地听课、记笔记。

亲友们跟他开玩笑："你一把年纪了还跟娃娃一起读大学，好意思不？""勒有么哩（巫溪方言，意为"什么"）不好意思，年纪大一样可以搞学习！"他把头一甩，径直走开。

向吉贵告诉记者，自己一把年纪选择读大学，一来是为了圆年轻时遗憾放弃的"大学梦"；二来是发现现在要在农村搞产业，不经过系统的学习行不通。"现在种地可不比从前了！"向吉贵说，要从土疙瘩里刨出钱，光靠经验可不行，必须要有文化、懂技术、懂管理、懂经营、懂政策。

由于这批学生中有39人报考的是食品加工类专业，重庆三峡职业学院专门在天元乡设置了大专学历教学点，采取网上教学和送教上门的方式方便学员半农半读，把大学办到了农民家门口。向吉贵不用两头跑了，他边搞产业边学习，有了不少收获。2019年4月，他在新华村流转土地种植的50亩猕猴桃花开得正盛时遭遇了病虫害。他根据平时学习的知识判断为铁锈病，又通过手机软件让教师"云"诊断确诊，及时进行了补救，当年的猕猴桃卖出了近10万元。这一来，他在学习上更上心了，除专业课外，连难懂的计算机课程也一遍遍看、一遍遍学，硬是要搞懂才罢休。

"扶贫不仅要扶钱袋，更要富脑袋。"重庆三峡职业学院食品营养与检测专业教师、天元乡万春村时任第一书记谭鹏昊认为，在农村培养一支本土"三农"人才队伍，让摘掉"贫困帽"的农民戴上"学士帽"，不仅能激发农民在家门口干事创业的热情，也能为当地脱贫攻坚与乡村振兴留下一支"不走的工作队"。把大学办到"田间地头"极大地激发了当地农民接受高素质教育的热情。2020年，又有11名当地农民通过考试被该校录取。

"四间"赋能"产教"攻坚——乡村振兴"田间学院"教学探索与实践

脱贫夫妻上大学为乡村振兴贡献力量

李炯光

许传良一家是白土镇大林村脱贫户，2013年因丁运淑患心脏病，手术治疗花费十余万元，再加上两个孩子读书，成了村里的贫困户。后驻村工作队引导其种李子、搞养殖，安排公益性岗位等，2015年，许传良一家脱了贫。

虽然摘掉了贫困户的帽子，日子慢慢好起来，但许传良还想进一步提升自己。驻村干部了解情况后，动员他报考大学，不仅学费由政府垫付，还有国家助学金。

"考大学？"许传良愣了一下，那不是孩子们的事儿吗？一把年纪了还能上大学？经过驻村工作队的仔细讲解他才明白是怎么一回事儿。

自脱贫攻坚以来，大林村着力改善基础设施、发展产业，但现代农业产业需要一批有文化、懂技术、会经营、能创新的新型职业农民。如何为实现乡村振兴培养一支新型职业农民队伍？帮扶单位重庆三峡职业学院发挥自身优势，2019年4月，在大林村成立乡村振兴"田间学院"白土分院，根据当地的产业发展情况，有针对性地开展培训。

后来，依托国家高职院校扩招的契机，学校又在这里设置大专学历教学点，鼓励当地符合条件的村民报考读大学，旨在运用现代科技教育手段，对农民及农村从业者实施系统教育，提高其职业素质和技能。

一听有大学文凭，许传良和丁运淑动了心，新学期开学之前，两人兴致勃勃来到学校，参加入学考试，2019年10月，夫妻二人拿到了梦寐以求的入学通知书，正式成为农业装备应用技术专业的大学生。

为方便农民学生学习，学校采取网上教学和送教上门的方式，把大学办到了农民家门口，把课程送到了田地间，方便学员半农半读。白天，许传良夫妇就各自忙着干活儿；晚上，一起打开手机上网课学习。

2020年8月，正是大林村水稻收割的时节，学院把收割机开到了大林村的稻田里，授课老师边讲边做，学员们边听边学，没多久的功夫，善于钻研的许传良便能独自开着收割机帮合作社收稻谷，等水稻收割完，一结工资，还挣了3000元。拿到钱后的许传良笑得合不拢嘴，和亲友们打趣道："你们看，这读大学还有用呢，这么快就见效益了。"

受许传良感染，越来越多农民的学习热情被激发，如今，大林村一共12名当地农民通过考试成为大学生。

第五篇　产学"研间"一次改

【编者按】重庆三峡职业学院脱贫帮扶进程中，争取了重庆市农业农村委的课题、重庆市高等教育重大课题、重庆市教委科研重点课题等，在乡村开展"产学研"结合，实施"村校同创""产教突围"奔小康的系列举措，实施人才培养端改革的"破墙行动"，采取"半农半读、农学交替、旺工淡学"的教学模式，引领村民"在网络空间线上学、在地头山间集中学、在创业基地实践学"，全力改写贫困乡村"人才短板、本领恐慌"历史。

职业教育在三峡库区乡村振兴战略中的价值及其实现路径

曾 刚 丁翠娟

一、引言

伴随中国社会发展与两个"一百年"奋斗目标的提出,精准扶贫成为偏远地区经济落后农村的重要任务与重要标签。在现实情况中,偏远地区农村的贫困,在一定情况下不是农民不奋斗,而是现实条件对于农民的奋斗效果做了打压,甚至对农民自身奋斗产生了逆向反映。这些现实条件既有共性也有个性。实现乡村振兴战略,需要将其中存在的不利条件转化为有利条件,尤其在一些特殊地区,本身拥有较好的自然与社会资源,但是因为人才与经济的制约,导致乡村发展水平不高。三峡库区类同此种状态,但是也有自身独有的地区性特点,所以本文以此为中心对三峡库区进行区域性乡村振兴效果分析。

二、三峡库区乡村基本状态

(一) 农村基本状态

三峡库区农村人口基本属于新移民及其后代。原本的农村社会情态在搬迁完成后,一大批农民外出打工,成为农民工,还有一批农民则选择留在搬迁地,按照原本的生活方式生活,力图重建原有三峡农村生活状态。相较于异地搬迁的三峡移民而言,整体搬迁移民的原有生活与礼仪保存较为完整,而且受到其他文化的影响较小。在这一情况下,本身的乡村社会情态于留守农民而言受到的冲击不大,但是随着近年来外出农民工返乡潮的兴起,三峡库区农村社会也被这样的返乡潮所冲击,他们带来新文化以及社会运行方式,为传统的三峡农村注入了新鲜血液,三峡库区的农村社会也伴随新发展与新的知识呼唤新能力呈现出新的状态。

(二) 农民基本状态

三峡库区的农民有很大一部分作为外出务工人员,在三峡库区农村异地搬迁之后转向经济发达地区进入制造业或者第三产业成为农民工。农民在此之前对于农业颇为依赖的状况也在降低,在库区的农民主要收入是经济作物与旅游收入，传统农业收入成为补充。外出农民主要可以分为两部分，一部分是在所在地发展较好，最后选择彻底迁出三峡库区，在自身工作所在地开始新生活。还有一部分通过打工将自身能力尽快变现，在完成自身基本财富积累之后，将技术与资本带回库区农村，通过新知识与新技术，将传统的农民向新时期的新型农业基本从业者转化。农民文化水平与经历的变化带来的是农民基本状态的变化，农民与外部环境联系更加紧密，但是自发性技术毕竟缺乏系统化与理论化，在具体操作中农民还需要进行必要的职业学习来提升自我实力。

（三）农业基本状态

库区的搬迁方式属于集体上移。在搬迁之前，农民以种植业与家庭养殖业为主，一般山下以红薯、水稻为主，山上则是以经济作物脐橙为重点。在搬迁之后，粮食用地沉入水下，库区农村所能依赖的就是商品化农副产品种植以及库区旅游业。传统靠天吃饭的农业生产方式已经不能满足也不应该存在于现有三峡库区体系当中。三峡库区乡村振兴需要职业教育，通过职业教育为农产品深加工提供技术与人才支撑，并以此为核心对三峡库区农业进行体系化管理，提升产业附加值。在现有情况下，此种状态也不是不可能发生，已经有返乡农民通过种植脐橙等农作物在经济收益方面获得成功。还有一些农民通过农业旅游将农业与旅游业集合起来建立大农业体系，形成有效的资本循环链，提升产业深度与产业运行效率，为之后的产业升级做出有益的尝试，并且也将农业与自然社会资源进行整合，完成相应的体系建设。

三、三峡库区乡村振兴职业教育模式分析

（一）职业教育主要模式

在现有的职业教育模式中，不同地区因为其不同的地理优缺点有不同的教育模式选择。在现有的情况下针对三峡库区乡村振兴，笔者认为进行职业教育要抓住李克强总理提出的职业教育振兴规划战略与职业院校发展规划，同时把乡村振兴的大局与当地的农村发展集合起来，因此在现有模式中选择CGCF联动模式较为合理。所谓CGCF联动模式指的是一种校企联合培养的变种，即将学校、农村、政府、农民进行有效融合，将四者的能力与所要承担的责任进行有效结合。在此模式下，不同的主体有不同的任务。作为学校要为区域经济发展提供智力支撑与人才支撑，在此模式下的农村主要是新兴农业生产组织，用自身的组织力量进行本地域内的资源整合，政府则提供政策与行政支撑，扮演整体组织者、领导者和支持者的角色。基本逻辑在于在本地现有情况下，高职院校与新兴农业生产组织在地方政府的联系下，双方

形成产业与人才对口的培养模式，将自身的生产活动与人才培养活动适应于现有的基本政策导向与地方实际。着力将农村建设成产业兴旺、生态宜居、产业文明、治理有效的新农村，并且使产业振兴、生态振兴、人才振兴、文化振兴、组织振兴对农村而言变成可达到的目标。

（二）职业教育针对人员

在现有的教育中，所针对的人员主要是三峡库区的农民以及附着于其上的基础从业者。在现有情况下，他们自身技术与职业素养不强，需进行专业化建设。高职院校在现有情况下，对于应届生的吸引力在下降，需要进行必要的转型，将自身的社会目标从专门教育向在职教育与职业培训转变。在三峡库区传统的农业建设中，其基本传承方式仍旧是经验式的传承，基本生产状况是代代相传的农业经验以及靠天吃饭，在当时可以基本满足三峡库区农民与农村的基本生存需要，甚至于形成独特的三峡地区农耕文化亚种。但在三峡库区蓄水之后，传统的耕地与自然环境发生变化，传统的耕作技术已经不能适应基本的生存情况，甚至于传统的"天"也发生了变化，对于农民与农村而言，有效基础性构型的构成也需要进行必要的变化，实现农村与农业有效的转移与提升，在农村基层需要进行有效的改变，实现其基础性建设的重塑，在高职院校基本人员培训中还需要进行必要的关注，以此实现基本高职高专的适应性转变，完成必要的组织体系的有效构成，如在人员建设中需要关注其中的基本操作能力，而非过分关注其理论推导能力。因为在基层现有农业与农村发展条件下，农村与农业需要必要的智力支撑，而高职院校作为职业教育院校恰恰适应此种趋势，可以通过自身丰富的职业教育经验向农民传授基本的商业市场判断能力，尤其是旅游市场商业基本建设能力，让农民们认识如何能够长远地发展旅游业，避免出现重复竞争、过度竞争、无序竞争等问题，提升产业竞争力，实现产业与人员配套化，形成有效的产业发展格局。现代化的农业尤其是农副产品种植业也需要专业化的农民进行相应的工作，这就要求对农民进行相关的培训，让他们根据产业结构与地方政策有效地组织生产，提升农业生产效率与生产效果，为农副产品质量提升到先进水平提供支撑。

（三）职业教育达成效果

在类似职业教育中，针对不同主体有不同的要求。首先，对农民而言，让他们有足够的能力提升、完善自己，为未来的产业发展与现实经济水平的提升建设自我、实现自我。因为农民属于职业教育的主要针对对象，其建设程度的好坏直接决定职业教育效果的高低，甚至于在一定程度上决定其建设成果，如果农民通过职业教育可以有效提升自身的素质，实现对周围自然与社会环境的灵活与有效应用，其基本可以实现自身生存环境的改善，其中的典型就是在三峡库区中农民将自身农业与旅游业进行有效的相互配合，实现农业与旅游业在三峡大坝与三峡情境的基础上彼此间共同发展，并在三峡库区形成示范效应，实现农民集体增收，而且可以将外出打工的青壮劳动力通过故乡效应投入到家乡建设当中，实现劳动力与资金、资源的有效融合与建设。其次，对于高职院校而言，本身可以实现自身社会责任的有效承担，在此基础上可以实现自身有效的教育对象转型，并且服务农村发展全局，通过对三峡库区农村的帮扶可以形成自身特色教育科目，为自身之后发展储备一条道路。特别是一部分本身就属于三峡库区的高职高专学校，针对三峡独特的农村问题，在身临其境的情况下更可以实现三峡道路建设本身能力的提升，让三峡道路建设为之后大规模水电站建设提供有益的移民安置经验，实现移民能待得住、有收入的新家乡环境，实现故乡认同度的重建。

高职高专院校的针对性建设将农村原本知识不足的情况进行了改变，通过农民的知识化提升农村知识化的水平，即对农民进行必要的知识培训，让农民了解自身所处的基本经济地位与基本经济形势。在三峡库区，农民的基本经济地位可以承担一二三产业中各个产业的基本发展要求，在第一产业中进行复合型果蔬种植体系建设，在第二产业中进行农产品加工业，在第三产业中，实现依托农产品的金品农业旅游体系，实现产业循环与产业发展，进而提升乡村基本经济活力，实现经济活力持续发展。

对于农村组织来说，通过农民的有效建设，能够重新构建破碎化的农村组织，并在此过程中，改造与消灭封建宗族制度，压制与消灭封建性体系，对其进行有效的现代化改造，将其作为现代社会的有效互助体系进行发展。对于农村组织来说，通过农民的积极建设，能够重新构建破碎化的农村组织，改造封建宗族制度。农村组织作为现代社会的有效互助体系进行发展，有助于党组织进行有效的重新建设，并在此建设中实现党组织"两学一做"工作的深入化发展。新兴的经济组织以互助组为重要的表现形式，提升农村新兴组织的组织活力与组织建设水平，并以此为关键点，形成农村建设的有效组织形式。

四、三峡库区乡村振兴职业教育在实践中需要关注的问题

（一）师资力量

在现有三峡库区高职教育中，基本职业教育教师的数量绝对不少，而且相对农民而言，高职院校教师本身教学水平与文化水平较高，由于在当地长期教学，也有相应的在地经验。但是相对来说高职教师的数量仍存在不足，而且本

身质量也需要提升。在提升过程中需要根据自然人文状态的相似性，从其他经济发达地区引进教师，将其他地区对于农业、旅游业发展的整体经验本地化，例如将黄山旅游一体化具体措施与思想在三峡库区进行相应的模仿与地域化重构，特别是在三峡库区有特色的旅游地域进行相应建设，实现彼此间有效的发展，并以此为核心，有效地融入三峡库区农村发展的大局中，使三峡库区的发展方向与师资力量的建设方向呈现一致化的趋向，将三峡区域内学校与农村、农业有机结合。

（二）政策引导

现有的乡村振兴战略在全局角度对乡村振兴提供了必要的政策性支撑。在宜昌市实施乡村振兴战略，打造三峡旅游核心区，已经成为乡村振兴战略下重要的政策指引点。以宜昌地区为重要的基点进行政策导向与政策示范，能够为之后的建设提供有益的借鉴，尤其在与之类似的基本条件下，可以进行学校政策与国家政策的有效对接，形成学校与社会发展的有效结合。以现有的乡村建设为基础，根据乡村实际制定相应的行政、税收、财政政策可以有效地提升农民农村以及高职院校发展的针对性，可以让三者形成中心合力，在政策的推动下，充分发挥地域优势，实现自身有序的发展。

（三）模式选择

CGCF联动模式可以有效地提升自身，形成系统性合力，将原本存在于市场、政府、农民的体系进行融合，将其建设成有效的组织体系。关键是形成管理、运行、内部保障、外部联络一体化的有效发展体系，以此体系为核心进行有效的整体建设，以及前期模式验证，为之后发展提供模式信息支撑，然后组织现代农业教职集团与乡村振兴研究院，用集团化的特点形成自身独有的竞争力。在建设中可以充分利用三峡库区的人文与自然景观，一方面建设农村道德，另一方面也需要建设农村基本新型农业经营体系，将农村社会再组织化，充分利用三峡地区自然与社会资源，实现三峡农村跨越式发展。

五、三峡库区职业教育在乡村振兴中的意义

在现有条件下进行职业教育并在乡村中普及，首先对农村产业而言带来了产业升级的机会，将原本只能进行初级加工的农副产品产业化，并挖掘其中存在的深入的文化内涵以及经济内涵，使旅游资源实现可持续的开发。其次实现农民技术的提升，为农民进行文化建设与教育投资提供基本知识体系与知识获得的渠道。最后，农村社会稳定。农民们获得自身所需要的知识，获得自身经

济发展所需要的资源，意味着农民基层的安定与乡村的重新振兴，以此为中心，为社会市场开拓农村，为中国经济找到新的增长点。

产教融合与精准扶贫的互嵌治理

——三峡库区涉农高职服务乡村振兴的实践路径

奉 莉 林克松

《中共中央国务院关于实施乡村振兴战略的意见》（以下简称"意见"）中提出："必须优先发展农村教育事业，提高农村民生保障水平，实施乡村振兴战略。"可见，乡村振兴离不开农村教育事业的发展。农村职业教育是乡村振兴的逻辑生长点，乡村振兴离不开农村职业教育的重要支撑。

三峡库区由于其历史地理环境因素的影响，过去是我国长江流域中一个典型的经济低谷区，受传统农业经济的制约，与其他区域发展相比，处于相对贫困的范畴，当时亟须注入职业教育的力量以激发三峡库区脱贫致富的内生动力，以促进其繁荣与发展。为此，需要将职业教育与产业融入有机结合，建构职业教育产教融合的精准扶贫模式。正如卡尔·波兰尼所说："经济行为是嵌入社会行为中的。"因此需要将精准扶贫嵌入乡村建设，促进乡村振兴发展。精准扶贫的实现是乡村全面振兴的重要基础，乡村振兴又是深化精准扶贫内涵的价值追求。在乡村振兴战略的背景下，职业教育产教融合的精准扶贫运行机理需要进一步转变和深化。为此，基于三峡库区涉农高职产教融合模式，结合乡村振兴战略进一步深入研究和反思职业教育精准扶贫的现实诉求与实践模式，最终构建出以产教融合的形式和内容为途径与依托，搭建精准扶贫的桥梁，在乡村振兴行动上聚焦于共建"1+N"服务平台，打造"农业+"专业群，构建"四整合"创业孵化体系的宏伟蓝图。

一、三峡库区涉农高职基于产教融合实施精准扶贫的现实诉求

空间陷阱贫困理论认为贫困源于地理位置禀赋缺失。借助这一理论，可将三峡库区过往的"库区性贫困"归因于受地理环境的约束。一是自然生态环境现状与三峡库区主体功能区规划存在差距的基础性矛盾长期未解，从而导致库

区人多地寡，环境承载压力较大。二是库区产业基础薄弱，公共服务能力低，贫困人口基数大且涵盖范围广，经济社会的发展举步维艰。三是三峡库区周围大城市和发达地区的虹吸效应明显，库区内资金和人才流失严重，相对贫困的矛盾日益严重。此外区域灾害较为频繁也使得三峡库区的扶贫攻坚任务"雪上加霜"。职业教育产教融合迸发的振兴效应决定其是精准帮扶的重要实践保障，既满足村民生产问题的微观个体诉求，又能满足助推乡村产业健康发展的中观产业诉求以及保障乡村振兴有效落地的宏观战略诉求。

（一）微观个体诉求：基于产教融合助力贫困村民可持续生计

三峡库区经济发展迅速，但由于基础差、底子薄，人均GDP只相当于全国人均水平的40%，农民人均年纯收入只相当于全国农民人均纯收入的50%。国家确定的重点扶持贫困县中，三峡库区占11个，占库区区县总数的55%。库区城镇下岗失业人员较多，约10%的居民处于政府确定的最低生活保障线以下。然而，相比较财力的匮乏，三峡库区主要面临的是贫困村民主体性的缺失，主要体现在以下三个方面。一是在自主性上，由于绝大多数贫困村民受教育水平不高，受市场、技术、信息等要素制约作用明显。在之前的库区，一些贫困村民虽然有脱贫的意愿，但是限于教育影响以及眼界不宽，抵御风险的能力也很脆弱，自主脱贫能力和发展后劲不足。另一些贫困村民则是自我发展意愿不强，表现出明显的"等、靠、要"的依赖思想。二是在能动性上，三峡库区贫困村民能真正主动参与当地脱贫项目的积极性普遍不高，依赖政府建好房子、修通道路、治美环境，对于涉及自身的扶贫项目"只见树木不见森林"。三是在创造性上，受地域阻隔、贫困文化、教育落后等因素影响，思想方式保守，绝大多数贫困村民不敢尝试突破陈规陋俗的扶贫项目。因此，面对三峡库区贫困村民"血""智"两空的严峻现状，三峡涉农高职可通过产教融合遵循"教育—产业—岗位—就业—再教育"的逻辑思路促进贫困村民可持续性脱贫。因为区域产业发展和贫困村民是一种"利益捆绑"与"责任连带"的关系。一方面，劳动密集型产业的兴旺可为贫困村民提供大量的就业岗位，促进其增收脱贫。另一方面，与教育相关的产业的转型与发展，需要优化劳动力结构，促进人力资本增值，进而推动贫困村民的内生式发展。

（二）中观产业诉求：基于产教融合助推乡村产业健康发展

受历史原因和自然条件的影响，三峡库区产业发展形势严峻，严重制约了库区经济的可持续发展。一方面，库区产业空心化严重，即区域内的部分产业的资源配置、有效投入、规模发展及技术人才等逐渐从原有的空间消失或者转移，从而使得本产业面临市场或者行业竞争的危险，但同时具有高生产率的新兴产业却没有得到充分发展，出现青黄不接，外实中虚的局面。另一方面，库区产业结构不合理。第一产业基础条件恶化，低度化（所占比例最高，但生产总值最低）倾向严重，农业产业化水平较低，基本处于粗放型经济发展阶段。此外，库区第二产业发展缓慢。因为库区地处西部山区，交通极为不便，经济发展水平普遍较低，工业基础薄弱，并且在第二产业中占比最大的建筑业不能长期支持地方经济发展，而其他工业主要是对初级产品进行生产加工，技术水平较低，再加上库区城镇化水平相对较低，无法形成集中的有较强购买力的市场，面向外地出售又因交通原因提高了产品的价格，从而使得大部分产品没有市场竞争力。与此同时，第三产业发展相对滞后，多为小规模经营的传统服务行业，现代服务业所占比重较小，新兴的第三产业又因缺乏人力、技术资源的支撑而难以为继。产业兴旺是乡村振兴的首要任务，为突破三峡库区乡村一二三产业的发展困境，推动乡村产业兴旺的实现，库区可围绕县域主导产业、特色产业拓展农业的发展空间，通过延伸产业链，强化价值链，完善利益链，构建现代农业体系。为此，三峡库区涉农高职以农业产业的调整、转型和升级为重点，构建为现代农业和农村发展服务的农业相关专业集群，以产教融合促产业融合。一方面，涉农高职产教融合为现代农业的发展提供相应的技术技能型人才支撑；另一方面，现代农业能够吸收更多更好的技术和经验，加快产业的技术应用和产品更新，增强产业创新能力，实现现代农业的持续升级和区域经济的快速发展。

（三）宏观战略诉求：基于产教融合保障乡村振兴有效落地

乡村振兴的关键是产业振兴，实现这一目标需要培养"知识型、技能型、创新型"农业经营者队伍，培育中坚农民，优化农业从业者结构，引领农民创新创业，从而带动农村产业发展。农村职业教育因其自身独特属性，对于培养技能型人才具有结构优势，同时因其地理位置特征对于乡村人才的培养具有地缘便利性，能够因地制宜、因时制宜地培养乡村建设人才。涉农高等职业教育作为农村职业教育的重要载体，其逻辑起点和归宿是农业、农村和农民，全面为"三农"服务是它的本质追求和终极目标。而完善涉农高职的产教融合机制，是解决"三农"问题的重要基础性工程，是推进农业农村现代化进程的必然选择，是实施乡村振兴战略必须优先考虑的政策诉求。具体而言，三峡库区涉农高职产教融合促进乡村振兴有效落地，遵循"产教融合—教育振兴—人力增值—产业兴旺—乡村振兴"的内在机理。

农村职业教育的振兴是乡村振兴的前提。三峡库区不仅面临着乡村劳动力素质不高，库区农民主体性缺位明显等问题，还存在职业技术教育发展落后的现实困境。涉农高职产教融合有助于提升其核心竞争力。职业院校可以围绕产教融合平台的建设，构建与区域经济相适应、背景突出、特色明显、综合实力较强的专业群。在此过程中，促进资源和信息的共享以及人员的交流与合作，引入国内外高水平科技人员，拓宽学校教学管理和科学研究的思路，推动职业教育发展，进而形成较强的综合实力，培养出高层次现代农业技能型人才，与区域内乡村产业集群无缝对接，更好地服务乡村振兴战略。

二、三峡库区涉农高职基于产教融合实施精准扶贫的实践模式

三峡库区职业教育在精准扶贫产教融合模式的建构中从被动的"菜单定制式"需求导向走向主动开展供给侧结构性改革。一是职业教育面向乡村产业进行供给侧改革，形成"供给治理式"实践模式；二是职业教育面向社会深化对乡村产业的供给侧改革，利用各方资源，跨界创新、多方协同，构建出推进扶贫者和被扶者的"创业孵化"实践模式，最终激发乡村发展的内生动力，实现人才振兴、文化振兴、生态振兴和组织振兴的多方联动发展。

（一）"菜单定制式"产教融合扶贫模式

"菜单定制式"产教融合培养的人才适用领域较宽，侧重于为一个领域或行业培养应用型人才。在"菜单定制式"产教融合扶贫模式中，产业与教育成为联合体，双主体进行职教人才培养和专业建设。企业为学校提供人才需求信息和实习实践教育场所，行业人员参与指导高等职业院校的实践教学。在教育的大众化时代，"菜单定制式"产教融合是一种基于"职业能力本位"的人才培养模式，旨在使学生成为一个领域或行业的应用型人才，有助于推动终身教育、终身学习及学习型社会建设的发展。

"菜单定制式"产教融合模式的实施。首先，构建人才培养体系。强化对学生的专业引导，注重职业素质的培养。基于自身资源优势，根据行业特定用人需求，有针对性地与企业共同确定人才培养方案，为企业持续、批量地输送量身定制的专业人才，达到振兴乡村经济的目的。其次，创新人才培养质量评价体系。制定"菜单定制式"培养质量评价标准，组织校内教师及合作企业专家对项目进行考评验收，使培养环节与结果评定环环相扣。最后，调和"四个结合"的关系：通才教育与专才培养相结合；职业素质教育与综合能力培养相结合；知识型人才培养与技能型人才培养相结合；操作技术技能培养与职业资格培训相结合。"四个结合"的有效协调是深化高职教育人才培养与社会需求关系的重要举措。综上，"菜单定制式"产教融合模式的实施路径见图1。

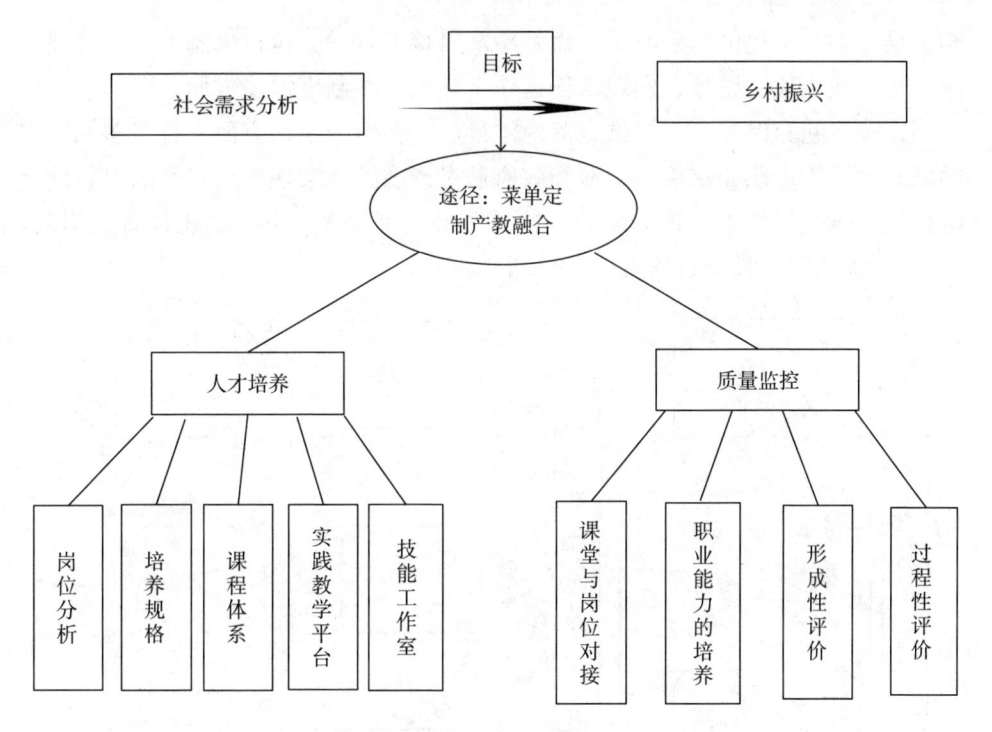

```
                        ┌──────┐
                        │ 目标 │
  ┌──────────────┐      └──┬───┘      ┌──────────┐
  │ 社会需求分析 │─────────┼─────────▶│ 乡村振兴 │
  └──────────────┘         │          └──────────┘
                    ┌──────┴──────┐
                    │ 途径：菜单定│
                    │ 制产教融合  │
                    └──────┬──────┘
```

图1 "菜单定制式"产教融合模式的实施路径图

（人才培养：岗位分析、培养规格、课程体系、实践教学平台、技能工作室；质量监控：课堂与岗位对接、职业能力的培养、形成性评价、过程性评价）

（二）"供给治理式"产教融合扶贫模式

2015年11月，中央经济工作会议提出"供给侧结构性改革"以后，供给侧改革成为各领域改革的主线。三峡库区涉农高职也因势而谋，切实把职业教育放在供给侧结构性改革的大格局中谋划。职业教育的供给侧改革，一是对职业教育内涵建设提出了更高的要求，引发了职业教育理念架构、培养模式、课程体系、教学内容等方面的变革，本质在于提升教育供给端的质量、效率和创新性。二是解决了教育供给结构问题。长期以来，由于三峡库区职业教育与农村产业生产实践联系薄弱，职业教育供给与乡村产业转型升级之间结构性矛盾十分突出：一是职业教育层次结构与乡村产业转型升级需求错误匹配；二是职业教育专业结构与乡村产业转型升级下的市场需求相背离；三是职业教育区域布局与乡村产业转型升级过程中的空间迁移错位以及职业教育办学模式与乡村产业转型升级下产教融合的要求不契合。

为此，职业教育产教融合模式需要进行全方位的供给侧改革，以提升教育质量和效率、促进教育创新以及丰富教育结构为改革理念，从供给机制、供给主体、供给内容等方面入手，在关注需求端、用人端的同时，尤其要关注供给端、培养端，深化供给侧改革，做好精准对接。首先，运行机制上，要增强系统思维，强化顶层设计，实现市场运作。其次，在制度保障方面，要体制改革引领，政策配套保障，加快试点落地。最后，在组织结构方面，打造多元协同的联合发展体。职业院校、企业和政府通过产教融合实现生产要素的重新优化组合，三方统筹协调，深入融合，协同创新，形成多元共治的主体育人格局。"供给治理式"产教融合扶贫模式见图2。

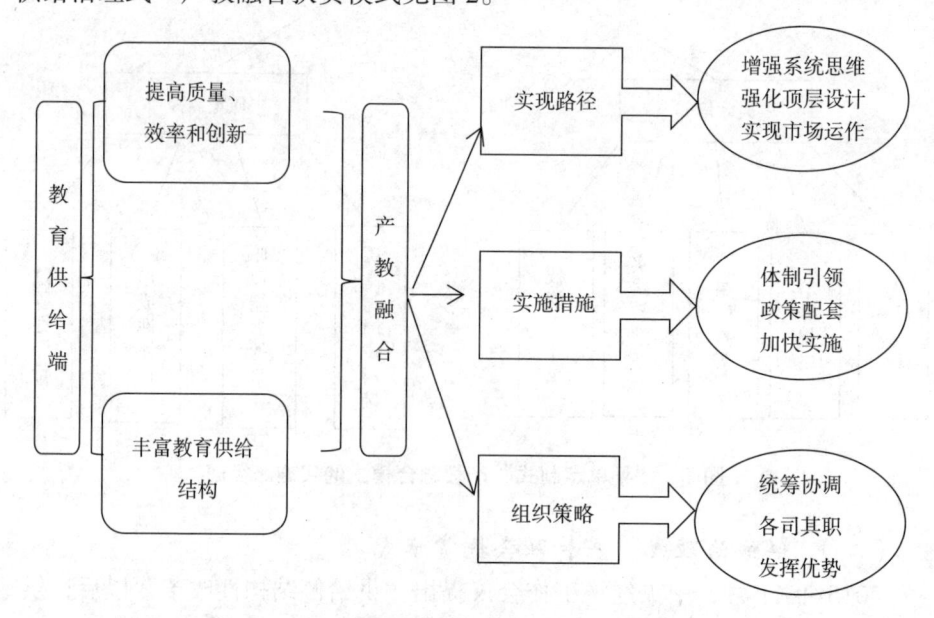

图2 "供给治理式"产教融合扶贫模式图

（三）"创业孵化式"产教融合扶贫模式

2015年5月，国务院发布了《关于深化高等学校创新创业教育改革的实施意见》，从国家战略层面提出了深化人才培养改革的总体要求、主要任务和具体措施。为此，三峡库区高职院校从创新创业教育供给侧改革入手，运用"产教融合、校企合作、工学结合、知行合一"的跨界思维，探索人才培养深化改革的实践路径。

产教融合是高等职业教育遵循人才市场规律，以人才教育科学发展为目标，以"人才"和"市场"有序对接为方式，综合运用师资、教育设施、课程设置、学生特点、学校管理、校外资源等条件和要素，促使生产与教育深度融合，深化校企协同育人的教学改革理念，助推乡村振兴。

首先，深挖三峡库区本土资源优势，做足创业人才教育的"基本功"。产教融合背景下，一是将本土创业的特性与创业教育的共性相结合，鼓励创业人才自我发挥。二是优化创业教育资源的市场化取向投入，以创业教育为市场提供人才，又以人才创业实现经济发展，创造产教融合的经济社会绩效。三是将本土特色资源转化为创业教育的无形资产。其次，完善校企合作机制，做强创业人才教育的"实践功"。产教融合最突出的特点是"产学研"的有机结合，将"企业的实践"和"创业人才的梦想"相对接，改善企业的人才结构，产生产教融合的社会绩效。基于校企合作的职业教育创新创业教育模式从组织结构、人才培养体系、评价体系三方面入手，构建创新创业教育良好生态，提升创新创业型人才培养质量。最后，优化创业教育帮扶环境，做好创业人才教育的"服务功"。完善创业人才的发展环境，为创业人才提供融资渠道；兴办创业人才孵化的准公共设施，为创业人才教育提供实践平台；引导创业人才和产业有序对接，为创业人才教育产教融合牵线搭桥。"创业孵化式"产教融合扶贫模式见图3。

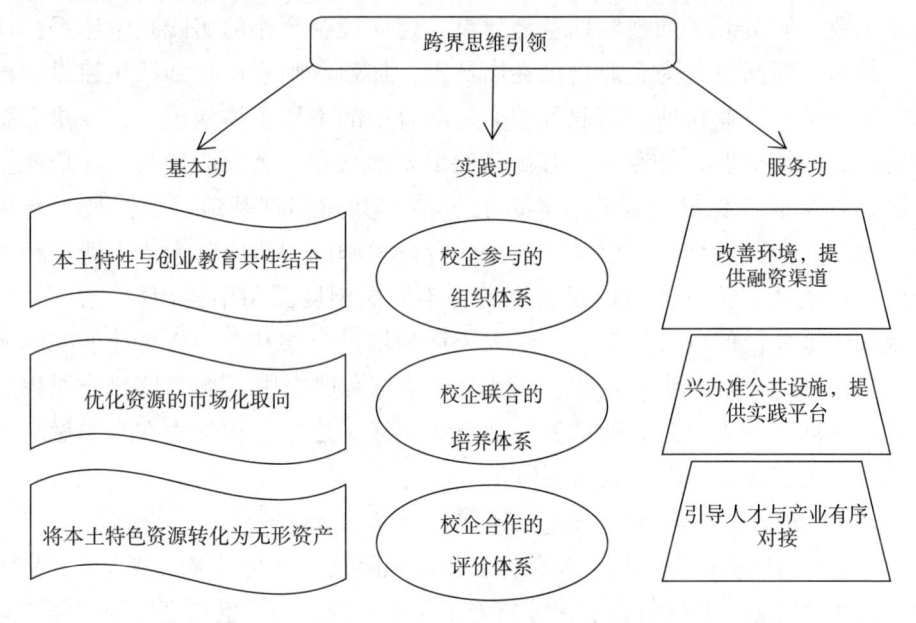

图3 "创业孵化式"产教融合扶贫模式图

三、三峡库区涉农高职基于产教融合实施精准扶贫的行动路径

为提升三峡库区职业教育服务乡村振兴战略的胜任力，进一步深化精准扶贫产教融合模式，首先，建立服务平台，统筹各方资源，促进各方的跨界协同，夯实服务乡村振兴基础保障。其次，建设职业教育专业群，对接乡村振兴产业发展，为乡村振兴的产业发展提供人才支撑。最后，跨界培育多领域帮扶

团队，聚焦创业孵化体系，发挥创业主体的主观能动性，在打造产业特色的过程中实现产业振兴，进而助推乡村振兴。

（一）整合多方资源，共建"1+N"服务平台

产教融合要求涉农高职院校在专业设置、课程安排和人才培养方面整合政府、行业、企业等多方资源，共建"1+N"服务平台，构建多元互动、和谐共生的共同体。首先，巩固政府在涉农高职院校产教融合中的主导地位。政府通过建立激励机制，鼓励企业深度参与学校职业教育过程，形成互动共赢的校企合作机制，并在经费上给予支持。其次，明晰学校在涉农高职院校产教融合中积极的主体地位。与行业企业联动分析乡村产业发展所需要的各类乡村振兴人才对应的职业岗位任职要求，完善人才培养方案；以职业能力为核心，参照行业企业技术标准，融通职业资格认证标准，开发专业课程；利用企业优质资源，加强实训基地建设，建立校企合作的实践教学体系；针对新技术、新岗位，为企业培训在岗员工；加强双师素质教师队伍建设。再次，突出企业行业在涉农高职院校产教融合中的重要主体地位。行业协会是市场信息的传播者，是专业动态优化的重要参与者。企业应参与人才培养全过程，解决职业标准与课程标准对接问题；共建实训基地，加强教学与生产、理论与实践的结合，以及参与培养专任教师的"双师"素质。通过校企互嵌治理模式，治理的目的是指在各种不同的制度关系中运用权力去引导、控制和规范公民的各种活动，以最大限度地增进公共利益。将企业的实际业务（生产）"嵌入"到学校部分课程的教学与实训之中，将学校部分课程的教学与实训"嵌入"到企业的实际业务（生产）之中，让学生在学中做、做中学，真正实现教、学、做的一体化。

（二）优化专业布局，打造"农业+"专业群

专业是高职院校人才培养的载体，是高职院校与社会需求的结合点，是体现学校办学内涵、办学特色、人才培养工作水平的标志，也是高职院校师资队伍建设、软硬件设施建设和实训基地建设的基本依据。政校行企搭台后，落实职业教育供给侧改革，打造"农业+"专业群，从整体上提升专业群在行业或产业的引导能力，需要各专业在人才培养方案、课程标准、教案、教师培养与教学条件等方面落实与行业企业的精准对接。

各专业要立足建设主线，首先将行业需求融入专业培养目标和培养规格中，并逐步细化为职业能力；其次，通过构建不同的课程群，搭建"平台+模块"的课程体系，用课程来支撑专业目标的实现；再次，落实课堂教学与评价，创建共享型资源库，以此来保障培养规格的达成，实现知行合一；最后，

建设"一体化、多层次、开放式"的校内外实训基地,确保学生实践能力的培养。

重庆三峡职业学院是坐落在三峡库区,以农学为主的高职院校,从学校来看,打造"农业+生态、旅游、文化、金融、AI"等专业群,最直接的经济效益是校园基地种植与养殖等校办产业的经济收入,最明显的社会效益是由此辐射带动农村产业发展所产生的广泛影响。从农户来看,学校的技术指导和市场共享信息成为农民增收的重要因素,技术改良和农产品销售的市场导向为农户脱贫致富提供智力支持。从企业来看,"校企合作"的运行过程可以形成稳固的农产品"开发—推广—生产—加工—销售"的农业经济链,由此推动农村经济社会向产业化、集约化、现代化方向发展,提高了乡村建设与发展的速度。

(三)打造帮扶团队,构建"四整合"创业孵化体系

完善系统的创业扶持政策以及社会支持体系是构建"产学研创"四位一体的产教融合创业孵化体系的重要保障。在其助力之下,实施产教融合扶贫,形成帮扶团队的织网,以科技成果转化项目扶贫,为贫困农户带来脱贫增收,最终形成乡村可持续发展的致富之路。

创业教育既不是简单的"纸面教学",也不是单纯的"专业实训"。产教融合视域下,要推动创业教育从理论到实践,构建创业孵化体系,助力创业教育供给侧改革拓深,一是合理搭建创业教育师资与产业发展实践之间的关系桥。二是健全创业人才培养与创业孵化项目实践融合的可操作机制。三是建构高职院校创业教育实践平台的服务机制。涉农高职要围绕农村、农业、农民,以实地考察学习、系统培训、座谈交流等方式打造帮扶团队,发挥产教融合扶贫、扶心、扶智的功能,使之契合创业实践的专业化、大众化、个性化、小微化、网络化取向。因而创业教育从理论到实践也需要高职院校建构创业教育实践平台的服务机制,通过创业知识体系创新、创业教育服务机制创新、创业实践条件创新、创业教育氛围营造等方面的完善,促进创业教育的"产、学、研、创"有机整合,构建创业孵化体系,助力创业教育供给侧改革拓深。

(四)实施精准培育,强化人才供给策略

在深化产教融合的时代背景下,三峡库区的高职教育需要摆脱传统的技术应用与模仿,走向更高端的新技术应用与创新的探索,主动适应新环境,主动对接库区区域经济发展,主动运用人才培养新机制,实施乡村振兴人才的精准培育。为此,三峡库区的高职院校需要加强校企合作以促进产教融合,实现三

个精准。一是校企双方精准"定点"。学校根据库区内各区域经济发展现状与特征、地域资源禀赋条件、农业种类等在乡村场域精准建立乡村振兴人才培训基地,依托企业教学点,开展农村劳动力培训。二是校企双方精准"定质"。人才培养过程由学校专业教师和企业技术骨干联合指导,将校企双方的物质基础、人力资源、财力资源、信息资源等进行有机整合,共同制定人才培养计划,共同构建专业课程模块,创新教学方法。三是校企双方精准"定向"。主要目的在于提高乡村振兴人才培训的社会效益和经济效益,以市场和社会需求为导向,精准对接产业和市场,提高参与培训农村劳动力的就业率。

精准扶贫与乡村振兴的实质是实现农业的现代化,农业现代化的根本在农村教育的现代化,农村教育现代化归根结底在人的现代化,因此,新农村建设的根本保障是人才培养。农村职业教育融合模式充分遵循"升学有基础,务农有技术""不求人人升学,但求人人成功"的教育理念,坚持"德智体美劳"全面发展的教育方向,通过综合性课程的设置,有效助推产与教的融合,并以"工学结合"为具体手段,使理实一体化得以实现。基于此,农村学生既能学习农业生产技术,又能学习升学所需的普通文化知识,从而成长为有文化、懂技术的复合型人才与高素质的新型农民。通过农村职业教育产教融合模式精准培养人才、精准服务社会,能够实现真正意义上的教育精准扶贫,为乡村振兴提供强有力的人力资源与智力支持。

产教扶贫有他们

本篇内容为"聚焦先锋榜"节目稿

黄礼岗

【解说词】

"扶贫先扶志,扶贫必扶智",作为教育不可或缺的重要组成部分,职业教育为乡村振兴奠定了扎实的基础。产业扶贫是实现脱贫的根本之策,教育帮扶是助力乡村振兴的重要推手,如何将产业扶贫与教育扶贫有机融合,通过产教扶贫的方式实现精准扶贫、精准脱贫,是职业教育肩负的重要责任和使命。

作为重庆市唯一一所以现代农业为特色的职业院校,重庆三峡职业学院充分发挥专业优势,交出了一份产教扶贫的优异答卷。敬请收看本期"产教扶贫有他们"。

【解说词】

随着"2020年万州区农民丰收节暨大美万州乡村旅游季秋季游"启动仪式拉开帷幕,看着一片片金黄的稻谷即将变为现金,白土镇大林村的村民们乐得合不拢嘴。

白土镇大林村距离重庆万州城区85公里,属于海拔超1000米的连片贫困地区,全村建档立卡贫困户135户,贫困人口416人。如今,曾经的贫困村已成为产业兴旺的乡村旅游示范村。大林村翻天覆地的变化得益于重庆三峡职业学院实施的"稻渔共生"产业帮扶措施。

位于重庆市万州城区,成立于1936年的重庆三峡职业学院,是重庆地区唯一一所以现代农业为特色的全日制普通公办高等职业院校,是首批中国特色高水平高职专业群建设单位。

近年来,重庆三峡职业学院深入贯彻落实国家脱贫攻坚的部署要求,根据重庆市委组织部、市委教育工委、万州区委区政府的统一安排,坚持"扶贫与扶志、扶智"相结合的帮扶理念,发挥涉农教育专业特色和科技优势,大力开展万州区白土镇、巫溪县天元乡、土城镇的扶贫攻坚工作,促进农业升级、农村变美、农民增收,走出一条科教扶贫、产业扶贫之路,打造出具有重庆特色的产教扶贫的"高职样本"。

【同期】重庆三峡职业学院党委书记　陈章

脱贫攻坚对重庆三峡职业学院来说应该是有血脉关系的,重庆三峡职业学院前身就是专门农业类院校,所以我们的农业特色是比较明显的。我们有几种形式,一个是"第一书记","第一书记"到村里面去,我们派驻了多位"第一书记"。第二是帮扶队员,他们长期要住到村里去。第三是我们的专业教师和我们的专业学生,他们是不定期地,根据农时的需要和农业经济发展的需要,到村里面去指导和帮助。再有一个是我们乡镇的科技特派员,有20多个。实际上我们派出了四个类型的教师和学生到农村第一线去指导和帮助。

【解说词】

重庆三峡职业学院从2015年7月开始,承担起白土镇大林村的脱贫攻坚任务。学院根据大林村的实际情况,研究制定了《脱贫攻坚帮扶实施方案》,选派2名骨干教师担任"驻村第一书记",以升级优化高山水稻种植为抓手,实施"稻渔共生"的产业帮扶措施。

2015年7月,学院与大林村签订"脱贫攻坚帮扶协议",共同组建项目组,制定《稻渔综合种养产业发展规划》，围绕"万州烤鱼"的主要原料，开展以稻田养鲤鱼为主的模式研创。

2015年12月，学院牵头成立"现代农业职教集团"，集团各成员单位分别结合大林的村情、民情，参与稻渔生态产业帮扶，奉献发展之策，促使大林村早日脱贫致富。

2016年初，在学院帮扶团队的鼓励下，大林村组建了"稻渔专业合作社"，开始试推"稻田养鱼"，村民以稻田资源入股，将"单户种田"改为"抱团种养"。

2017年开始，学院把大林村的"稻渔共生"精准扶贫项目列为"优质高职"的子项目建设，10余名专家教授、30余名教师参与组建"智慧稻渔产业脱贫研创队"，专项开展稻渔综合种养的稻鱼营养价值、品种、稻田水质及基础设施建设等应用研究。

通过4年的发展，稻渔综合种养从最初的10亩发展到2020年的500余亩，形成核心示范区，参与农户120多户。

重庆三峡职业学院"稻渔共生"的产教扶贫项目，用绿色发展的理念，建立"培育有机鱼米、提高鱼米品质"的精准帮扶方向，创建了"三峡稻鱼米"和"三峡职院稻田鱼"2个"土特产"品牌，并先后申报成功了9项"田间专利"。同时制定"文化强村"的战略，深入挖掘传统的农耕文化，在白土镇先后举办了"插秧节""摸鱼节""丰收节"等稻渔系列文化活动；创建"和美白土"彩色稻字样、村庄"核心价值观"字画等田园风光。用"字绘大林"传递"重农崇农"的价值取向，用"智慧稻渔"营造"强农富农"的浓厚氛围，用"智汇扶贫"凝聚"爱农支农"的强大力量。

重庆三峡职业学院以大林村为例开展的"稻渔共生"项目，取得了较好的扶贫效益。2017年大林村实现整村脱贫摘帽。2019年起，学院以大林村为核心示范区逐渐向周边和区外拓展，达到"产教脱贫"效益的最大化。

新时代，农村是充满希望的田野，是干事创业的广阔舞台。重庆三峡职业学院以立德树人为根本，以强农兴农为己任，培养更多知农爱农的新型实用人才，学院已累计培养了5万多名高端技术技能型人才，成为三峡库区培养高端技术技能型人才的摇篮。

为了进一步提高农民的文化素养和专业技能，学院把脱贫攻坚的企业生产和扩招充分结合起来，将课堂设在田间地头，招收农民参加全日制学习，农民毕业后可以拿到专科学历证书，这些新型农民成为当地农业技术的领军人才，成为发展现代农业的主力军。巫溪县天元乡万春村的脱贫之路，充分彰显了重庆三峡职业学院"要富口袋，先富脑袋"的精准扶贫的理念。

巫溪县天元乡是重庆市18个深度贫困乡镇之一，为助力天元乡万春村打赢脱贫攻坚战，2018年，重庆三峡职业学院专门成立了以党委书记陈章担任组长、其他校级领导担任成员的脱贫攻坚工作领导小组，选派党性强、业务精、能力强的干部任驻村"第一书记"。

来到万春村驻村的原"第一书记"谭鹏昊通过走访发现当地每家每户都有很多陈年腊肉，吃不完也销不掉，在重庆三峡职业学院的大力帮扶下，万春村建起了腊肉加工厂，农户自家养的粮食生态猪有了更好的销路。截止到2019年，万春村已建成1700平方米的标准化腊肉加工厂房，实现年产值600多万元。

促进产业兴旺、乡村振兴，本土化人才是关键。重庆三峡职业学院充分利用自身专业优势，搭建了重庆市现代农业技术应用推广中心、新型职业农民培训中心、智慧农民信息化工程中心3个平台，在提供技术保障、培训新型农民、拓展二三产业的融合发展方面发挥着显著作用，为贫困地区培养了大批本土化技术技能人才。在2019年高职扩招工作中，学院定向招收巫溪县天元乡43名学员就读食品加工专业，为天元乡腊肉产业可持续发展提供了人才保障。

2019年，重庆三峡职业学院整合帮扶平台，成立了重庆市首个田间学院——重庆三峡职业学院乡村振兴"田间学院"天元乡分院，进一步搭建起"政校行企"的合作平台。截止到2020年12月份，已先后成立了天元乡分院、白土分院、龙驹分院、大周分院、双土分院和同鑫园分院。目前，学院在贫困地区开展各类培训已成常态化，每年培训5000人次以上，编印实用技术宣传资料8万余册，开设田间微课42门。

【同期】重庆三峡职业学院副院长　赵福奎

我们到现在为止有六个田间学院，在万州、云阳、梁平、忠县、巫溪等地开设了田间学院。我们创建了"321"模式促攻坚，搭建了一座农民与大学生之间转换的桥梁，书写了"三间"故事，即"稻田'行间'一条鱼的故事，扶贫'车间'一头猪的故事，游在'乡间'一堂课"的故事。

【解说词】

"不忘初心、牢记使命"。5年间，重庆三峡职业学院先后派驻5批次的帮扶队员，常年驻村；根据农时的需要，先后派出168名专业教师前往农村；学院20多位科技特派员随时为农民提供技术指导。

5年的产教扶贫，重庆三峡职业学院共帮扶395户贫困户，助力1422人脱贫，学院精准扶贫工作得到了社会各界的高度认可。学院扶永辉老师被评为"2019年重庆市乡村振兴贡献奖"先进个人,以表彰他在万州区白土镇大林村、巫溪县土城镇土城社区担任驻村"第一书记"时做出的贡献;帮扶责任人谢必武教授获得了全国绿化委员会颁发的全国绿化奖章证书;2019年,"'稻渔共生'促攻坚"项目,入选"教育部第二届省属高校精准扶贫精准脱贫典型项目";2020年,"产教融合打造'腊肉新乡村'"项目,入选"教育部第三届省属高校精准扶贫精准脱贫典型项目";农林科技学院获得重庆市扶贫开发领导小组授予的"2020年重庆市脱贫攻坚工作先进集体"奖;动物科技学院获得了重庆市教委的脱贫攻坚"集体嘉奖";学院陈章书记领衔的"产教扶贫'稻渔共生'促攻坚"项目获得国务院扶贫办中国扶贫发展中心、全国扶贫宣传教育中心的优秀成果奖,成为全国唯一获此殊荣的高职高专院校。

【同期】重庆三峡职业学院院长　李炯光

中国的现代化离不开农业农村的现代化,农业农村的现代化,关键在科技,在人才,抓住双高建设的机遇,进一步优化专业结构,打造以畜牧兽医专业群为龙头,围绕现代农业办学的涉农专业群,提高我们的人才培养能力和人才培养的水平,服务农业农村发展、服务乡村振兴是我们义不容辞的职责。

【解说词】

农为邦本,本固邦宁。强农兴农是党中央赋予涉农高校的战略使命,在向第二个百年奋斗目标迈进的历史关口,巩固和拓展脱贫攻坚成果、全面推进乡村振兴、加快农业农村现代化,涉农高校承担着强农兴农的历史使命。作为重庆市唯一一所以现代农业为特色的全日制普通公办高等职业院校,重庆三峡职业学院充分发挥推动农业农村现代化的重要作用,以培养合格的农业人才为根本,主动担当,助力脱贫攻坚、推进乡村全面振兴。期待他们在未来续写出更多乡村振兴的成功范例。

职教扶贫问题透视及策略探索

卢文凤　赵福奎

2020年是脱贫攻坚和全面建成小康社会的决胜期。"扶贫必扶智",教育是解决贫困代际传递的重要途径。全面建成小康社会前,职业院校在参与脱贫攻坚战中,主动查找问题,发挥职业教育优势,以问题为导向,积极探索对策，打出"组合拳"助推乡村振兴。

一、职业教育助推精准扶贫存在的问题

（一）"人"的问题

1. 精准扶贫对象识别"欠精准"

对象识别精准度将直接影响精准扶贫成效。以往，职业院校对贫困对象识别主要借助于地方政府认定结果，受传统人情关系及部分村镇工作人员工作责任心不强等因素影响，部分贫困区域在"建档立卡"等认定过程中存在"优亲厚友"现象，各类评选对象中出现"人情户"和"关系户"。政府认定结果的"欠精准"直接导致职业院校对象识别的不精准。与此同时，各种类型的贫困资助条件中对评审对象身份的约束和学校贫困生自我识别体系及标准的"双失"也制约了对象识别精准。

2. 扶贫对象立志意识"待开发"

过去，在国家及地区"输血"式扶贫政策的引领下，部分贫困对象安于现状，主动脱贫的意愿淡漠，"等、靠、要"思想和"要我脱贫"现象严重。在职业院校求学的贫困生，受家庭氛围、传统就业思想、眼界、视野等束缚，创新创业意识不强，摆脱贫困的信心与斗志有待激发。

3. 扶贫对象专业技能"极欠缺"

贫困对象受教育程度普遍较低，自身发展能力不足。伴随着义务教育的普及和高等教育进一步发展，农村贫困对象受教育程度有一定程度的提升，但总体来说又出现受教育时间变长，专业技能同样欠缺的问题。技能的缺失致使好的项目无法实施，好的产品因运营推广不到位而无法打开销路，"技能荒"成为摆在帮扶对象面前的一块拦路石，使帮扶对象振兴困难。

（二）"离"的问题

1. 职业教育呈现"产教分离"

在职业教育助推精准扶贫过程中我们发现，职业教育仍然存在以下情况："教育链、人才链、产业链"有效衔接不足；职业教育学科、专业设置与产业结构不吻合；人才培养与专业岗位需求之间有效衔接不足；"引企入校"、合作开展生产性实训、校企协同创新及科技成果转化等深度校企合作项目举步维艰；职业教育与产业融合任重道远，良性互动格局尚未建成。

2. 职业院校师资"理技分离"

职教师资缺乏行业实践经验，理论与专业实践技能相分离。首先，从人才引进渠道来看，职教师资多来源于各高等院校应届硕士或本科毕业生，这类型

人才拥有较强的理论水平，但专业实践技能匮乏，出现"黑板上"种庄稼现象。其次，职教师资下企业锻炼流于形式，教师对所属领域行业前沿、技术发展水平了解、掌握滞后，"双师型"教师更多是"双证书"型教师，而非"双能力"型教师。

3.扶贫培训技术"供需分离"

纵观目前针对帮扶村的帮扶及就业培训，从培训模式、培训内容到培训资源等各方面都存在一定程度的供需分离的情况。职业院校在开展教育培训前缺乏精准的培训定位，缺乏对受培训者的需求调研，更多的是结合自身经验或是组织部门要求来确定培训模式、内容及资源，这便直接导致培训所学非所需。

(三)"育"的问题

1.职业教育的社会认同度、吸引力较低

对于现代青年来讲，职业教育相较于普通高等教育仍然是高考失利、成绩不佳下的无奈选择，职业教育地位及社会认同度较低，对于优质生源的吸引力差，优质学生主动报考率低。

2.培育主体"单打独斗"，培育合力不足

部分地区职业教育助推乡村振兴缺乏完善高效的顶层设计，政府、行业、企业、高校之间缺乏有效沟通与合理布局，助推乡村振兴过程中"单打独斗"多，资源整合不足，导致投入重复、效果低下。

3.职业教育助推精准扶贫措施精准度待提升

帮扶工作已经从单一"输血式"向"造血式"转变，职业教育嵌入乡村振兴主要采取了"奖、补、贷相结合的学费奖助模式""学历教育+培训""送教下乡""送生入校"等形式。但从形式与效果来看，仍然存在对象创业意识不强，教育扶贫、文化扶贫与产业扶贫等融合不足；培训内容过于理论，针对性不足，实用性不强，形式过于单一，创新性不够等问题。

二、职业教育助推精准扶贫策略探索

(一)瞄准对象，扶志扶智，建贫困甄别系统及双创基地，解决"人"的问题

1.对象精准，完善贫困对象分类甄别系统

找准对象，是脱贫攻坚的关键所在。对于贫困对象的确立，目前国家及各地方政府都已经出台了相对完善的政策，但在评选程序中仍然存在着不规范的情况。如，贫困户识别程序不合规定，个别农户先建档立卡后补交贫困户申请书以及评审过程中出现"优亲厚友"现象等。鉴于此，在贫困对象评审的过程

中应该严格纪律、加强规范、采取"问责制",确保贫困对象识别不遗漏、不错位。作为职业院校来说,在新生入校之初,在充分利用政府公众贫困对象信息查询系统的基础上,也应对入校贫困学生进行进一步甄别、分类,核实致贫原因、贫困程度,建立一套完善的贫困生档案,为针对贫困生的各项帮扶政策落实奠定坚实的基础。

2. 扶志扶智,创建创新创业意识教育基地

贫困地区的落后与其慵懒、散漫、不思进取、自我驱动与发展能力不足有很大的关系。扶贫先扶志,必须从思想上、观念上帮助贫困地区学生及村民树立脱贫致富的信心,让他们以积极的斗志,投身到自我脱贫致富的建设中。作为职业院校,扶志应从以下几个方面入手:一是对于在校的贫困学生而言,应根据学生家庭实际和致贫原因,开展理想教育、创新创业教育等,从思想意识、知识技能等方面入手,来引导、帮助学生树立正确的就业观、创业观。二是依托学校创新创业平台,鼓励贫困学生在校期间积极参与社会实践、大学生创新创业大赛等,以赛促学、以赛促变。三是广泛邀请创新创业大师、创业成功典范、优质校友等来校讲学,强化示范引领,增强学生创业激情。四是依托高校或政府创业孵化园,成立由"创业指导教师+专业指导教师+企业创业导师+政府政策咨询师"组成的创业导师团,为有想法、有项目、想实施的贫困学生提供指导,提升其创业的成功率。

(二)职教抱团,量身定培,强化产教融合助推精准扶贫,解决"离"的问题

1. 有针对性地推行"产教融合",助推脱贫振兴

职业院校应践行"产教融合"战略,对照贫困村"一达标、两不愁、三保障"脱贫验收标准,结合贫困村的实际产业情况、气候条件、生态环境等因素,实施"产教融合、学做结合、种养结合、农旅结合",推动教学体系设计与产业结构类型相结合、专业教育与职业需求相吻合、教学内容与农业生产相衔接,推进贫困村脱贫振兴。

2. 强化教师生产实践,构建"能力型"双师队伍

职业院校有别于一般高等院校,在教师专业实践技能方面有着较高的要求。应鼓励教师深入到行业、企业,结合专业开展创新创业工作,结合农业企业生产工艺变化,不断更新自身技术水平,做到水平与农业企业接轨,从"证书型双师"转变为真正能够指导学生实践技能的"能力型双师"。

3. 创新"三送三培",量身定培,克服"农技恐慌"

面对贫困村进行"三送",送教师下乡,送技术入户,送专家下地。组织

"田保姆""禽保姆""果保姆"进村入户补技术短板，开展农村实用技能培训，解决农民特别是贫困户"本领恐慌"的问题。依托职教师资及平台，实施贫困村"三培"，培养"现代青年农场主、农业职业经理人、山地农机新舵手"等领军团队。培育创业能力强、技能水平高、带动作用大的新型职业农民队伍，为相对贫困村的现代农业建设发展注入新鲜血液。

4.职教抱团服务，增强专业设置与需求的耦合度

职教联姻，抱团为贫困村服务，搭建职业教育"中高职衔接"的"立交桥"及社会服务共享平台。创建优质高职院校，示范引领周边地区职业教育的发展，进而辐射到区域内的贫困县、贫困村、贫困户，助推精准扶贫。职业院校立足服务地区经济社会发展，结合区域产业结构现状，增强专业设置与地区社会经济发展人才需求的耦合度，开展深度校企合作、产教融合，强化学校办学实力与水平，解决区域人才需求问题。

（三）加强宣教，多方协同，探索实施职教扶贫新对策，解决"育"的问题

1.加强宣教，加大投入，纠正社会对职业教育的认知

从劳动力市场需求来看，农村技术技能型人才缺口较大。为提升社会对职业教育的认知，一方面，应加大宣传力度，加大对职业教育的投入，解决好职业教育办学外部氛围及内涵提升的资金问题；另一方面，应积极引导树立正确的职业观、择业观，鼓励职业院校的现代青年去农村、留农村。

2."政校行企"多方协同，抱团合力服务精准扶贫对象

充分认识乡村振兴工作是一项系统工程，需要统一思想、统一领导、聚焦问题、瞄准靶心、多方协同、共同发力。牢固树立"一盘棋"乡村振兴思想，统一规划，教育机构与企业积极投入，"政校行企"多方协同、抱团服务精准帮扶扶贫对象。

3.立足实际，提升效率，探索职教助推精准扶贫对策

帮找"因病、因学、缺劳动力、缺技术"等致贫原因，对症下药，杜绝盲目实施"一揽子"计划。鼓励有条件的贫困村大力发展旅游产业、文化产业，实现由过去单一"种养殖业"向"旅游、文化等多样化"发展，形成各区域独具特色的产业扶贫模式。职业院校采取"分类培训+理实结合"的培训方式，强化培训的针对性、系统性、进阶性及实用性。倡导培训课堂走进田间、走进合作社、走进院坝，以理论知识提升为基础，以实践动手能力提升为核心，全面提升培训的实效性。

共生赋能：乡村振兴服务逻辑与实践路径

邹建华　卢文凤　赵福奎

推进职业教育改革，实施乡村振兴战略，涉农高职院校责无旁贷。面对时代之命题，需要涉农高职院校以时不我待的使命感和紧迫感审视现实问题，厘清发展逻辑，找到突破路径，推进改革实践。

一、村校共生：涉农高职与乡村振兴的"渴求理论"

2017年12月，国务院办公厅《关于深化产教融合的若干意见》中指出："深化职业教育、高等教育等改革，发挥企业重要主体作用，促进人才培养供给侧和产业需求侧结构要素全方位融合，培养大批高素质创新人才和技术技能人才，为加快建设实体经济、科技创新、现代金融、人力资源协同发展的产业体系，增强产业核心竞争力，汇聚发展新动能提供有力支撑。"2018年2月，国家六部（局）委联合出台的《职业学校校企合作促进办法》，要求学校通过共同育人、合作研究、共建机构、共享资源等方式与企业实施合作，试图破解校企合作中一直存在的"企业参与校企合作积极性不高、参与程度不深"等问题，破解"校企合作协议不规范、运行机制不顺畅、育人效果不明显"等难题。2019年1月，《国家职业教育改革实施方案》发布，明确指出要将职业教育摆在经济社会发展和教育改革中更加突出的位置，为全面建成社会主义现代化强国提供有力支撑。《中共中央国务院关于实施乡村振兴战略的意见》强调要紧紧围绕统筹推进"五位一体"总体布局和协调推进"四个全面"战略布局，坚持把解决好"三农"问题作为全党工作重中之重，坚持农业农村优先发展，按照产业兴旺、生态宜居、乡风文明、治理有效、生活富裕的总要求，建立健全呈现融合发展的体制机制和政策体系，统筹推进农村经济建设、政治建设、文化建设、社会建设、生态文明建设和党的建设，加快推进乡村治理体系和治理能力现代化，加快推进农业农村现代化，走中国特色社会主义乡村振兴道路，让农业成为有奔头的产业，让农民成为有吸引力的职业，让农村成为安居乐业的美丽家园。涉农高职院校贯彻落实国家重大战略，是时代赋予的重大使命，也是时代提出的重大挑战。

(一)涉农高职的"育人高地"渴求"共生"

涉农高职要紧扣"乡村振兴"创建"新农科",围绕"产教融合"重构"村校通",打造"育人高地",真正为产教赋能,进而实现"村校共生"。

1.紧扣乡村振兴办学:创建"新农科"

新时代呼唤建设"新农科"。没有农业农村现代化,就没有整个国家的现代化。实施乡村振兴战略,涉农高职院校重任在肩。面对当前的新农业、新乡村、新农民、新生态,我国乡村现代化需要的是创新型、复合型、应用型农业人才。作为涉农高职院校,要围绕乡村振兴战略来定位办学,发挥自身的优势和特长,建设"新农科"。2019年9月,全国50余所涉农高校"掌门人"齐聚黑龙江七星农场,提出"北大仓行动",教育部推出"新农科"建设"专业优化攻坚行动、新型人才培养行动、课程改革创新行动、实践基地建设行动、优质师资培育行动、协同育人强化行动、质量标准提升行动、开放合作深化行动"等八大举措。对于重庆涉农高职院校来讲,就要根据重庆大山区、大农村、大库区的特点,灵活设置面向市场和产业需求的专业,用生物技术、信息技术、工程技术等改造升级现有涉农专业,布局新建"农业大数据、智能农业、休闲农业、生态修复、森林康养"等新专业,根据地方经济社会的需求,因地制宜培育三峡库区农林特色优势专业集群,更好地为重庆地方经济发展服务。

2.完善产教融合体系:重构"村校通"

党的十九大报告指出要"完善职业教育和培训体系",就是要构建产业人才培养培训新体系,完善学历教育与培训并重的现代职业教育体系。产教融合和校企合作,为职业教育的创新发展指明了方向。就涉农高职院校来讲,就是要与农村、农场、村级合作社和企业等进行深层次合作,重构"村校通";开展"产学研"合作、"农科教"协同,走"村校"融合发展、协同发展之路,下好"农校对接、农工结合、农理结合、农旅结合、农医结合、农文结合"之棋,打造"村校命运共同体",让涉农高职院校教师"把论文写在祖国的大地上";构建校内实践教学基地与乡村实习基地协同联动的实践教学平台,建设一批三峡库区具有代表性的共建共享农林实践教学基地,让农林教育走下"黑板"、走出教室、走进山水林田,助力乡村振兴,补齐农林教育的"实践短板";贯彻"职教20条",落实职业教育"校企双元育人""知行合一、工学结合"的要求,践行"1+X证书"制度;对接三峡库区高素质农民发展新要求,培养一批爱农业、懂技术、善经营的下得去、留得住、离不开的实用技能型农业人才,培育领军型职业农民,实现乡村人才培养链、农业产业链、科技推广链的精准对接；激励青年学生"学农、爱农、务农"，在农村的广阔天地建功立业，为乡村振兴注入源源不断的青春力量。

（二）乡村振兴的"治理体系"渴求"共生"

当前，落实乡村振兴战略正面临着人才缺乏、产业滞后、文化贫瘠等掣肘性难题。乡村系统无法实现有效自治，必须走出村校分治的现实，走向村校"共治共生"。

1. 共生兴村：乡村建设的"新答卷"

我国是一个农业大国，长期以来"乡村"就是"贫穷"的代名词。随着城镇化发展的加速，"农民工"迁徙大中城市，农村人口大幅减少。一般性农业生产型村庄往往出现"精英进城、老人留守、村庄空心化"的衰落凋敝景象。乡村治理水平和服务能力不足，农耕文明和乡愁文化持续遗失；乡村干部存在"断层"；乡村人才流失，"农民工"返乡创业氛围不浓，留守乡村的多为小孩、妇女和年老体弱者，文化素养和技术能力不能适应乡村振兴的要求；多数乡村缺乏科技含量高、产业链条长、带动能力强、就业门路多、符合地区发展规划要求的产业项目，村民增收难，乡村振兴任务十分艰巨。依托涉农高职，引入师生共创共研，吸入资金产学结合，借助外力外援，实施"共生兴村"是乡村建设的最佳选择。

2. 共生育才：产教振兴的"更优解"

能否实现乡村振兴，乡村人才和产业有着举足轻重的作用。然而，长期以来，乡村高素质劳动力的缺失，产业的单一，传统农业的落后等，都是制约乡村产业发展的重要因素。乡村企业与职业院校合作，要求涉农高职融入乡村产业发展建设，这就给乡村与涉农高职搭建了合作的"共生平台"。其中首要的就是村校"深度融合、共生育才"，共同培养乡村人才，为乡村产业兴旺赋予"新动能"。聚焦产教融合，根据乡村的实际需求培育一批"土秀才"，造就一支"懂农业、爱农村、爱农民"的"三农"工作队伍；根据当地市场的需求加快乡村与文化深度融合，培养一批乡村的新兴产业、特色产业，建设美丽的"新乡村"。

二、产教赋能：涉农高职与乡村振兴的"共生介质"

面对乡村"人才短缺、文化短板、产业滞后"等问题，涉农高职院校要从乡村"人才、文化、产业"着手，践行产教融合，激发乡村内生动力，彰显乡村背后职教强大的支持力量，走向村校共生。人才和文化是教育的立足点，是撑起乡村振兴的"顶梁柱"。发展产业是乡村振兴的治本之策,产教融合是教育的时代使命。"人才、文化、产业"三者相互联系、相辅相成,为村校共生赋能,为乡村振兴添彩。

(一)人才:乡村的"硬实力",发展的"牛鼻子"

乡村振兴的核心是人才振兴。人才是发展的"硬实力",是乡村振兴的"活力源"和"第一资源"。抓住人才的"牛鼻子",有效建立完善乡村人才培育机制,强化人才支撑,乡村振兴才有望实现。涉农高职院校是乡村人才的摇篮,要利用自身的优势,积极探索乡村人才的成长规律,完善切合乡村实际情况的人才培养模式,为乡村培训更多的基层组织带头人、产业发展带头人、社会事业带头人,培养和打造"三农"工作队伍;要与乡村精准对接、精准培训,开展"多元型、差异化、订单式"培训,用完善的职教体系推动乡村人才"提档升级";要强化产教融合,因势利导,为乡村企业提供技术支撑,为乡村企业家搭平台、建舞台,让农民在农村大展才华、大显身手,建设美丽乡村。

(二)文化:乡村的"软实力",图强的"基础石"

乡村文化是村民在长期从事农业生产和生活中创造的物质成果和精神成果的总和,是村民文化素质、价值观、交往和生活方式的集中反映。乡村的每一次跃进、每一次升华,无不伴随着文化的历史性进步。在实施乡村振兴过程中,"文化"是乡村的"软实力"、图强的"基础石",是乡村振兴的"魂"。只有"脑袋富",才能"口袋鼓"。涉农高职院校当前的基础性工作就是要帮助乡村重构文化,践行"文化强村"战略,发展现代农业、智慧农业,凸显乡村文化的个性;要充分考虑城乡文化、传统与现代文化、乡土与外来文化等的结合,使之与文化大发展、大繁荣相适应,助力乡村精神文明建设、美丽乡村建设和社会稳定发展;要面向各乡村企业职工、农村转移就业劳动者特别是新生代农民工、下岗失业人员、乡村退役军人、就业困难人员开展文化教育和培训,提升村民的文化素养和职业能力。

(三)产业:乡村的"富强梦",振兴的"聚焦点"

乡村振兴是"五位一体"的全面振兴,其中"产业兴旺"是乡村振兴的"聚焦点",是构筑乡村富强的关键所在。涉农高职院校要强化与乡村的对接,提升科技服务水平,力求一位教授就是一个产业的火种;要组建产教振兴团队,摸清村情和村民意愿,量身定制产业帮扶方案,利用学校的专业优势,科学稳妥地帮助乡村制定产业发展规划,将生产、加工、运输等各元素聚集整合,延伸产业链条,促进农业同二三产业融合发展;要成立产业技术帮扶"尖兵团",指导乡村优化产业结构、产品结构,发展绿色环保、优质生态、特色鲜明的农产品；要建立专业与乡村产业发展"一对一"的保姆式帮扶机制，确保帮扶的乡村每个产业都有专业人员全过程技术跟踪指导服务；要强化"农文旅"结合，发展休闲农业、乡村旅游等新产业，拓宽农业增收渠道；要结合专业建设，在乡村创建绿色食品的有机农产品孵化基地，发展"互联网+现代农业"，帮助建立电商物联网，促进产业增收。

三、四元驱动：村校共生实践路径的"库区样态"

重庆三峡职业学院（下称"学校"）是三峡库区现代化涉农高职院校，多年来一直积极探索"村校共生、产教赋能"教育教学改革，基于涉农高职和乡村振兴的"共同渴求"分析，基于人才、文化、产业的"共生介质"审思，摸索总结出一条"专业与产业同发展、学生与乡贤共进步、教师与村民齐增收、校园与村庄融一体"的"四元驱动"实践路径，促进村校"协同共生"。

（一）专业与产业同发展，专业撬动产教振兴

1. 政校企合作：对接"百万头生猪"建设"高水平专业群"

学校是教育部批准的"高水平专业群"建设计划单位。长期与万州区人民政府及四川德康农牧科技有限公司（下称"德康"）友好合作。立足对接万州"100万头生猪"养殖项目，在万州30余个养殖场推行"政府搭台，德康投资，学校育人"的政校企合作模式，联合区政府出台《万州区鼓励村级集体经济组织和贫困户合作发展有机农业产业化建设项目扶持办法》。有效地改造"畜牧兽医""动物防疫与检疫""动物药学"等专业，培养当地的生猪产业人才，力求一个专业撑起一个产业。强化与德康的校企合作，积极推广"低架网床+益生菌+异位发酵"集中养殖，完善"猪粪收集—有机肥生产—种植业利用"立体农业循环链。根据生猪产业发展需求，扩大"食品营养与检测""食品加工技术""风景园林""电子商务"等专业招生规模，满足生猪加工屠宰、猪场景观建设、电子商务等市场人才需要，实现专业与产业同发展，助推乡村一二三产业融合发展。

2. 村校社合作：对接"百万亩经果林"打造"实习实训基地"

学校结合三峡库区的实际，围绕万州"100万亩经果林"产业发展，与周边乡村及农业合作社开展深层次合作，打造产教融合实训基地。以"植物保护与检疫技术""园林工程""休闲农业""农业装备应用技术""经济管理"类专业，撬动万州山地高效型产业基地的建设，促进万州"优势柑橘产业带、优质小水果产业带、高山生态茶叶产业带"建设。其中万州"柑橘基地37.5万亩、

小水果基地 21 万亩、茶叶基地 4.5 万亩"都是学校技术帮扶之地，年培训基地学员 3000 人次以上。学校在甘宁镇与村级合作社共建的"玫瑰香橙基地"，与铁峰乡村级合作社共建的"凤凰花果山基地"，实现果园 2500 亩、高山茶园 3000 亩的"教学实习、观光旅游、休闲度假、拓展野营、农耕体验、果茶采摘"等功能融于一体的产业集群发展的效果。做到一个基地带动一个产业的蓬勃发展，一幅乡村振兴的画卷正徐徐展开。近 5 年来在"经果林"基地，学校有上万人次的学生生产实训，学生得到了技能训练，也多次取得"园林景观设计与施工""农产品质量安全检测""茶艺"全国职业院校学生技能大赛一等奖等多项殊荣。

（二）学生与乡贤共进步，学生争当大国农匠

1. 引"乡贤"入校，办"创业一条街"

为大力扶持学生创业，学校在经费及场地较为紧张的情况下，依然"任性"地投入 200 余万元建成 1000 余平方米 21 个门面的"创业一条街"，提供给有意向的新型职业农民、农业行家、企业带头人等"乡贤"入驻，通过零租金的方式来校带领大学生开展创新创业指导。探索吸引乡村知名企业家来校带领学生，创办集办公、创客、洽谈、会议交流于一体的"绿叶众创空间"。在学校"创业一条街"里，"乡贤"以教师的身份，利用自己的专业技能带领学生学开门市、学做生意。有的建立了宠物医院，有的做起了物流，搞得有模有样，生意还挺不错。2015—2020 年，学校建立了教师"旋转门"机制，即"引进来"与"走出去"的培养策略；引进 20 余名"乡贤"来校，共有 205 名毕业生走上成功创业之路；"乡贤"张雪斌教师带领的"智慧物流作业方案设计与实施"项目团队，连续两年获得全国职业院校学生技能大赛一等奖；畜牧兽医专业学生冯锋创办的重庆市凤轩农业有限公司已在上海股权交易中心挂牌上市；食品加工专业学生石桂霜创办的长寿鱼面品牌等已成为学校学生创业励志的成功典范；机电一体化技术专业学生余洪君拥有 8 架无人机，为武陵湿地公园等数十家农场实施机喷农药，服务面积超过 5000亩；学生李上国、尹天珍凭借专业技能、创业成果获得重庆市"2017 大国工匠职教之星"称号。

2. 促"学生"回村，研创"大田文章"

学校以培养懂农业、爱农村、爱农民的"三农"队伍为目标，鼓励在校学生学农、爱农，筑梦"希望的田野"，努力把自己培养成为乡村基层"领军人、经理人、掌门人"，积极投身乡村振兴战略之中。2015—2020 年，学校鼓励全日制大专毕业生 2200 余名回乡村打拼，推荐到重庆边远乡村就业创业，在

乡村能人的带领下书写"大田文章"。现有 500 余人回母校接受"农场主""新型职业农民"的"再教育"培育；有 300 余人已成长为农业经理人、合作社带头人、果园负责人、猪场老板，升为新"乡贤"；有 50 余人与母校签订了合作育人协议，在自己创办的农业企业内，每年接受母校的在校生实习实训达 2000 人次，成为母校的产教融合、校企合作基地；有 23 人回母校"创业一条街"当"创业孵化园"指导教师；优秀毕业生代表，养猪大户潘冬月、葡萄种植大户张勇等已成为乡村知名人士，受到重庆市农业农村委、区县党委政府的表彰；学生马刘洋回忠县创办重庆猪太郎农业股份合作社，2019 年入选重庆十大"乡村领军人才"。

（三）教师与村民齐增收，教师勇做"田间创客"

1. 教师与村民共跳产业"双人舞"："扶贫车间"育人

学校派出了谭鹏昊老师，与 30 多名教师帮扶队员一起，带领巫溪县天元乡万春村二组村民陈棕森等，创办万春农业开发专业合作社和腊肉加工厂。2018 年学校教师帮扶团队与陈棕森等 400 余村民一起跳产业"双人舞"，从发展养猪到腊肉加工销售全程指导，开展"扶贫车间"育人。教师数次在村上开办新型职业农民培训，培训村民 600 余人次，传授"种、养、加"方面的实用技能，教师研究的腊肉生产配方、低盐腌制和熏制腊肉技术等研究成果得以转化。村民们不断改进科学养猪技术，开创腊肉电商平台，实现了一二三产业的深度融合。2018 年生产腊肉、香肠制品 3 万余斤，产值 120 万元以上，净利润超 34 万元，带动农户 128 户（其中贫困户 57 户）致富。谭鹏昊带队的教师帮扶团队也多次获重庆市委领导的表扬。2019 年，学校申报市级重点项目"巫溪县天元乡特色生态腊肉传统工艺产业化升级改造关键技术研究"，并指导村民扩建腊肉生产厂房 1000 平方米，产出 10 万斤高品质生态腊肉，销售额突破 600 万元，"车间扶贫"效益得到彰显。

2. 村民与教师共筑产业"振兴梦"："稻鱼项目"育人

学校在万州区白土镇大林村创办"稻渔综合种养示范基地"，组织村民成立"稻渔专业合作社"，与合作社一起争取获得了重庆市科技局支持的"三峡库区乡村振兴视野下稻渔综合种养模式集成与推广"项目（经费 40 万元）。学校 10 余名专家教授、30 余名教师参与智慧稻渔产业"研创育人"工作。学校开展稻渔综合种养培训 500 余人次，实施"教育扶贫"资助，鼓励大林村 120 余户村民（其中建卡贫困户 83 户）以稻田资源入股，变"村民"为"股民"，改"单户种田"为"抱团种养"。2020 年前就已经形成 500 余亩的"稻渔综合种养"核心示范区，使万州区白土镇大林村成为"鱼米之村"。也已经建成"零化肥+零农药"的"稻渔共生"模式,创建了2个专利和2个稻渔品牌,每亩稻田增收2000元以上。2018年的稻鱼米以每千克30元的单价远销浙江30吨。100余户村民信心百倍,决心做大稻渔"师徒"朋友圈,突出"稻渔文化"和"农旅结合",助力乡村振兴。2019年,该项目获得教育部"第二届省属高校精准扶贫典型项目"奖。

(四)校园与村庄融一体,村校共育"新农科"

1. 共建"产教学院",探索"村民+产能"模式

学校重点立足三峡库区发展特色农业、高效农业,利用自身的专业优势把培训育人的"半边天"工作做好,先手棋是"产教融合",促进"校村共赢"协调发展。在万州、云阳、巫溪等区县选择长期友好合作的乡镇,结合精准扶贫增挂数个"乡村产教学院"(含"乡村振兴分院""田间学院""生态学院""乡村大学")校牌,签订合作育人协议,创办没有围墙的"涉农分校"。在乡镇特别是贫困村创建"村民+产能"模式,完善培训体系,采取"大学老师进农院""村民家中上大学"等办法,组建"教育兵团"利用"夏天中午茶""夜间闲聊时",开创"院坝课堂",开设"夜校课程",力求做到"专业对口、知识对味、技术对路"。根据当地主导产业的发展实际,施"产教兴村""生态扶贫"之策,以"移动教室""送教下乡"的形式,"手把手"地传授技能,精准培养"有文化、懂技术、善经营"的高素质村民。

2. 共建"字绘学院",探索"村庄+文化"模式

学校在产教基地大力推行"文化强村"战略,共建"乡村字绘学院",送文化进村,充分挖掘和传承村庄"非遗文化、耕读文化、农旅文化、敬老文化"。2017年、2018年在白土镇政府的支持下,在"稻渔基地"开展"插秧节""摸鱼节""丰收节"等系列文化活动。创建"和美白土"彩色稻字样、村庄"核心价值观"字画等田园风光。在巫溪县天元乡建设"农家书庄""民俗小馆""综艺小院""冬桃花院",开展"天谷元乡"字绘比赛,用"字绘天元"传递"重农崇农""美丽乡村"的价值取向和追求,用"腊肉车间"营造"强农富农"的浓厚氛围,用"字绘文化"凝聚"爱农支农"的强大精神力量。系列文化活动的开展,使大林村的稻渔和天元乡的腊肉"火起来","土"文化"洋"起来,农家房"字画打扮"起来,村民们自豪感、成就感、幸福感强起来,农耕文化在发展产业和建设"美丽乡村"中得以进步和升华,乡村文化底蕴得以彰显。

3. 共建"数字学院",探索"农业+智慧"模式

学校利用"互联网+""手机—新农具"以及"智慧职教"平台,与乡村

基地共建"乡村数字学院",探索"农业+智慧"模式。依托继续教育学院及重庆市现代农业职教集团,咬定"培育"不松口,与周边区县合作企业、中职、高职院校联合做大"网络教育",创建"学分银行",推行"1+X"证书制度。村民和新型职业农民等可利用"新农具—手机"进行"再教育"。开设"田间微课",在林间、大田、院坝等地随时可远程施教和答疑,完善"线上+线下"教育模式。创建"三峡库区生态农业"电商物流平台,供所有实训基地和乡村共享。派教师进入乡村、合作社和企业指导村民远销"稻鱼米""青脆李""生态腊肉"等农特产。进入白土镇指导"智慧农机"作业,尤其是"植保无人机"在大林村得到广泛应用。进入甘宁镇指导"智能温室"建设和生产,推广智慧农业物联网,推动"智慧农业"与现代生物技术、种植养殖技术融合发展。运用互联网、大数据、人工智能、物联网、区块链等信息网络技术,推动乡村产业创新升级,为乡村振兴插上"数字"翅膀。

村校攻坚:"产教突围"奔小康

——重庆三峡职业学院精准扶贫探索与实践

赵福奎　卢文凤

农业、农村、农民是关乎国计民生的根本性问题。习近平总书记指出,2020年是我们全面建成小康社会的一年,也是脱贫攻坚的决胜之年。职业教育作为教育的一种类型,具有横跨"教育域、职业域、产业域"的特点,强调校企合作、产教融合,注重专业建设与区域产业相对接,专业人才培养与企业用人单位需求相契合。职业院校在服务贫困村产业发展、开展产教扶贫方面具有得天独厚的优势。《中国高等职业院校精准扶贫发展报告(2015—2019)中篇》显示,2015—2019年,职业教育为贫困地区派遣产业扶贫技术专家总数达36313人次,提供各类技术咨询指导服务16358人,搭建产业发展服务平台4354个。从整体上来看职业教育通过有效措施为贫困地区产业增收达34.54亿元,职业教育为贫困地区产业增收与可持续发展做出了突出贡献。重庆三峡职业学院在精准扶贫方面,透视"产教突围"的普遍性问题,实践"村校攻坚"的开创性路径,探索涉农院校精准扶贫的"产教传奇"。

一、透视"产教突围"的普遍性问题

据调查发现,职业院校在助力贫困地区产教扶贫过程中,存在协同育人机制体制不健全、乡村教育与培训体系不够完善、贫困乡村产教扶贫效果不理想等普遍性问题。

(一)产教协同育人机制体制不健全,存在"村校脱节"现象

职业院校与贫困乡村产业的统筹融合和良性互动,是乡村"产教脱贫"要求。当前,职业院校服务贫困乡村的新理念、新模式、新机制还有待创建,新农科人才培养链与乡村产业链对接不牢,职业院校与乡村企业、农业园区连接不紧密,产教融合不深入,村校协同、校企合作育人机制体制不健全,教师"眼高手低"、学生"高分低能"现象有之。根据《国务院办公厅关于深化产教融合的若干意见》(国办发〔2017〕95号)"促进人才培养供给侧和产业需求侧结构要素全方位融合"要求,亟待解决农业职业教育村校脱节的"两张皮"问题。

(二)乡村教育与培训体系不够完善,存在"人才不适"现象

我国乡村人才教育供给与产业需求结构性矛盾突出,科技短板、人才不足成为乡村振兴的最大桎梏。需要职业院校完善需求导向的人才培养模式,培育"懂农业、爱农村、爱农民"的"三农"工作队伍。农村职业教育发展要适应乡村振兴的需要,必须以产教融合为切入点,深化体制机制改革。现实中职业教育服务体系建设不够完善,农业职业教育存在弱势和短板,职业院校偏重全日制教育,乡村人才培育体系及教师"上山下乡""送教进村"的培训体系尚未健全,职校学生"动手能力差""跳农门"现象大量存在。因此,完善贫困村职业教育和培训体系是当前的首要任务,是为贫困村输送新型适用人才和破解新农民"本领恐慌"的需要。

(三)贫困乡村产教扶贫效果不理想,存在"能效低下"现象

产业扶贫能有效解决贫困地区的可持续发展问题,是解决贫困地区贫困问题与经济可持续发展的重要途径之一。职业教育通过校企合作、产教融合能有效改善贫困地区的人力资本状况,实现人才振兴带动贫困村产业发展。从职业教育发展实际来看,职业教育体系与扶贫产业对接机制分离、职业教育目标与扶贫产业对接方向错位、职业教育与产业扶贫的融合实践效能低下。职业院校相对较低的校企合作、产教融合水平,使职业院校与地方政府及贫困地区的企业缺乏深入的合作与交流,产教扶贫利益相关者利益诉求难以协调一致,缺少有效的融合路径,职业院校师生与企业开展产教扶贫实践融合效能相对较低。

二、实践"村校攻坚"的开创性路径

重庆三峡职业学院自 2015 年起,学校先后承担了万州区白土镇大林村、巫溪县天元乡新华村、万春村,巫溪县土城镇土城社区等地的精准帮扶任务。先后选派 3 名骨干教师担任"驻村第一书记",盯紧贫困村"两不愁、三保障"目标,精准实施"村校攻坚、产教突围"帮扶措施,实现了大林村 2017 年、巫溪县各村镇 2019 年脱贫"摘帽"目标。

(一)"突围"之路:"村校抱团"探索"产教攻坚"

学校以习近平总书记关于扶贫工作的重要论述为指引,在重庆市教委的领导下,利用领衔的重庆市现代农业职教集团及自身的人才优势,组建脱贫攻坚的"联合战队",前往贫困村深挖"穷根"。针对大林村高山"白土坝"稻田"产量低、米质差"的现状,针对天元乡农产品"变革""变现"难题,寻求"抱团同创""产教攻坚"之策。

1. 村校联搭育人平台,创建"田间学院",促进农民变乡贤

"人穷志短、本领恐慌"是教育帮扶必须破解的难题。学校把精准扶贫与优质高职建设项目同步规划、捆绑建设,落实与贫困村签订的《战略合作协议》,分别在白土镇大林村、天元乡万春村等 5 地创建"田间学院",联搭"合作育人"平台。开启"产教赋能",增挂"乡村振兴分院"校牌,采取"大学教师进农院""村民家中上大学"等办法,完善培育体系。组建教育"尖兵团",利用"夏天中午茶""夜间闲聊时",开创"院坝课堂",开设"夜校课程",围绕"产教兴村""生态扶贫"促进村民变乡贤。以"移动教室""送教下乡"方式,"手把手"地传授技能,培育能带领贫困户创收的"土秀才"和"乡创客"。2015—2020 年,围绕"理念信念"教育、种养技术、加工销售技术、农业"接二连三"管理技艺的提升,年培训高素质农民 5000 余人次。每年有 300 余人成长为农业经理人、农场主和农企负责人。培养的"丘陵农机手"余洪君,拥有 8 架无人机,带动 10 余户脱贫,为库区数十家农场实施机喷农药,服务面积超过 10000 亩。学员李上国、尹天珍凭借创业成果获得重庆市"2017 年大国工匠职教之星"称号。

2. 村校联筑改革平台,创建"党建学院",促进村民变股民

村子富不富,关键看支部。学校牵头积极引导大林村、万春村等创建"党建学院",推行"党建+扶贫"。凭着"村民要致富'专家+支部'"的信念,凭着第一书记"亏了是我的,赚了是你的"的承诺,探索"村组一体+合股联营"的发展范式。完善"党小组+村民小组+村民理事会"决策机制,鼓励

村民志愿加入水稻农机专业合作社、猪业生产合作社、腊肉加工合作社等，变"资源"为"资产"，变"资金"为"股金"，变"村民"为"股民"，改"单户独斗"为"抱团发展"。集中打造大林村稻渔综合种养基地，万春村的腊肉加工基地，新华村的2万头生猪养殖"学生实训+村民创业"示范基地。经过4年多的发展，稻渔产业从最初的10亩发展到500余亩，入股农户超120家，其中建卡贫困户83家，每亩稻田增收2000元以上，实现了米单价的翻番，加上鱼的创收，真正达到了"一人入股，全家脱贫"的效果。万春村54户入股村民创建"生态腊肉"品牌，2018年创净利润34万元，实现38户贫困户全部"摘帽"。党建学院积极探索产教改革，践行"支部建在产业上、党员干在产业上、村民富在产业上、品牌树在产业上"，建成了"村校同创"的"全产业链"模式，"产教扶贫"效果得以映现。

3. 村校联建电商平台，创建"数字学院"，促进产品变商品

"智慧名村"建设是"村校同创"的追求。为破解贫困村农产品难销售、难变现问题，曾连续两年获全国职业院校技能大赛一等奖的智慧物流项目"研创队"，分赴大林村、万春村等地，利用互联网、大数据、人工智能、物联网、区块链等技术，开发"三峡库区生态农业"电商物流平台，共建"数字学院"，探索"村庄+智慧"模式，用"智慧点亮"贫困村。咬定"培育"不松口，开辟"田间微课"，坚守"学分银行"育人，做大"网络教育"，创建"三峡稻鱼米"和"某某职院稻田鱼"2个"土特产"。坚持"数字多跑路，村民少跑路"，指导村民远销高达1000万元的"米、鱼、李、肉"等农特产。2018年的稻鱼米以每千克30元的价格远销浙江30吨。还进入白土镇指导"智慧农机"作业，尤其是"植保无人机"在大林村得到广泛应用。进入万州甘宁镇指导"智能温室"建设和生产，推动"智慧农业"与现代生物技术、种养技术融合发展，推动乡村产业创新升级，为乡村插上"数字"翅膀。

（二）"特色"之笔："村校创客"书写"突围文章"

学校派出"猪医生""田保姆"等，年送300余人次教师进村，送种养技术入户，聘农科院、水产所的专家下田，在大林村"田间"和万春村"车间"创作乡村"突围文章"。

1. 田间扶贫：村校共跳"稻渔共生"双人舞

学校在白土镇大林村创办"稻渔综合种养示范基地"，共跳"稻渔共生"双人舞。争取了重庆市科技局支持的"三峡库区乡村振兴视野下稻渔综合种养模式集成与推广"项目经费40万元。学校10余名专家教授、30余名教师参

与智慧稻渔产业"研创育人"工作,年培训500人次以上,资助扶贫经费300余万元。"和美白土"的彩色稻,给村民带来了"农文旅"整合效益,组织的"插秧节""摸鱼节""丰收节"等活动传承了稻渔种养文化。"万州烤鱼"也来争购"稻田鱼",村民们自豪感、成就感、幸福感强起来,农耕文化在发展稻渔产业和建设"美丽大林"中得以进步和升华。现已在大林村形成500余亩的"稻渔综合种养"核心示范区,"鱼米之村"得以扬名。目前已创建2个稻渔品牌,申请9项专利,先后数次被中国教育报、重庆日报报道。2019年,该项目获准教育部"第二届省属高校精准扶贫典型项目"。

2.车间扶贫:村校协同"产教突围"奔小康

学校派出了谭鹏昊老师,与30多名教师帮扶队员一起,带领巫溪县天元乡万春村二组村民陈棕森等,创办万春农业开发专业合作社和腊肉加工厂,携手"产教突围"奔小康。通过饮料生产、养猪、腊肉加工及销售全程指导,开展"扶贫车间"育人,传授"种、养、加"实用技能,年培训村民600余人次。教师研究的腊肉生产配方、低盐腌制和熏制腊肉技术成果得以转化。根据生猪产业发展需求,在天元乡扩大"食品营养与检测""食品加工技术"等专业招生规模,满足生猪屠宰加工、电子商务人才需要,坚持专业对接产业,助推一二三产业协调发展。2018年,腊肉加工项目带动213户"玉米、马铃薯、红薯"的大生产,46户小型猪场的大发展,66户村民车间打工脱贫。养猪培训的"六字诀""三好""四要"通俗易懂,深受村民喜爱。谭鹏昊带队的教师帮扶团队多次获重庆市委领导的表扬。2019年学校将"巫溪县天元乡特色生态腊肉传统工艺产业化升级改造关键技术研究"推入市级重点项目,并积极筹划厂房扩建,年产出10万斤高品质生态腊肉,销售额破600万元,创净利润148万元,扶贫效益更加明显。

(三)"经验"之作:"生态产业"破解"小康问卷"

学校履行社会服务职能,积极发展贫困村"生态产业",走"生态产业化、产业生态化"道路,以"赶考"的清醒,答新时代"乡村振兴"之卷。

1.打造产教帮扶环境,走好"绿色发展"一条路

学校坚持"生态涵养、种养结合"理念,在贫困村创建"鱼+稻""林+鸡""果+猪"生态种养模式。稻田"零化肥+零农药",实现真正意义上的"绿色产业"和"稻渔双收"。实施"生猪+李子+仙草花"生态种养项目,帮助天元乡改造年出栏生猪500头以上的养猪场3个,带动农户散养生猪5000头,创办"万春村腊肉加工厂",以"农校对接""以购代扶""电商平台"促销。在天元乡积极推广"低架网床+益生菌+异位发酵"集中养殖,完善

"猪粪收集—有机肥生产—种植业利用"立体农业循环链。发展青脆李2000亩、仙草花1000亩，形成"林中菌""林地药"特色，创建"绿色品牌"，打造高校牵引的"生态农业创新创业团队"。

2. 厚植绿色教育理念，打好"生态帮扶"一张牌

绿水青山就是金山银山。学校坚持"绿色人才"培养，大讲"三农"思政，筑梦"希望的田野"，努力培育乡村"领军人、经理人、掌门人"。近5年来，学校鼓励全日制大专毕业生2200余人回乡村打拼，其中多数被推荐到贫困乡村创作"大田论文"。对大林村稻鱼项目"产教基地"，长期派30余名师生进行"生态帮扶"，以农类种植、养殖专业带动"稻渔共生"产业发展。在天元乡长期驻扎"精锐之师"，创办没有围墙的"涉农分校"，突出"绿色教育"底色，就地招收全日制在校生43名，以生态养猪、腊肉深加工等项目为依托，为天元乡定向孵化"新型职业农民""高素质农民"和"土专家"，为人才强村和脱贫攻坚注入"动力源"。近两年定向培养的8位"稻渔领头羊"、5位"养猪能手"和6位"腊肉加工匠"，现已成为贫困村的"洋专家"和"香饽饽"。培育的猪太郎农业股份合作社"生态养猪人"马刘洋，2019年入选"重庆十大乡村领军人才"。

三、推广"产教引擎"巩固脱贫攻坚成果

学校在大林村、万春村等地开展"产教脱贫"研究和实践，取得了较好的扶贫效益。下一步，学校将围绕乡村振兴办学，依托"村校同创"，着眼于乡村产业人才的培育，传递"稻渔共生"的星火，做大"扶贫车间"的规模，使"产教引擎、职教脱贫"的效应不断巩固和拓展，助力乡村振兴。

(一) 围绕"新乡村"，践行"村民+"，壮大"田间脱贫"朋友圈

乡村振兴的关键是人才。学校将依托自身科技优势，发挥大林"新乡村"核心示范区的作用，将大林村打造成全国"稻渔共生"示范基地。争取2020年的重庆市农推总站的粮油专项资金，联合西南大学、四川农业大学、重庆市水产推广总站制定《万州区2020年稻渔产业规划》。践行"村民+"，将稻渔综合种养辐射到万州周边及梁平、忠县、云阳等地，推广到10000亩以上，做大职教脱贫"朋友圈"，让更多的贫困村民享受"稻渔共生"红利。结合三峡库区丘陵地貌特点，打造海拔300米、500米、1000米的"种养模板"，为三峡库区"稻渔模式"在全国推广书写"产教传奇"。

(二) 围绕"新农科"，践行"专业+"，拓展"车间脱贫"产业链

新时代呼唤建设"新农科"。学校将立足乡村振兴办学，打破固有的学科

边界、专业壁垒，围绕"新农科"建设计划，践行"专业+"。依托天元乡腊肉深加工项目，扩建1700平方米的腊肉加工"车间脱贫"基地，带动周边乡镇融入"同创战队"，扩大"猪业脱贫"效应。立足教育部批准的"高水平专业群"建设计划，对接万州"100万头生猪"项目，与德康集团合作，策划"生态腊肉"产供销一体化发展。对接万州"100万亩经果林"项目，拓展"园林工程、休闲农业、智慧加工、生态种养、物联管理"等专业建设。按照"专业设置"与"产业需求"对接，"课程内容"与"职业标准"对接，"教学过程"与"工作过程"对接的要求，深化"产教融合、校企合作"。延伸教育扶贫"产业链"，促进天元乡养猪业带动种植业、加工业和服务业的发展。打造农业"接二连三"的"金专""金课"，主动服务脱贫攻坚、乡村振兴和"美丽乡村"建设，为三峡库区集中连片贫困区推广"产教突围、生态脱贫"经验。

（三）围绕"新业态"，践行"模式+"，打造"产教脱贫"新版本

实施乡村振兴，涉农高职院校重任在肩。面对重庆大山区、大农村、大库区的特点，对学校来讲必须跳出传统的办学定式，对教学进行"伤筋动骨"的改革与创新。必须贯彻"职教20条"，落实职业教育"校企双元育人""知行合一、工学结合"的要求，践行"1+X证书"制度。要站在新的起点上，围绕乡村"新业态"，深化"村校同创""种养加结合""校企双元育人"的研究。在腊肉智慧加工项目上，瞄准天元乡"痛点"深化改革，利用"农学一体化""技能培训包""互联网+"等先进方式，培育时代"新农人"。坚持"生态涵养+种养结合"理念，创新"三大坨+猪""果林+家畜"生态种养模式。探索"农业+智慧""乡村创变+职教创新"模式，建设能移动的"智慧教室"，将"翻转课堂"建在"希望的田野上"，为村民插上科技的翅膀。在"稻渔共生"基础上，实施"春潮行动""求学圆梦行动"，探索"稻渔+免耕直播""稻+鲤+南美白对虾""稻+鲫+南美白对虾""稻+罗非鱼+南美白对虾"等模式，打造"产教脱贫"新版本，打造"村校攻坚"金招牌。

帮扶村"职教扶智+产业帮扶"研究

赵福奎

巩固脱贫攻坚成果是党和国家的庄严承诺。2017—2020年，在重庆市教委的精心组织下，重庆三峡职业学院吹响了巫溪县天元乡（过去是深度贫困

村）新华村职教扶贫的冲锋号，成立了党委书记挂帅的脱贫攻坚帮扶领导小组，多次专题研究新华村的对接帮扶工作。发动师生与市教委驻乡工作队代表们一起，深入新华村精准识别、精准调研，找准新华村致贫"观念陈旧、技术缺乏、基础设施落后"的"穷根"，确定了学院"职教扶智＋产业帮扶"的主攻方向，重点是从以下三个方面的经验来探索实践的。

一、把"精准帮扶＋优质高职"捆绑建设，坚持一张蓝图干到底

学院将新华村精准帮扶工作，作为自选特色子项目，列入"重庆市优质高等职业院校建设"项目中，与"优质校"同步规划、捆绑建设。其《建设方案》和《任务书》获市教委和市财政批准。学院乡村振兴队员已多次深入新华村对接，拟出帮扶的时间表和路线图，按照巩固"一达标、两不愁、三保障"脱贫攻坚成果标准和优质校项目验收要求，坚持一张蓝图干到底，精准帮扶，对标对表抓落实，当好新时代乡村振兴的"答卷人"。

（一）帮扶村发展致富，攻振兴难点

学院积极搭建"政校行企乡"扶贫攻坚平台，拓展三峡库区职业教育集团功能，结对帮扶新华村的脱贫攻坚工作。根据乡村振兴"产业兴旺、生态宜居、乡风文明、治理有效、生活富裕"总要求，重点围绕贫困村特色效益农业做好产业发展规划，并在产业发展的产前、产中、产后协助村民做好技术跟踪与服务，力求使新华村每年人均增收1000元以上，2019年全部达到脱贫验收标准。

（二）建产业帮扶播种队，帮延产业线

学院系重庆市内以开办农科类专业为特色的高职学院，种植、养殖、食品加工等涉农专业齐备，在大农村、大农业的三峡库区适用对路。拥有教职工475人，其中教授26人，副高级职称76人，博士硕士学历学位教师129人，有双师素质教师184人。学院从专业教师中遴选实践经验丰富的专业技术带头人和技术骨干组成1个"三农"专家服务团、1个培训讲师团和2个帮扶小组。集中学院骨干教师、科研人员和社会资源，组建一支乡村振兴产业播种队，打造新华村长效发展的产业链，发展特色产业，助推一二三产业融合发展，助推帮扶村产业兴旺。

（三）建"双创"产教基地，拓展帮扶面

充分发挥学院的重庆市高技能人才培养基地、三峡库区移民劳动技能培训基地、万州区农村劳动力转移培训基地、就业与再就业培训基地的优势，村校共建"创新创业孵化基地"。开展新型职业农民、新型农业装备、农业产业技

术等专项培训,为新华村精准培养农业类急需的实用技术人才提供平台,每年培训300人次以上。为现代农业、美丽乡村建设培养高素质的现代农民,创新精准帮扶和乡村振兴新机制。

二、将"送教扶智+产教融合"目标锁定,助推振兴致富跨小康

学院尽力彰显智库特色,履行服务社会职能。在巫溪县新华村践行"送教扶智、产教融合"战略,力求"扶志"与"扶智"结合,变"输血"为"造血",阻断新华村贫困的代际传递。

(一)送科技下地对症施策

学院利用自身农业职业教育师资优势,结合新华村生产实际和市教委驻乡工作队规划的10套教材及培训蓝图,提出教育与产业联动发展的"扶志+扶智"套餐。针对村民生产技术的短板,重点在送"科技下地"上做文章,分类别、分层次攻坚。先后派教师去新华村开展6次培训讲座,送技术进村入户去田间。分别开展了"果树栽培技术""养猪技术""蔬菜栽培技术"等现场培训和指导。组织"田保姆""禽保姆""果保姆"开展实用技能指导,力求解决村民"本领恐慌"问题。

(二)送教师入户结对帮扶

学院针对新华村相对贫困户结对精准帮扶,盯紧"穷根"和"病因",拟定"一户一策"。35名教师带着感情,进村入户"一对一"帮教,开展田间圈舍实践教学,指导村民种养结合,扶持产业发展;开展相对贫困人口实时监控,实施动态管理。杜绝走访式帮扶、慰问式帮扶,确保所有相对贫困人口都有固定帮扶队员、有固定帮扶措施、有固定收入机制,不断提高帮扶的认可度和获得感。动员全院师生参与实施"雨露计划",2018年春节前,给对接的贫困户送去大米、油等慰问品和每户3000元以上的产业发展资金,力求策划和解决村民"产业帮扶"问题。特别是对"穷不怕"的"懒汉",予以"唤醒"和信心扶助;对"怕不穷"的"伪君",予以"曝光"和翻底晾晒;对"本领恐慌"的"村民",予以"培育"和智力帮扶。

(三)送文化进村育新农人

对偏远的巫溪帮扶村民来讲,文化娱乐生活相对更"贫",往往"看看电视""打打牌"就是他们的主要文化生活。学院充分利用自身人才和文化资源,在新华村践行"文化强村"战略。创建"学校+合作社+农户"协同联动机制,派出"讲师团"进村分级分类培训宣讲,把解决"思想贫困"问题作为宣传工作的"切入点",帮助相对贫困户学好政策、用好政策,积极寻找项目,争取

早日致富。认真宣讲医疗卫生、教育资助、危房改造、就业扶助等保障政策,不漏一户、不掉一人。确保相对贫困人口都能享受政策扶持,实现相对贫困户发展有政策信心,已脱贫户巩固有持续帮助。还投资近2万元在新华村建设一板大型宣传栏,赠送学院自编的《田间微课》教材。开发"贫困村+云课堂"的在线微课学习平台(扫"二维码"后,就可在田间、院坝等任一场所视频学习),实现"培训内容视频化,培训方式网络化,服务方式终端化",力求让村民们掌握"一人一技"致富的"金钥匙"。还开展遏制村民打牌、赌博、迷信陋习的洗脑教育活动,倡导文明新风,培养时代新农人,不断解决帮扶村精神"贫"问题。

三、在"精准扶贫+乡村振兴"方面梳理,重整职教行装再出发

2018年4月9日,学院党委书记再次率队去新华村调研,与市教委驻乡工作队对接研究今年工作。学院将重整"职业教育"行装,在"精准扶贫+乡村振兴"方面梳理再出发,拟在以下几方面深化职教扶贫实践。

(一)践行党建扶贫

派扶贫攻坚队员兼任新华村支委委员,组织学院党团支部与新华村党支部开展以"践行'两学一做'助推发展致富""不忘初心,牢记使命"等为主题的"手拉手"党团活动。推行"党建脱贫",筑牢新华村的理想信念根基,从深层次解决贫困村党组织软弱问题。推行"党建带动、村民主动、村校联动、文化促动、项目推动"的"五位一体"系列措施,推动乡村振兴。

(二)实施农校对接

联合万州其他高校食堂"抱团采购"相对贫困户农产品,在校园内设点展销新华村的农特产,拓展销路促进村民增收。师生进村帮助建立完善村级治理制度和服务体系,帮助规划生态宜居,重点扶持百香果、晶翠梨、药材栽种,打造"珍果园""康养园"特色,立足新华村美丽乡村建设与乡村旅游协同发展,推动新华村原生态"庭院"建设。

(三)培育体面村民

通过培训指导、创业孵化和服务跟踪等手段,通过"送生入校""送教下乡""流动教室""田间课堂"等形式,为新华村"量身定培"新型职业农民、农业职业经理人、山地农机能手及现代青年农场主等领军人队伍,以促进就业脱贫为抓手,培育创业能力强、技能水平高、带动作用大的"体面村民",增强村民文化感染力,彰显村民求变的精气神和幸福感。

（四）激发内生动力

坚持帮扶先扶志，继续组织师生帮助帮扶村村民解决"精神贫困"问题，组织驻村工作队、讲师团和乡村组干部深入田间地头开展形式多样的宣传教育，引导帮扶村村民消除"等靠要"思想，树立勤劳致富观念，从过去"要我脱贫"向"我要脱贫""我要发展"转变。突出发展典型的引领示范作用，让先发展先富起来的村民介绍致富经验，传授"种养加"技术，帮助相对贫困户提高生产技能，实现产业发展和增收。

（五）扶助产业兴村

鼓励师生"三下乡"，深化"农科教""产学研"一体化研究和实践，探索职教扶贫"引企入村"、产业扶贫"引企入教"，学院与乡村合作育人。探索资产收益扶贫"村组一体，合股联营"产业发展模式，探索"种、养、加、销、游"于一体的产业融合模式，不断提高贫困户的资产性、经营性收益，不断助推新华村产业兴旺。推进"互联网+现代农业"，利用"大智物移云（大数据、智能化、物联网、移动互联网、云计算）"，帮助创建高山水果、药材、蜂蜜等特色品牌和电商物流服务平台，用"智慧点亮"新华村。

绿色教育：涉农高职乡村赋能路向

赵福奎　卢文凤　周永平

环境与生态是当今世界发展的关切主题。习近平总书记在党的十九大报告中提出，要开展创建节约型机关、绿色家庭、绿色学校、绿色社区和绿色出行等行动；还多次在国际国内会议上讲，要倡导尊重自然、爱护自然的绿色价值观念，让天蓝地绿水清深入人心，形成深刻的人文情怀。涉农高职院校在服务乡村振兴过程中，要开展绿色教育，把生态优先和绿色发展理念根植到大学生头脑中，赋予乡村绿色能量。

一、绿色教育：乡村"时代"能量

（一）"绿色教育"大家谈

"绿色教育"源于1997年7月14日教育部（原国家教委）、世界自然基金会和BP公司（原英国石油公司）在北京联合签署的"中国中小学绿色教育行动"（简称EEI）的项目文件。1998年清华大学"创建绿色大学示范工程"

获国家环保总局（现环境保护部）批准后率先推行绿色教育，并开设本科生的"环境保护与可持续发展"公共基础课和研究生的"环境学""可持续发展论"选修课。至今学界对绿色教育仍在不断研讨。

中国科学院院士杨叔子认为，绿色教育是科学教育与人文教育的交融，既是教育目标，又是教育内容与方法，其思想与观念的核心就是素质教育，现代高等教育也应办成绿色的、科学的、人文的。北京师范大学教育学部教授余清臣认为，绿色教育表现在社会内涵与教育内涵两方面：在社会内涵上，绿色教育的最终目标应是保护环境，是促进生态环境可持续发展的教育；在教育内涵上，绿色教育的根本目标是促进学生的可持续发展，在呵护生命、尊重生命的基础上提升学生生命质量，最终实现学生的"绿色"健康发展。清华大学原校长王大中院士指出，绿色教育是全方位的环境保护和可持续发展教育，即将这种教育渗入自然科学、技术科学、人文和社会科学等综合性教学和实践环节中，使其成为学生的基础知识结构以及综合素质培养要求的重要组成部分。崔卓、于开莲强调，绿色教育的核心理念就是在既满足当代人需求，又不对后代人发展造成威胁的前提下，崇尚绿色与自然环境，尊重生命及个性发展，使人与自然和谐共生，从而实现二者的可持续发展。

"绿色"是大自然的"底色"、生命的"象征"，是一种发展理念和人文境界的追求。"教育"是一种为社会培养人的实践活动。"绿色教育"是人与自然和谐共生和可持续发展的素质教育，是环境保护、生态文明建设和可持续发展事业的基石，是打赢"污染防治攻坚战"的时代要求，是践行"绿水青山就是金山银山"、落实"五大发展理念"的具体行动。对涉农高职院校来讲，更要为乡村人才振兴传授"绿色文化"，播下"环保种子"，嫁接"生态基因"，引领高职学生服务乡村振兴，打造"生态宜居、乡风文明、治理有效"等新产业新生态。

（二）"绿色价值"时代音

2005年8月，时任浙江省委书记的习近平同志在浙江湖州安吉考察时提出"绿水青山就是金山银山"的科学论断。经过15年的实践，引发了浙江生态红利和生态理念的裂变，显现了强大的正能量。党的十八大以来，党中央高度重视生态文明建设，提出了统筹推进"五位一体"总体布局和协调推进"四个全面"战略布局，提出了建设美丽中国等一系列重要理念。2015年10月，党的第十八届中央委员会第五次全体会议强调实现"十三五"时期发展目标，必须牢固树立并切实贯彻"创新、协调、绿色、开放、共享"的五大发展理念。2017年10月18日，习近平总书记在党的十九大报告中指出要实施乡村振兴战略，并把"坚持人与自然和谐共生"列为新时代坚持和发展中国特色社会主义的基本方略。随后习近平总书记把"增强绿水青山就是金山银山的意识"写入《中国共产党章程》，把"生态文明建设"载入《中华人民共和国宪法》。中国的"绿色治理"方案已走出了国门，"绿水青山就是金山银山"的理念走进了联合国。

1. 绿色教育是中华文化"天人合一"的传承

"天人合一""道法自然""敬畏天命"是中华民族的传统文化，是一种生态文明观，在历史长河中熠熠生辉。自然环境是人类赖以生存和繁衍的基础，人与自然被看作一个互相融合和影响的命运共同体，人与自然的这种平衡关系被破坏，势必危害人类的健康。《论语·季氏》中记载，孔子曰："君子有三畏：畏天命、畏大人、畏圣人之言。"以现代的观点来看，"天命"即为万事万物均需遵循的自然规律，远远高出"大人""圣人之言"的威严。老子《道德经》里"人法地，地法天，天法道，道法自然"，将天、地、人乃至整个宇宙的生命规律精辟涵括阐述出来。"道法自然"囊括了天地间所有事物的属性，宇宙天地间万事万物均效法或遵循"道"的"自然而然"规律。习近平总书记在党的十九大报告中指出"坚持人与自然和谐共生，建设生态文明是中华民族永续发展的千年大计""形成节约资源和保护环境的空间格局、产业结构、生产方式、生活方式，还自然以宁静、和谐、美丽"等，就是中华文化"天人和一"的传统和生态文明理念的继承和发扬，涉农高职更应担当这一传承使命。

2. 绿色发展是当代马克思主义的继承和发扬

马克思主义认为，生产力是人们利用自然、改造自然和生产物质资料的能力；生产关系是指人们在物质资料生产过程中结成的社会经济关系；它们之间的矛盾运动推动人类社会由低级向高级发展。习近平总书记指出"我们既要绿水青山，也要金山银山。宁要绿水青山，不要金山银山，而且绿水青山就是金山银山""保护生态环境就是保护生产力，改善生态环境就是发展生产力""把可持续发展、协调发展等理念放在更加突出的位置"，这些都是马克思主义的生产力理论的丰富和发展。近年来，党从顶层设计到全面部署，从严格制度到严密法治，系统完善了系列有关生态文明建设、绿色发展的制度体系，揭示了经济社会发展的基本规律，阐释了经济发展与生态环境保护、"金山银山"与"绿水青山"之间的辩证统一关系。绝不能以牺牲生态环境为代价换取经济的一时发展，要全面贯彻落实建设生态文明、建设美丽中国的战略任务，给子孙留下天蓝、地绿、水净的美好家园。这都充分体现了马克思主义的唯物辩证观。

3. 绿色治理是践行乡村振兴战略的使命担当

乡村振兴战略是新时期"三农"工作的总抓手，是一场农业经济社会的大变革，是一次农村文化生态的大复兴，必须按照"产业兴旺、生态宜居、乡风文明、治理有效、生活富裕"的总要求去完成。农村的生态环境必须按照尊重自然、顺应自然、保护自然的"绿色治理"原则，有效统筹开展乡村山水林田湖草的系统治理，加强农村突出环境问题综合治理，推动乡村自然资本增值增效，实现农民富、生态美的统一。"绿水青山"生态系统可以直接为人类社会提供绿色产品，通过人类经济活动进行深加工后变成工业或第三产业用品，产生巨大的经济社会价值。当前，如何加强农业污染防治，有效开展绿色治理行动，实施投入减量化、产业生态化、废弃物资源化、生产清洁化，推进有机肥替代化肥、农作物秸秆综合利用、畜禽粪污处理、病虫害绿色防治等，是涉农职业教育的使命和担当。涉农高职更要主动服务国家战略，对接乡村生态宜居需求，把绿水青山就是金山银山和绿色发展理念植入乡村人才培养中，植根到大学生头脑中，在乡村振兴过程中不断注入绿色能量。

二、赋能空间：绿教"三观"理念

涉农高职办学是否成功的重要标志，是看它是否把绿色人才培养和可持续发展能力作为一项重要工作来抓，看它能否培养出一批又一批的服务乡村振兴优秀学子。涉农高职践行"绿色价值观、绿色德育观、绿色质量观"理念，是赋能乡村绿色发展、促进办学成功的需要。

（一）以绿色价值观为引领，创新人才培养模式

用绿色文化引导高职学生树立正确的生态观、可持续发展观，培养学生的绿色精神。重视对学生绿色文化、绿色知识、绿色素质的培养，通过专业设置、教育教学、科研管理，把绿色教育贯穿到人才培养的全过程，贯穿到培育和践行社会主义核心价值的全过程，探索适应生态文明建设和"蓝天保卫战"要求的绿色人才培养路径。与国际国内的绿色产业企业共同出资、合作办学，打造绿色人才培养的实习实训平台。加大投入实施绿色教育项目，引入国际课程体系，培养具有绿色视野、国际标准的应用技能型人才。在课程体系中加入低碳经济、生态种养等绿色教育内容，组织开发和编著适合地方经济社会发展的节能减排系列专著和教材，用绿色、环保、节能的理念塑造学生的人与自然和谐共生的意识。以绿色、生态为主题积极开展大学生社会实践活动，让大学生绿色环保协会走出校门、走进社区、走入农户，让乡村和媒体对学校教育教学改革及绿色人才培育给予高度关注、密切配合和积极评价。引导大学生践行绿色发展方式和低碳生活方式，追求可持续发展，助力打赢污染防治攻坚战。

（二）以绿色德育观为核心，发展学生德育美育

贯彻习近平总书记给全国涉农高校书记校长和专家代表的回信精神，贯彻全国高校思想政治工作会议精神，必须把绿色德育、绿色美育作为重要抓手。要开展大学生绿色寝室、绿色班集体、绿色之星的评比和表彰，抓好家庭经济困难学生绿色通道、学习困难学生绿色转化、心理困难学生绿色交往等工作。通过大学生"光盘"行动、读书节、体育文化艺术节、科技节、校园之春、艺术展演等载体，营造绿色校园文化氛围，引领学生树立正确的审美观，陶冶高尚的情操，培养学生良好的审美情趣和绿色人文素养。与农耕博物馆、大型农场、周边乡镇、环保部门等单位建立大学生绿色实践基地。深化爱国、环保、法治、禁毒、防艾等主题教育。依托脱贫攻坚、"三下乡"、青年志愿者进乡村等活动，向社区居民宣传绿色知识，激励学生争当绿色使者，倡导绿色生活，实现绿色发展。落实国家的"百万高素质农民学历提升行动计划"，争创全国"乡村振兴人才培养优质校"和美育改革实验学校。

（三）以绿色质量观为导向，促进学生全面成长

以大教育观和绿色质量观为导向，遵循教育规律，把学生的健康和全面发展作为评价的核心要素，关注学生综合素养的提高。全面推进"三全育人"体系建设，树立"以学生为中心"的质量观，突出立德树人的根本，狠抓学生思想政治素质提升、绿色治理素质提升、人文素质提升、身心健康素质提升等四大工程。建立和培育绿色职业发展体系，积极开展倡导大学生创业教育，创建绿色众创空间，培育学生创新创业团队。建立完善绿色教育质量监督体系，引导建立积极健康向上的绿色质量观。紧密结合学校实际，成立服务地方经济社会发展的生态学院、环境保护学院、乡村振兴"田间学院"。结合学校区域地貌特色，打造校园宜居环境，让学生走出宿舍和教室，感受到环境的绿色熏陶。开展学生绿色行动比赛、健康活动比赛，增强学生身心素质。在这种绿色氛围和绿色信号的熏陶下，绿色化会成为一种意识自觉和行为自觉。

三、生态能量：绿治"三维"体系

党的十九届四中全会提出要"坚持和完善中国特色社会主义制度、推进国家治理体系和治理能力现代化"。对乡村来讲，治理体系和治理能力现代化是乡村振兴的关键，它直接关系到实现现代化的速度、力度和深度，决定了实现现代化的成败。生态治理是乡村振兴中十分重要的内容。在当前面临的乡村观念滞后、制度体系不完善、绿色人才缺乏的情况下，涉农高职就要通过"产教融合"方式，促进乡村"三维"治理体系的建立，彰显美丽乡村的绿色势能。

（一）"种养结合"的循环经济体系维

乡村是涉农高职的主战场，存在着治理"你怎样，国家就怎样"的高相关性。涉农高职要主动介入，以农业资源就地消纳、能量循环、综合利用为主线，依照"以种促养、以养带种"的循环发展理念，构建种养协调发展"新生态""新阵地"，促进乡村可持续发展。要助力乡村种养结合、生态循环农业发展，引领教育师生通过秸秆机械粉碎还田，稻鱼（虾）共生、病虫害绿色防控和生物防治方式，创建乡村种养结合的家庭农场，打造"公司+畜禽养殖专业合作社+家庭农场"的产业链。养殖的畜禽粪污、垫料等废弃物，施用于稻田、果园和菜地，改良土壤结构，提升耕作地力，减少化肥用量，降低土壤污染风险，真正做到种养两增效和两不误，推动乡村循环经济发展。要教育引导乡村扩大绿色、有机农产品的种养规模，大力培育农特产品，增加供给绿色优质农产品，提升绿色农产品质量和效益，促使达到减少农村污染、改善人居环境、推进美丽乡村建设等多重功效。

（二）"三产融合"的生态产业体系维

早在2015年，国务院办公厅就出台了关于推进农村一二三产业融合发展的指导意见，要求"着力构建农业与二三产业交叉融合的现代产业体系，形成城乡一体化的农村发展新格局，促进农业增效、农民增收和农村繁荣，为国民经济持续健康发展和全面建成小康社会提供重要支撑"。涉农高职要担当时代使命，以现代农业、智慧农业的产业园和农业公园建设为平台，强化"教学+产业"对接，立足推动乡村建立政策集成、功能集合、要素聚集、农企集中的一二三产业链条首尾相连、上下衔接和前后呼应的产业发展体系。要开展绿色农产品生产、加工、销售一条龙服务研究，鼓励乡村建设储藏保鲜、分级包装、电商物流等设施。要参与开发"文农旅"结合的休闲观光、文化传承等多种功能设施建设，大力发展教学基地与康养基地、休闲观光、乡村民宿相结合的教学产业，实现农村一二三产业融合发展。建立起涉农高职负责技术支撑、家庭农场负责生态种养、农业企业负责加工和销售、政府负责基础设施投入引导和扶持机制，构建起"涉农院校+龙头企业+基地+农户""涉农院校+龙头企业+合作社+农户"等多种生产经营模式，打造"科技+生产+加工+营销"产教融合的全产业链，助推"产加销""农工贸"一体化发展，形成具有乡村特色的生态产业发展新格局。

（三）"农学结合"的人才培养体系维

2019年6月，农业农村部、教育部为贯彻乡村振兴战略，落实《国家职业教育改革实施方案》《高职扩招专项工作实施方案》，提出了"百万高素质农民学历提升行动计划"。涉农高职要回答这一时代问卷,就要倡导"农学结合",创新"半农半学"人才培养模式,让农民在家门口上大学。要坚持长短结合,围绕全日制学历教育和非学历教育,开展农业经理人、青年农场主、新型职业农民的创业就业培训,培育乡村振兴的高素质农民。要利用"互联网+",坚持线上线下结合,创建"网络空间+田间地头+创业基地"淡入旺出的教学模式,农忙时学员从事大田生产实践,农闲时打开课程包线上学习或到学校深造。坚持"网络空间线上学、田间地头集中面授、创业基地强化实践"等灵活方式教学,开启农类专业"现代学徒制""1+X证书"试点。与国家农业公园及知名家企合作,在现代农业生产技术、农特产加工技术、宠物养护与疫病防治等专业,建立"定向招生、双元育人"机制,创建"订单培养、分段教学、产教融合"的人才培养模式和"师资互聘、技术共享、基地共建"的校企深度融合机制,完善人才引领的乡村治理体系。

四、乡村硬核:绿贤"三育"路径

涉农高职要厚植绿色发展理念,以特色发展、内涵发展、创新发展为重要抓手,践行环境育人、实践育人、科研育人,着力推进绿色教育的办学实践,争创全国知名的"高水平学校",为乡村振兴提供人才硬核。

(一)植根乡村生态,践行"绿色+校园"环境育人

1.校园规划因势利导,突出"农"字特色

校园环境体现办学的气质和雄心。涉农高职院校在校园规划上要深挖绿色内涵,因势利导突出"农""绿"特色,每一单体建筑彰显绿色、生态、环保要素,体现优雅、厚重、执着的人文景观和学术精神,体现优美秀丽、生态环保的自然景观。校园主干道可南北取直,东西拓宽,与绿树成荫的树林交相辉映。利用园林工程、园艺规划设计等专业人才集聚的优势,建设花卉生产圃,形成以特色树为标志,花园、花坛、林荫、绿篱、草坪、立体绿化与建筑、道路交相辉映的校园特色景观。充分展现天、地、人合一,达到"环境育人""草木传情"潜移默化效果,力求将涉农高职变成乡村"绿色人才"培养的摇篮。

2.景观打造顺势而为,彰显"绿"字风韵

绿色校园就是以绿色教育和绿色发展为核心。巧妙利用校园山地高差和上下台地,顺势建设生态绿带,利用山体自然围合出山林相间的园林式校园景观,以多层次的复合外部空间与内部庭院相结合,打造自由错落、相互渗透的特色景观校园。校园绿地规划结合大小广场、庭园绿化、山体绿地、屋顶绿地、林荫大道、台地、花坛等,组成点、线、面有机结合的立体绿色景观,充

分彰显"绿"字风韵。通过植树节和整治校园环境月活动,移栽、补栽不同品种的花草树木,在行道两侧的绿化上,可以香樟、桂花、塔柏、杜英、小叶榕为行道树,以吕桢、丁香、大叶黄杨、豆瓣黄杨为主要绿篱。各种绿地、花园和景点,以草坪为基调,配植桃树、雪松、杜鹃、玫瑰、蒲葵等品种。形状各异的常青树和花树,给人以花草树木搭配合理、层次清晰,简洁、大方、明快之感。这样的涉农高职院校环境,是村民接受"再教育"的好场所,能为学员"求学""取经""引种"提供大舞台。

(二)扎根乡村治理,践行"绿色+基地"实践育人

1. 村校共生,围绕"绿色"建基地

涉农高职积极探索"村校共生、产教赋能"教育教学改革,围绕"绿色教育"展开"教学革命"。与合作紧密的乡村企业,共破"产教融合"难点,共建"实训基地",打造"村校共育"场所,开启"双元模式",推进培训资源共建共享。送学员进入乡村基地"跟岗培训",采取"学院授课+基地观摩实践"方式,实施"基地孵化"。支持鼓励"学院+企业"深度融合、长期友好、互利互惠、相得益彰,让培训促成学校与乡村真正意义的"村校通",让学校与企业跳好培训"双人舞"。与农村企业合作,创建现代农业示范园,共建"玫瑰香橙基地""凤凰花果山基地",实现生态果园、高山茶园的融农耕实践、生态体验、康养旅游于一体的产业集群。

2. 人才共培,围绕"绿色"编教材

坚守"绿色人才"培养,大讲"三农"思政,筑梦"希望的田野"。与乡村共建"生态学院",按需培育农业"领军人、经理人、掌门人"。针对"百万头生猪产业""生态腊肉产业"和"产业生态化生态产业化项目"需求,组织教师团队编写通俗易懂、实际、实用的培训"土教材"和新型职业农民精品教材。与乡镇一起共同实施"春潮行动""求学圆梦行动"、新生代农民工职业技能提升计划和返乡创业培训计划,以及劳动预备培训、就业技能培训、职业技能提升培训等。利用"农学一体化""技能培训包""互联网+"等先进手法,利用人工智能、云计算、大数据、物联网等手段,共同打造互联网培训农科"微平台",共建远程互动培训系统,实施跨地区、跨学校同课程、同技能培训。围绕"新农科",策划"培训大篷车"下乡,送"绿色教材"下乡,在基地建设"智慧教室",将"翻转课堂"筑在"希望的田野上",为农民插上科技的翅膀。

3. 制度共建,围绕"绿色"补短板

立足于乡村振兴的实践,面对农业的"科技弱势、产业滞后"问题,农村的"乡贤瓶颈、人才短板"问题,农民的"人穷志短、本领恐慌"问题,履行

"社会服务"职能,搭建"镇(乡)校"合作平台,共建乡村绿色治理制度体系,完善"学员+""学校+"的配套鼓励政策,实施"产教融合,村校合作"补齐乡村短板。瞄准农村法治"太硬"、德治"太软"、自治"太任性"现象,策划帮助紧密合作的乡村建立完善村级治理制度和服务体系。以"绿水青山就是金山银山"为抓手,以伦理、道德、村规民约、风俗习惯为载体,重塑和强化乡村的生态治理。采用"1115"(1个美丽乡村共建会,1个宣传文化阵地,1个新时代文明实践所,5个行动——自强励志行动、扶危济困行动、乡风文明行动、美丽农家行动、法德双治行动)模式,推行"乡村绿治、村民自治、村庄法治、村院德治",弘扬乡村正气,促使乡村人与自然的和谐,开启新时代新农村的新征程。

(三)创根乡村学问,践行"绿色+创新"科研育人

1."职教抱团"书写乡村"治理论文"

教育教学围绕"绿色"而研,把"服务三农"落到实处。力求做好"三农"文章、讲好"三农"故事、弘扬"三农"精神、传承"三农"文化,对接地方经济社会发展目标,成立"现代农业职教集团",联合其他大学、科研院所、行业协会、企业等单位,搭建"优势互补、抱团研创"服务平台,通过产教融合、校企联合形式,培育高职农类专业人才。结合村情、民情,参与生态产业研究,奉献绿色发展之策。挂设乡村振兴"田间学院",开展稻渔综合种养产业推广研究。争取国家级、省市级农类研究项目,带领师生编制《田园综合体规划》,把"治理论文"书写在乡村大地上。

2."田间创客"打造乡村"生态产业"

坚持"生态涵养、种养结合"育人理念,鼓励教师"上山下乡",在乡村创建"鱼+稻""林+鸡""果+猪"生态种养探索。组成"智慧稻渔"产业扶贫创新团队,创建"田间学院",针对稻渔综合种养开展技术技能培训,培育带领贫困户创收的"土秀才"和"乡创客"。开辟"田间微课",利用手机"新农具"在田间、林园、院坝在线远程送教。实施"生猪+李子+仙草花"生态种养项目,帮助贫困村创办"生态腊肉加工厂",以"农校对接""以购代扶""电商平台"促销。积极推广"低架网床+益生菌+异位发酵"集中养殖实践,完善"猪粪收集—有机肥生产—种植业利用"立体农业循环链。形成"林中菌""林地药"特色,创建"生态腊肉"绿色品牌,打造涉农高职牵引的"生态农业创新创业团队",为生态产业化和产业生态化培养大批高素质应用技能型绿色创新人才,为真正把绿水青山变为金山银山和实现美丽中国梦提供坚实的技术支撑。

乡村振兴战略下"职教扶智+产教脱贫"路径探索
——重庆三峡职业学院帮扶实践

赵福奎　卢文凤

让贫困人口和贫困地区同全国一道全面建成小康社会是党和国家的庄严承诺。从2018年到2020年是脱贫攻坚和全面建成小康社会的决胜期。围绕职业教育如何帮扶带动相对贫困村脱贫振兴问题，重庆三峡职业学院主动发挥自身农业职业教育的优势，与帮扶村精准结对帮扶。按照乡村振兴战略"产业兴旺、生态宜居、乡风文明、治理有效、生活富裕"的总要求，强化师生融入，践行产教融合，精准释放力量，助推帮扶村实现振兴。

一、精准对象，创新帮扶思路

全面贯彻习近平总书记关于"必须坚持""精准施策""务求实干""聚焦发力"等方面的重要论述精神，统一思想认识，明确帮扶方向，坚决助战乡村振兴。2018年前后，重庆三峡职业学院分别选择周边区县深度贫困村"巫溪县天元乡新华村"和普通贫困村"万州区白土镇大林村"开展帮扶研究和实践。重点"在'帮'上做文章，在'扶'上下功夫"，践行产教融合。将产业扶贫和智力扶贫结合，将"输血"扶贫与"造血"扶贫结合，将优质高职建设与脱贫攻坚结合，与"优质高职"同步规划、捆绑建设。强化"学院出力扶'智'，村民出彩立'志'，村庄出色雅'致'"系列举措。主要围绕"两扶"开展工作，即坚持"扶志""扶智"融合。对"穷不怕"的"懒汉"，予以"唤醒"和信心扶助；对"怕不穷"的"伪君"，予以"曝光"和翻底晾晒；对"本领慌"的"村民"，予以"培育"和智力帮扶。

二、多措并举，探索帮扶路径

对照"一达标、两不愁、三保障"标准，实施"产教融合"战略，落实"小康路上一个不能少"和"精准扶贫、精准脱贫"部署。在帮扶目标上，践行村庄"产业兴旺、生态宜居、乡风文明、治理有效、生活富裕"的"五位一体"总要求；在帮扶行动上，强化村庄"党建带动、村民主动、村校联动、文化促动、项目推动"的"五位一体"措施。

（一）党建带动，送"保姆"进村，促进村民"生活富裕"

1. 党建扶贫，扶基层"根基"

村子富不富，关键看支部。派党员担任大林村"第一书记"和兼任新华村支委委员，以加强村党支部建设，加强党建与脱贫攻坚的有机结合，牢固树立"党建带扶贫、扶贫促党建"的理念，筑牢贫困村的理想信念思想根基，从深层次解决贫困村党组织软弱问题。建立"党建＋精准扶贫"工作台账，"对标对表"实干。强化各总支和村级党支部的考核，以突击检查、随机抽查、年终考评等方式，核查"问题清单""任务清单""责任清单"。对党建扶贫失职、渎职，履职不到位或当"甩手掌柜"的，实行"零容忍"。选派讲师团进村宣讲"十九大"精神，开设党建专题讲座，提升党组织的凝聚力和战斗力。近三年每年培训党员100人次以上。策划党支部与村党支部开展"心连心，手拉手"对接帮扶活动，扶持两个村创建"优秀基层党组织"。帮助两个村建设一支"顾大局、讲政治、爱农村"的党组织团队，充分发挥基层党组织的战斗堡垒作用和党员在脱贫攻坚战中的先锋模范作用，引导村民发展本土产业，"农旅"融合助农增收，带动整村脱贫致富和振兴。

2. 结对帮扶，帮村民"结果"

"科教兴农、人才强农"是帮扶的主要目的。积财千万，不如一技在身。对于贫困家庭来说，一个成员掌握一种实用技能，是实现脱贫迈向小康的关键。调动师生积极参与，持续开展送"保姆"进村活动，送教师下乡，送技术入户，送专家下地，与贫困户结对帮扶。定期组织"田保姆""禽保姆""果保姆"针对大林村和新华村村民的技术短板，开展农村实用技能培训，解决"本领恐慌"问题。以服务现代农业产业发展和培育新型农业经营主体为导向，通过培训指导、政策扶持、创业孵化和服务跟踪等手段，培育两个村的新型职业农民"领头羊"。创新新型职业农民"贫困村＋云课堂"技能培育模式。开发新型职业农民在线微课学习平台，力求实现"培训内容视频化，培训方式网络化，服务方式终端化"。三年共完成"田间微课"200个以上。为两个村培育现代青年农场主30人以上，创建现代青年农场主孵化基地1个，培育新型职业农民300人次以上，力争"扶志""扶智"结硕果，促使整村脱贫和生活富裕。

（二）村民主动，激"要素"活跃，促进农业"产业兴旺"

教育引导村民积极主动配合，激活两个村的资源性、经营性和非经营性资产,践行"三扶"措施,促进特色产业兴旺发达。

1. 扶"单户独斗"为"抱团发展"

"穷则思变"是贫困村脱贫振兴的根本途径。有效举措是改变懒惰习惯,大胆创新,结伴伙同发展。帮扶责任人向村民灌输"产业+扶贫"的发展思路,积极引导大林"村组一体,合股联营",形成"联营脱贫+振兴庭院"的发展范式。通过合同制带动机制和股份制带动机制的建立,让村民志愿加入村组合作社,变"资源"为"资产",变"资金"为"股金",变"村民"为"股民",变"单户独斗"为"抱团发展"。集中500亩稻田打造"鱼+稻"特色产业。

2. 扶"传统生产"为"产教融合"

长期以来农民"一靠力气、二靠天气"的传统农耕方式很难改变农业落后状态。针对两个村农业生产现状,结合"新型职业农民创业孵化中心",引导村民改变传统生产模式,开创"产学研"一体化研究和实践。重点派师生入村结对,帮助成立合作社,提升栽种技能,探索职业教育"产教融合"新模式。在专业技术人员的策划下,发展种植业"两芋""四花"特色产业。"两芋",即新华村的洋芋、魔芋;"四花",即大林村的水稻(稻花)、黄花、核桃(桃花)、青脆李(李花)。

3. 扶"单项生产"为"种养结合"

结合专业建设,重点选派种植、养殖技术专家,支持新华村山羊、蜜蜂的养殖,支持大林村生猪的养殖、水稻果树的种植。坚持"生态涵养,种养结合"理念,支持在大林村实施"鱼+稻"生态种养模式,2018年示范推广到500亩以上,创建"稻鱼米"和"稻田鱼"2个绿色产品。创建1名老师带队、由4~6名学生组成的"稻渔综合种养创新创业团队"。打造"生猪+李子+黄花"生态农业种养结合项目,支持改造1个年出栏生猪500头以上的养猪场,带动农户散养生猪1500头。同时利用生猪粪便制作有机肥,发展青脆李600亩,黄花150亩,创建"青脆李"绿色产品1个。创建5名教师带队的由20名学生组成的"生态农业创新创业团队"。

(三)村校联动,引"智慧"扎根,促进农村"治理有效"

与两个贫困村建立村校联动模式,把两个村当成在校学生的专业教学实践基地,让"智力""智慧"在村里扎根开花,保障特色产业健康稳定持续发展,促进村庄有效治理。

1. 村校联办土特产电商平台

针对贫困村农产品欠缺竞争力,出现"增产不增收"的尴尬局面,帮扶责任人在鼓励生产、帮助兜底销售农产品的同时,用市场机制倒逼优化产品

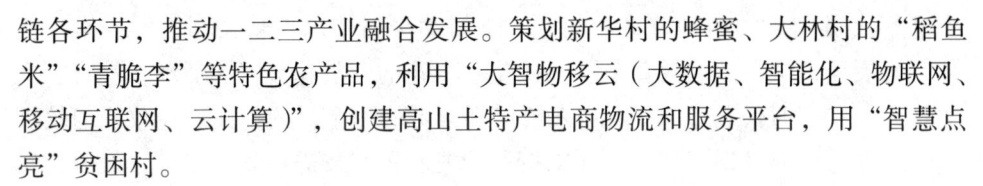

链各环节，推动一二三产业融合发展。策划新华村的蜂蜜、大林村的"稻鱼米""青脆李"等特色农产品，利用"大智物移云（大数据、智能化、物联网、移动互联网、云计算）"，创建高山土特产电商物流和服务平台，用"智慧点亮"贫困村。

2. 村校联搭农场主培育平台

"三农"问题的核心可以归为"人"的问题。新型职业农民是推动农业产业转型升级的"发动机"，培育新型职业主体是让农民脱贫致富成为体面职业的根本途径。依托现代青年农场主孵化基地、农业职业经理人培训等，采取"送生入校""送教下乡""流动教室"和"田间课堂"等形式，在两个村"量身定培"一批现代青年农场主，带动产业发展和脱贫振兴。

3. 村校联建常态化治理平台

瞄准农村法治"太硬"、德治"太软"、自治"太任性"问题，策划帮助两个村建立完善村级治理制度和服务体系。以伦理、道德、村规民约、风俗习惯为贫困村治理重要载体，以"两个文明"建设为重要抓手，直面贫困村文化发展的现实，重塑和强化贫困村的社会规范。每年分别开展法律知识和农民职业道德培训各10次以上，配备专业教师担当村级法律顾问，创设"法治讲坛"，调解村级矛盾和纠纷。力求在两个村实施"村民自治、村庄法治、村院德治"，强化民主法治建设，弘扬农村正气，使两个村和谐安定有序，开启新时代新农村的新征程。

（四）文化促动，推"移风"易俗，促进农村"乡风文明"

对于居住在偏远的贫困村的村民来说，文化娱乐生活相对更"贫"，往往"看看电视""打打牌"就是他们的主要文化生活。学院充分利用自身人才和文化资源，在大林村和新华村推行"文化强村"战略。

1. 推动贫困村以"文"化人

一些贫困人员，身体健康，具备劳动条件，也有脱贫决心，但苦于缺乏一技之长，只能"坐以待贫"。思路决定出路。帮找"穷根"、明确靶向，量身定做、对症下药，扶到点上、扶到根上，才是帮扶方向。通过职业技术教育，让村民们掌握谋生技能"金钥匙"，是稳定脱贫的关键。在两个贫困村尽力提升村民文化水平和脱贫技能，遏制村民打牌、赌博、迷信等陋习，倡导文明新风。

2. 推动贫困村以"文"育人

针对贫困户，践行"心育心""人盯人""一帮一"，帮扶责任人精准"号脉"、精准施策。提供更多的文化产品和服务，做到真扶"志"、扶真"智"，不断解决贫困户的精神"贫"问题。支持两个村传承农耕文明,发掘本土文化,开展稻鱼项目的"摸鱼节"和桃花、李花的"赏花节"等活动,培育"文化村民"和"时代新农人"。对来校培训学习的两个村的村民,免收任何培训费用,并适当补发误工费用。还支持贫困村农民来校进行学历提升,鼓励村民通过培训评聘技术职称。

3.推动贫困村以"文"感人

同镇(乡)政府、旅游协会、产业公司等创建"政校行企乡(区县政府、学校、行业、企业、乡镇)"合作扶贫平台,利用两个村的特色产业,扩大乡村旅游影响力。开展美育美德培训300人次以上,支持创建村级道德模范评选,弘扬传统美德。新建便民超市、卫生所和老年活动中心,组建"山歌队""快板手",增强文化感染力,彰显贫困村群众求变的精气神和幸福感,提升扶贫满意度。

(五)项目推动,建"别墅"庭院,促进农村"生态宜居"

1.建设绿水青山,规划生态特色村庄

以贫困村的绿水青山就是金山银山为引领,以推进农业供给侧改革为主线,把两个贫困村绿色低碳生产、耕地轮作休耕、农业生物资源保护与利用、农业投入品减量使用、秸秆和畜禽粪污资源化利用、废旧农膜和包装物回收处理等政策落到村组,确定到责任人。打好"生态经济"牌,按照生态宜居要求,组织师生开展生态教育,帮助两个村完成美丽乡村建设总体规划,敦促分步实施。开展种养结合,形成"林下鸡""林中菌""林地药"特色,创造"绿色食品""放心食品""良心食品",打造村庄"桂花院""桃花庭""樱花廊"等景观。在村庄特别是民房四周开展"生态屏障绿化提升行动",把能种上树的地方都种上树,对长植被的地方尽量不破坏它原有的生态。

2.争取优惠政策,打上宜居生态补丁

强化项目精准,主动争取和引导各类政府向大林村和新华村倾斜和布局,重点是加强和完善两个村的生态基础设施建设,切实增强宜居的内生动力,打上村庄生态建设的"补丁"。以贫困村"厕所革命"为推手,布局建设一批垃圾分类处理、污水排灌管控、农村环卫设施建设项目,落实管护人员,斩断贫困村环境脏乱差根源,改善农民居住环境。积极争取包括直接补助、政府购买服务、贴息、先建后补、以奖代补、资产折股量化、担保补助、设立基金等在内的生态补助政策,推动新华村建设"林中村",大林村建设"别墅"庭院,实现"一院一景""一村一品",用三年时间打造新农村"示范庭院"2个。

3. 倡导绿色行动,推动生态林院建设

党的十九大的"农业农村优先发展"政策,给农业插上了腾飞翅膀。抢抓发展机遇,派专人协助两个村争取乡镇和区县的专项生态产业项目投入,是帮扶工作的必然选择。通过绿色项目的实施,与两个村有效地进行"农校对接",师生入村指导绿色生产、建设美丽村庄,食堂销售村上绿色产品。在大林村科学发展休闲渔业,创建"稻渔文化长廊",结合稻田艺术,打造以"和美乡村,太极养生"为主题的稻田景观。统筹保护好新华村绿水青山和清新清净的高山家园风光,创"林下蛋""百香果""康养园"特色,立足新华村美丽乡村建设与乡村旅游协同发展,推动原生态"林院"建设。

三、强力攻坚,锁定帮扶成效

与贫困村密切配合,搭建"政校行企乡"乡村振兴平台,健全组织管理机构,规划服务项目,构建常态长效机制。通过三年的精准发力,稳扎稳打,啃下难啃的"硬骨头",高质量巩固脱贫攻坚成果,创建村庄振兴特色,实现三个"2"的效果。

(一)造就"2"支队伍

一支是由师生组成的能打硬仗的"懂农业、爱农村、爱农民"、产教融合的"永久牌"战队。一支是由新型职业农民组成的"智慧农业""生态农业""山地农业"的"领军人"创业团队,培育创业能力强、技能水平高、带动作用大的现代青年农场主队伍,为两个村的现代农业建设发展注入新鲜血液。

(二)实现"2"个转变

通过强有力的帮扶,使巫溪县天元乡新华村向脱贫"摘帽"奔小康尽快转变,杜绝"假脱贫""被脱贫""数字脱贫",形成职教"贫真脱"特色。为教育脱贫"出列"的万州区白土镇大林村踏上新征程注入新动力,使大林"村民"变"股民",向"小康示范村"转变,形成大林村"产教振兴"特色。

(三)彰显"2"大效益

联合库区其他职业院校,利用职教集团,实施"院校联盟"和"抱团帮扶"。村民科教脱贫,农村产业兴旺,村庄雅致出色,职教成为贫困村产业发展的"引领者","职教奋进"作品的经济效益得到彰显。贫困村扶"志"、扶"智"相融合,"职教一人,就业一人,脱贫一户"的目标得到实现,"职教扶智+产教脱贫"的社会效益得到彰显。

强化青年农民思想政治教育　助推新乡村建设

赵 杰

青年是祖国的未来、民族的希望，也是我们党的未来和希望。建设新乡村，青年更是新乡村发展的希望和未来。青年农民是乡村建设与发展的重要力量和活力之源，强化青年农民思想政治教育，就是为新乡村建设运送爱国爱民、锤炼品德、勇于创新、实学实干的青年农民队伍。

一、推进新乡村建设，强化青年农民思想政治教育的现实之据

"三农"问题是关系国计民生的重大根本问题，中共中央《关于制定国民经济和社会发展第十四个五年规划和二〇三五年远景目标的建议》明确提出优先发展农业农村，全面推进乡村振兴。2021年中央农村工作会议明确表示：坚持把解决好"三农问题"作为全党工作重中之重，举全党全社会之力推动乡村振兴，促进农业高质高效、乡村宜居宜业、农民富裕富足。实施乡村振兴战略旨在通过激发农业农村活力，缓解"村里不见年轻人""谁来种地"等问题，必须始终坚持走中国特色社会主义乡村振兴道路，即新乡村建设道路，实现村兴富民的社会主义的新乡村。2021年3月的两会中，习近平总书记在参加青海代表团审议时强调："要推进城乡区域协调发展，全面实施乡村振兴战略，实现巩固拓展脱贫攻坚成果同乡村振兴有效衔接，改善城乡居民生产生活条件，加强农村人居环境整治，培育文明乡风，建设美丽宜人、业兴人和的社会主义新乡村。"农民作为"三农"问题的核心和关键，尤其是青年农民更是新乡村农业农村发展的主力军和生力军，如何提高青年农民思想政治觉悟，以激发青年农民返乡种地的动力，稳住农业"基本盘"，关乎乡村振兴战略的成效，这也是开启未来30年现代化的"后半程"，实现第二个百年奋斗目标的重要保障。

二、推进新乡村建设，强化青年农民思想政治教育的重要之性

（一）植入"1"个思政基因的需要

宣传"三农思政"理念，提升思政下农业现代化水平，增强农村思政工

作基础，强化农民思政意识，为"大国三农"植入思政基因。思想政治教育工作融入三农，可为提升三农效能注入思想保障和政治保障。农业现代化建设需要思想政治教育的指向，新乡村建设需要思想政治教育的导向，农民智慧化素质化需要思想政治教育的引领。大国三农的建设离不开思政基因注入。

（二）打造"2"位农民的要求

通过思想政治教育，能够促进青年农民向智慧农民、数字农民转化。新乡村建设是党和国家对"三农"新发展、新任务、新目标在新形势下作出的重大研判和重大战略决策，是适应新发展理念的重要环节。在国内大循环和国际国内双循环的新发展格局中把握和抓住乡村振兴战略机遇，对提高农民思想政治觉悟，改善村容村貌，提升农民精气神，激发农民投身现代乡村建设的积极性、主动性和创新性都是有利的。通过青年农民思想政治教育策略研究，可促进青年农民向智慧农民、数字农民转化，能够为新乡村建设造就出中国智慧农民、中国数字农民。

（三）解决"3"支部队的难题

很长一段时间以来，农村"38-61-99"三支部队模式已经成为农业生产的主要队伍，"村里不见年轻人"的现象已经成为滞碍农业农村发展的根本原因。因而，研究新乡村青年农民思想政治教育就是要从村里年轻人的志向、智慧等方面入手，促进"村里见到年轻人"的现象，为"谁来种地"的问题提供答案，真正破解"村里不见年轻人"的问题。这也是打造"大国农匠"的根本要求。农民是主要的粮食生产者，是国家粮食保障的根本，是稳住农业"基本盘"的根本。打造现代青年农民，使青年农民能够真正成为未来现代化农业农村建设的关键力量至关重要。提升青年农民思想道德素养，更能保障农民整体生产更多的放心食品、黄金食品等。中国是一个发展中的大国，也是一个农业大国，缺乏农业的支撑，现代化强国就无从谈起。因而需要打造现代"大国农匠"，稳住农业"基本盘"，把饭碗牢牢地端在自己手上，以保障整体农业现代化顺利实现。

（四）建设"4"种乡村的目标

新乡村青年农民思想政治教育的主体是青年农民，青年农民思想政治素养的提升、道德文明修养的增强，能够反哺乡村全面建设，其中就包含建设乡村生态、农业生态的农村环境，最终有利于生态良好、环保优质、环境优美的乡村建设。逻辑上说，乡村新不新，关键靠青年农民。开展青年农民思想政治教育也为实现社会主义的文明乡风乡村、美丽宜人乡村、业兴人和乡村、人居便利乡村提供重要的人才保障和智力来源。

三、推进新乡村建设，强化青年农民思想政治教育的价值之旨

（一）强化青年农民思想政治教育

让青年农民自愿留在乡村、干在乡村、扎根在乡村，推进乡村建设行动。以习近平新时代中国特色社会主义思想为指导，深入贯彻党的十九届五中全会的会议精神，落实习近平总书记在全国脱贫攻坚总结表彰大会上讲话精神，立足乡村建设行动，基于伟大创新精神、伟大奋斗精神、伟大团结精神和伟大梦想精神，深化新乡村青年农民思想政治教育研究，提升农民的道德品质、精神素养、理论修为和促进农民自由全面发展，让青年农民立志农村、干在农村、扎根在乡村，为推进乡村建设行动贡献力量。

（二）强化青年农民思想政治教育

探寻让"青年变农民"的对策，使新乡村建设后继有人。目前，乡村建设过程中，青年流失率大幅增加，大多青年立志城市，立足城市，已有脱离农村的趋势，而新乡村建设离不开青年农民的参与。如何"让青年变农民"，是思想政治教育研究的重要内容。对青年农民进行思想政治教育活动，为的是让更多青年能够立志农村、干在农村、扎根农村，以农村为家，变为真正的农民，使新乡村建设后继有人。

（三）强化青年农民思想政治教育

打造"智慧型"高素质农民队伍，成就"大国农匠"。新乡村建设离不开农业现代化的建设，离不开农民智慧化和素质化，新乡村下青年农民思想政治教育的重要意义就是要培育一代一批的智慧型高素质农民队伍。目前，在农村，劳动力已经发生了根本性的转变，人口老龄化、少子化严重。青年多外出打工，农业已经不再成为青年农民的主业，致使农村土地上的人口红利逐渐消失。因而，研究新乡村青年农民思想政治教育，对成就"大国农匠"有重要意义。

四、推进新乡村建设，强化青年农民思想政治教育的实施之术

建设新乡村，农业是根本，大国农业现代化发展更加需要"大国农匠"作支撑。培育青年立志搞好农业发展，建设新乡村，是"大国三农"的重中之重。在思想上、政治上、行动上少不了强化青年农民思想政治教育的关键领域的核心引领。厘清强化青年农民思想政治教育思路，是解决新乡村青年农民思想政治教育困境的关键之策。

（一）从"志"上开展青年农民思想政治教育

青年农民之志事关"乡村建设的理想"问题。新乡村建设需要一代一批的青年农民树立正确价值观和远大崇高的理想。从"三农"的现实来看，乡村建设的理想已经发生了转变，多数青年立志不是在农村，没有把乡村建设作为个人成才的理想，而是将志向投入了城市。化解"乡村建设的理想"的问题，要以青年农民思想政治教育为依托，采取"家访式"思想政治教育，让家庭成为影响青年农民思想的重要依托，更加有利于树立青年农民的正确价值观；开展"田间式"思想政治教育，"下地"教育，促进青年农民与"地"相连，与"田"相接，真正能够转变青年农民的观念；采用"云端式"思想政治教育，提高青年农民的知识和技能。除此之外，还可以采用"撒盐式""模块式"等方法提升青年农民对乡村建设的理想，从而引导青年农民把志向转移到田间地头之上，投入新乡村建设之中，扎深乡村振兴之根。

（二）从"智"上开展青年农民思想政治教育

开展新乡村青年农民思想政治教育的目的就是要培育一代一批的智慧型农民、高素质农民。而青年农民是农民队伍里最富有力量的主体。只有把青年农民培育成有智慧、有智力、有智能的时代新农民，才能确保"大国农匠"后继有人。具体实施"124"策略的青年农民思想政治教育。开展一个讲堂：新农大讲堂。把"上云下地"的育人模式运用到新乡村青年农民思想政治教育全过程，用好新农大讲堂，既要在田间地里开展思想政治教育工作，让青年农民在耳濡目染中获得提升，在思想政治教育过程中受到影响，又要通过政、校、企三方合力，以产学研教融入新农大讲堂，开展全方位育人。打造两个思政教育方法：新乡村思政，田园思政。可循环使用家访式、靶向式、模块式、菜单式、田间式、地头式、云端式、铁杆式、倒逼式、撒盐式等多种方式对青年农民进行思想政治教育。创建"四微一体"思政课堂模式：微课堂、微课程、微交流、微平台。通过"四微一体"思政课堂的教育模式，将新乡村建设融入思想政治教育的全过程，提升青年农民的思想、志向、智慧和创造能力。

（三）从"数"上开展青年农民思想政治教育

新乡村建设不仅需要现有青年农民队伍，更加需要有新乡村发展、农业现代化发展愿望的有志青年加入青年农民队伍当中来，让年轻人愿意当农民，让年轻人变农民，以促进新乡村中青年农民队伍的发展。从多方向上扩大青年农民队伍：政策导向、科技扶持，让政策的导向能够促使青年农民返乡立足，用科技扶持的伟力吸引青年农民主动创新创造，实现"政策＋科技"共服青年农民，使得青年农民在新乡村建设中有方向、有目标、有学识、有技术，提升年轻人愿意当农民的信心，不断地提升青年农民队伍的数量；阵地培养、嵌新模式，思想政治教育主阵地在课堂，变田间地头为课堂，把思想政治教育的阵地搬到田野丘壑、林间草地、田间地头上，用合力模式、分散模式、集中模式、点滴模式、菜单模式、块状模式等开展青年农民思想政治教育，夯实土著青年农民的根基，从而巩固青年农民的基本队伍数量；合作开发、农民引进，青年农民队伍的发展壮大不会自然形成，需要不同地域、不同乡村合作开发，共同建设青年农民队伍，才能使年轻人变农民的机会增加、可能性增加、欲望增加等。通过不同地域、不同乡村对青年农民的引进，为青年农民"出得去、进得来"营造良好条件，从青年农民流动中提升队伍数量。

（四）从"绿"上开展青年农民思想政治教育

农业发展的关键问题，归根到底就是要保障粮食安全。粮食安全不仅仅是人民对粮食的需要，更是期待粮食生产质优品绿。农民是粮食的直接生产者，生态粮食、黄金粮食、放心粮食和优质粮食的生产都要依靠农民。农民关是粮食关，粮食关是健康关。农民是粮食安全的源头，绿色餐桌的源头，健康中国的源头，做好农民的思想政治教育工作，源头问题才能得到根本解决。因而，应从"绿"上开展青年农民思想政治教育，立足"中国绿粮"理念，锻造青年农民"思政高地"，促使青年农民率先做好生态粮食生产，从而为人民健康提供基本保障，打造"健朗人民""健强民族""健康中国"。让"绿"成为青年农民思想政治教育的前沿航标，可以促使青年农民形成"好"种地、能够种"好"地、认为种地"好"的思想意识。切实做实政策保驾：国家政策是"绿"的风向标，落实政策，是确保从"绿"上开展青年农民思想政治教育的关键之策。着实加强制度保障：这项工作离不开制度的保障力量，有序、有效、有质、有量的开展，需要制度的先行，要加强制度的顶层设计，使制度保障有力。综合运用法律保护：农村地区综合提升农民整体法治意识，增强法治精神，不仅有利于改善边远山区、腹地勾区、纵地林区、山地牧区和旷地草区的法治生态，也有利于横向促进"绿"上的思政工作的开展。确保实现农品保值：一蔬一菜都需力，一田一地都费神，确保农品保值，给农民信心，才能给居民安心。绿色乡村由农民保卫：农民是"绿"乡村的主人，"绿"乡村也必须由农民去保卫。

（五）从"情"上开展青年农民思想政治教育

青年农民是最富有激情、热情和感情的一代，开展青年农民思想政治教育活动贴近青年农民的情感实际，能较好地激励、感化、影响青年农民，促使他们意志坚定、思想进步、深情厚谊，在新乡村建设道路上可以走到底、发展到底、创造到底。与以往相比，新时代青年农民讲理性、有情怀，讲政治、有思想，讲定力、有原则，讲进步、有创新等，这是新时代青年农民身上独有的特点。因而，从"情"上开展青年农民思想政治教育，就是要做到以下几点：要培育青年农民有爱国情怀，青年农民有爱国情怀，是新乡村建设的最大底气，也是推进乡村振兴战略的灵魂；要培育青年农民有民族情怀，青年农民有民族情怀，是民族振兴的希望，也是乡村振兴的希望，将民族情怀融入青年农民思想政治教育全过程，更能促使青年农民具备民族振兴大局观；要培育青年农民有人民情怀，青年农民爱祖国、爱社会主义、爱人民是兴村富民的重要基石，人民情怀是青年农民与田间土地相融合的连接，也是青年农民与新乡村建设相融汇的催化剂，让讲人民情怀成为青年农民的本色。